BAJO EL ABRIGO

JOHN BEVERE

CASA
CREACIÓN
Para vivir la Palabra

Para vivir la Palabra

MANTENGAN LOS OJOS ABIERTOS,
AFÉRRENSE A SUS CONVICCIONES,
ENTRÉGUENSE POR COMPLETO,
PERMANEZCAN FIRMES,
Y AMEN TODO EL TIEMPO.
—1 Corintios 16:13-14 (Biblia El Mensaje)

 Bajo el abrigo por John Bevere Publicado por Casa Creación
Publicado por Casa Creación
Miami, Florida
www.casacreacion.com
©2004, 2020 Derechos reservados

Library of Congress Control Number: 2004112372
ISBN: 978-1-591854-46-3
E-Book ISBN: 978-1-629993-53-9

Desarrollo editorial: *Grupo Nivel Uno, Inc.*
Diseño interior: *Grupo Nivel Uno, Inc.*

Publicado originalmente en inglés bajo el título:
    Under Cover
    por Thomas Nelson, Inc., Nasvhille, Tennessee.
    Copyright © 2001 por John Bevere
    Todos los derechos reservados.

Nota de la editorial: Aunque el autor hizo todo lo posible por proveer teléfonos y páginas
de Internet correctas al momento de la publicación de este libro, ni la editorial ni el autor
se responsabilizan por errores o cambios que puedan surgir luego de haberse publicado.

Impreso en Colombia

24 25 26 27 28 LBS 9 8 7 6 5 4 3 2

Dedico este libro a mi primogénito,
Addison David Bevere.

«El hijo sabio alegra al padre».
PROVERBIOS 10:1

Tu nombre significa «Amado, digno de confianza».
Ciertamente has cumplido con el significado de ese nombre y has
caminado en los preceptos de este libro.
Te deseo que heredes las más ricas bendiciones y
promesas de Dios y que su rostro continúe
brillando sobre ti. Que tengas una larga existencia
y prosperes en la vida.

Tu madre y yo te amamos y somos bendecidos
por tenerte como nuestro hijo.

CONTENIDO

RECONOCIMIENTOS

Doy mi aprecio más profundo a...

Mi esposa, Lisa. Por las horas que pasaste editando este libro. Pero sobre todo, gracias por ser mi mejor amiga, mi apoyo más fiel, mi esposa y la madre de nuestros hijos.

A nuestros cuatro hijos, Addison, Austin, Alexander y Arden. Cada uno de ustedes ha traído gran gozo a mi vida y es un tesoro especial. Gracias por compartir el llamado de Dios y por animarme a viajar y escribir.

A mis padres, John y Kay Bevere. Gracias por el estilo de vida piadoso que han vivido continuamente delante de mí. Ustedes me han amado no sólo con palabras, sino especialmente con sus acciones.

Al pastor Al Brice, Loran Johnson, Rob Birkbeck, al Dr. Tony Stone y Steve Watson, gracias por servir en la junta asesora de nuestro ministerio en los Estados Unidos y Europa. El amor, la bondad y la sabiduría que ustedes han dado sin egoísmo han tocado y fortalecido nuestros corazones.

Al personal de John Bevere Ministries. Gracias por su apoyo y fidelidad firmes. Lisa y yo les amamos a cada uno.

A David y Pam Graham, gracias por su apoyo sincero y fiel supervisando las operaciones de nuestra oficina en Europa.

Al pastor Ted Haggard y la Iglesia New Life en Colorado Springs. Gracias por ministrar tan eficazmente a nuestra familia. Es un privilegio ser miembros de esta maravillosa familia de creyentes.

A Tamara, Barry, Tammy, Butch y Lisa. Gracias por su ayuda en escoger el título apropiado pero, más que todo, gracias por su amistad.

A Michael Hyatt y Victor Oliver, gracias por su ánimo y su fe en el mensaje que Dios ha grabado en nuestros corazones.

A Cindy Blades, gracias por tus habilidades editoriales en este proyecto así como por tu ánimo.

A todo el personal de Thomas Nelson Publishers y Casa Creación: Gracias por el apoyo a este mensaje y por su ayuda generosa y profesional. Ustedes son un buen grupo con el cual trabajar. Aun más importante, mi sincera gratitud a Jesús, mi Señor.

Cómo pueden las palabras expresar adecuadamente todo lo que has hecho por mí y por tu pueblo. Te amo más de lo que soy capaz de expresar.

SECCIÓN 1

INTRODUCCIÓN A
BAJO EL ABRIGO

CAPÍTULO 1

¿QUÉ SIGNIFICA ESTAR BAJO EL ABRIGO?

Con frecuencia las palabras dolorosas, no las suaves, traen a la larga mayor libertad y protección.

Bajo el abrigo, esta frase puede aplicarse a un vasto número de situaciones. En su forma más simple puede describir a un niño pequeño resguardándose bajo el calor y protección de una cobija, o si en peligro detrás de un padre protector. Una descripción civil puede incluir una ciudad bajo protección policial o militar. Puede describir a un animal escondido en un bosque, una cueva o un refugio subterráneo. O a una familia disfrutando del refugio y la seguridad de su hogar mientras afuera cae una tormenta.

Recuerdo que de niño vivíamos en un área donde experimentábamos tormentas frecuentes. Veíamos venir las nubes oscuras por nuestras ventanas al ritmo acompañante de truenos distantes. En cuestión de minutos la tormenta estaba sobre nosotros con toda su fuerza. Los relámpagos eran seguidos de truenos explosivos inmediatos. La lluvia sonaba como miles de martillos pequeños golpeando nuestro techo. La tormenta en realidad hacía que nuestra casa se sintiese aun más segura. Fuera de la ventana todo estaba mojado, frío y en peligro de relámpagos mortales. Pero adentro estábamos a salvo y secos, protegidos por nuestro techo de la tiranía de la tormenta. *Estábamos bajo cubierta, bajo cobertura.*

Llevando este punto un poco más allá, un concepto relacionado puede ser expresado por otro término: *clandestinidad.* Este describe la seguridad hallada en identidades secretas. Un agente en la clandestinidad puede moverse con libertad sin ser capturado por el enemigo.

Su gobierno le ha puesto bajo la cobertura de un alias y él es un agente libre en un área hostil. Para resumir, no importa qué palabra o frase usemos para este concepto en sus amplias aplicaciones, todas parecen incluir las ideas de *protección* y *libertad*.

Pero ¿cómo se aplica esta frase *Bajo el abrigo* al cristiano? David escribe: «El que habita al abrigo del Altísimo morará *bajo* la sombra del Omnipotente. Diré yo a Jehová: Esperanza mía, y castillo mío; mi Dios, en quien confiaré» (Salmo 91:1-2). De nuevo vemos la protección para los que están bajo su cobertura. Sin embargo, comenzando con las palabras iniciales de esta declaración: «El que …», descubrimos la pregunta importante que dice ¿quién está bajo su cobertura? El libro que usted tiene en sus manos representa la búsqueda de esta respuesta tan importante. En pocas palabras, la persona que está bajo esa cobertura es aquella que mora bajo la autoridad de Dios.

Adán y Eva disfrutaban de la libertad y de la protección en el huerto bajo la cobertura de Dios. Sin embargo, en el momento en que desobedecieron se hallaron en gran necesidad de aquello de lo cual voluntariamente salieron … Y por esta necesidad «se cubrieron» (Génesis 3:7, Dios Habla Hoy). Su desobediencia a la autoridad de Dios le robó a la humanidad la dulce libertad y protección que había conocido una vez.

Seamos honestos. *Autoridad* no es una palabra popular. Pero al rechazarla o temerla, perdemos de vista la gran protección y los beneficios que provee. Tenemos temor porque no la vemos desde la perspectiva de Dios. Con demasiada frecuencia nuestra actitud hacia la autoridad me recuerda una situación que ocurrió con mi tercer hijo. Cuando Alexander entró a primer grado, tuvo una mala experiencia con su maestra. Ella constantemente tenía los nervios de punta con la clase; era gruñona y descontrolada, les gritaba a los estudiantes a menudo. Con mucha frecuencia, Alexander era el foco de sus arrebatos de cólera puesto que él es un joven creativo y enérgico que prefiere hablar antes que estar sentado en silencio. Para él la escuela era una maravillosa reunión social. No es necesario decir que su idea estaba en conflicto con la personalidad y la impaciencia de su maestra.

Muchas veces mi esposa y yo nos encontramos en el salón de clases después de la escuela para sesiones de consulta. Trabajamos con la maestra, animando a Alec a someterse a las reglas de ella y a cooperar, pero todo este proceso estresante dificultó su amor por el aprendizaje académico estructurado.

Luego nos mudamos a un nuevo estado y Alec pasó al segundo grado. Allí tuvo una maestra muy diferente. Ella casi que era demasiado buena y extremadamente sensible a la felicidad de sus estudiantes. Pensaba que Alec era adorable y con su disposición, él probablemente quedó encantado con ella, pero se salió con la suya casi todo el tiempo y aprendió muy poco. Alec parecía no figurar mucho en el área académica, así que lo cambiamos a una maravillosa escuela alternativa que enfatizaba lo académico.

Allí se sintió perdido y frustrado. Se hallaba en medio de niños excelentes en el aprendizaje en sus primeros dos años de estudio. Ahora estaba bajo la tutela de una maestra buena y bondadosa pero firme. Pronto se descubrió que estaba atrasado en comparación con los otros estudiantes. De nuevo, tuvimos reuniones frecuentes, pero esta vez beneficiosas, con su maestra. Lisa y yo nos involucramos más en sus tareas.

Ir a la escuela todo el día y tener padres pendientes de que el niño haga las tareas en las tardes puede ser un poco abrumador. Muchas veces Alec simplemente se trancaba. Sus lágrimas fluían y se sentía como si se estaba ahogando, aunque en realidad estaba progresando.

Un día se derrumbó emocionalmente. Sus hermanos iban a una fiesta de patinaje de la escuela, pero él tenía que quedarse en casa haciendo una tarea no terminada que había escondido en su escritorio. Se estaba perdiendo la diversión debido a sus muchas tareas que mandaba la maestra ¡todo lo que podía hacer era llorar! Era tiempo para otra charla de padre a hijo. Después de unas pocas palabras, pude ver el problema fácilmente. Para él el asunto ya no tenía esperanzas. Las lágrimas de frustración continuaron brotando y él simplemente no podía oír lo que su padre le estaba diciendo. Hubo un momento de silencio en que ambos quedamos sin palabras. Sencillamente puso su cabeza entre sus manos sollozando.

Nunca olvidaré lo que pasó luego. Se enderezó, retomó un poco su compostura, se secó la cara y me miró con sus grandes ojos color chocolate y ahora llenos de confianza. Obviamente una idea le había llegado, una que le resolvería sus problemas y secaría sus lágrimas. Se enderezó y cruzó sus brazos. Con voz grave dijo: «Papi, quiero decirte algo. ¿Conoces a Jessica, la de mi clase... ella no cree en los doctores?» Entonces vaciló y luego añadió: «Bueno, papi yo no creo en los maestros».

Se me hizo difícil aguantar la risa. Logró sorprenderme con su comentario. Y continuó diciendo: «Si Jessica, no cree en los doctores, entonces yo simplemente no creeré en los maestros». Después de eso no pude contener más la risa. Si él hubiera dicho eso frustrado, no habría sido tan chistoso. Pero era su tono. En verdad pensaba que me estaba comunicando una nueva revelación que podía resolver todos sus problemas. Estaba tan serio como una persona testificando ante un juez.

Por supuesto, aproveché la oportunidad para explicarle adón de llegaría si no tenía maestros. Compartí con él mi experiencia cuando fui a Angola, África, el año anterior, para trabajar en estaciones de alimentación para niños desnutridos. ¡Cómo lo hubieran dado todo esos niños para cambiar de circunstancias con Alexander! Se aprovecharían la oportunidad de aprender porque entenderían la importancia de ello para proveer algún día para sus familias. Luego de mi larga explicación, renuentemente se olvidó de su nueva filosofía y regresó a la mesa de la cocina para conquistar su montón de tareas.

En las semanas siguientes continué pensando en ese encuentro con mi hijo y no pude evitar ver el paralelo entre esa experiencia y la forma en que algunas personas ven a la autoridad. Con demasiada frecuencia hay un historial de experiencias no gratas con la autoridad; algunos, debido a que los líderes bajo los cuales estuvieron fueron innecesariamente severos; otros, como Alexander, debido a su frustración ven a la autoridad como un estorbo a su disfrute o a su placer o a lo que creen que es mejor para ellos mismos cuando, en realidad, tienen buenos líderes y autoridades sobre ellos. Pero a raíz de estas experiencias de mal gusto se ha desarrollado una actitud sutil: *Yo simplemente no creo en la autoridad*, o en términos un poco más adultos: *No me voy a sujetar a la autoridad a menos que primero esté de acuerdo con ella.*

¿Pero cuál es la posición de Dios en todo esto? ¿Debemos someternos a la autoridad aun si son injustas? ¿Qué tal si son corruptas?

¿Qué tal si nos piden que hagamos algo que nos parezca malo? ¿Qué tal si nos piden que pequemos? ¿Dónde se pasa la raya? Además, ¿por qué tenemos que someternos? ¿Hay algún beneficio en hacer eso?

¿No podemos todos simplemente ser guiados por el Espíritu de Dios? La Palabra de Dios tiene respuestas específicas a todas estas preguntas. Creo que este es uno de los libros más importantes que el Señor me ha comisionado a escribir porque tiene que ver con la causa de muchas dificultades que la gente experimenta actualmente en la Iglesia. ¿Qué causó que Lucifer cayera? La rebelión. ¿Qué causó que Adán cayera? La rebelión. ¿Qué hace que muchas personas vayan a la deriva en su andar con Dios? La rebelión. Lo que realmente nos da que pensar es que la mayoría de las rebeliones no son descaradas, sino sutiles.

En este libro he compartido ejemplos de mis propias fallas. Yo no soy un líder hambriento de poder, que desee golpear a las ovejas, al personal del ministerio o a mi familia a someterse. Yo tengo una familia y un personal ministerial maravillosos. Y no soy pastor. De manera que escribo como un hombre que ha cometido muchos errores o, más exactamente, pecados. Serví bajo dos ministerios internacionales en los ochenta y de esas experiencias saco la mayoría de mis ejemplos errados. Lo más impactante de cada incidente es que yo creía con todo mi corazón que estaba correcto en cada uno de ellos cuando, en realidad, estaba errado. Estoy muy agradecido a nuestro Señor que su Palabra expuso mis motivos.

El deseo de mi corazón es verle a usted aprender de mis pruebas y evitar los mismos errores. Mi oración es que pueda derivar enseñanzas y sabiduría piadosa de mi necedad y obtener los beneficios. Lo que aprendí luego como resultado de mis experiencias y las verdades reveladas en el proceso fue beneficioso y maravilloso. A través del arrepentimiento vinieron la seguridad y la provisión.

Y creo que lo mismo puede ocurrir con usted a medida que este libro se desarrolla. Al leer los ejemplos bíblicos y personales, también recibirá luz en su corazón. Algunos puntos pueden fortalecer lo que ya sabe, mientras que otros le traerán libertad. Cualquiera que sea el caso, mi oración es que reciba su Palabra con humildad, porque ese es realmente mi corazón al presentarla.

Al ser confrontados con la verdad, podemos responder de dos formas. Podemos enojarnos y ponernos a la defensiva, como Caín, el hijo de Adán, y rechazar la revelación que tanto necesitamos (Génesis 4). O podemos estar humillados y contritos, como David cuando fue desafiado por Natán y dejar que el dolor y el arrepentimiento nos eleve a otro nivel de carácter piadoso (2 Samuel 12). Tengamos el corazón de David en este asunto y rechacemos el orgullo cuya meta es mantenernos lejos del plan de provisión y protección de Dios.

Al lanzarse a este camino, recuerde que a menudo las palabras dolorosas, no las suaves, traen al final la mayor libertad y protección. Cuando era niño, justo antes de recibir mis vacunas en el segundo grado, un amigo me contó cuánto dolían. Luego de escuchar eso me determiné a evitar la inyección a todo costo. Luché con dos enfermeras hasta que finalmente se rindieron. Luego mis padres me sentaron y me explicaron lo que me podría pasar si no recibía la vacuna contra la tuberculosis. Ya había visto a mi hermana morir de cáncer, así que sabía que ellos sólo querían mi protección. Sabía que la inyección sería dolorosa, pero prevendría que experimentase un dolor mucho mayor al contraer una enfermedad terrible y potencialmente mortal. Una vez que entendí, regresé dispuesto a recibir la inyección.

Recuerde este ejemplo cuando encuentre verdades incómodas, o aun dolorosas, «inmunizantes» de la Palabra de Dios. Sepa que los caminos de su Padre celestial son perfectos y lo que a veces puede parecer en detrimento o doloroso, al presente será en realidad su preparación para protección, bendición o la salvación de otro. ¡Nunca olvide que su amor por nosotros es puro, completo y eterno!

Antes de comenzar este camino, oremos:

Padre celestial deseo la verdad en mi interior más que la comodidad o el placer. Así que coloco mi corazón y mi alma en tus manos, sabiendo que tus caminos son perfectos. Tú me amas lo suficiente como para enviar lo que era más importante para ti, tu Hijo, Jesús, a morir por mí para que pudiese tener vida eterna. Si me amas tanto así, seguramente deseas completar la obra en mi vida, que has comenzado. A medida que leo este libro, te pido que me hables por tu Espíritu y me muestres tus caminos para mi vida. Abre mis ojos para ver y mis oídos para oír tu Palabra. Revélame a Jesús de forma mayor a lo que lo he visto nunca antes. Gracias de antemano por lo que harás por mí a través de tu Palabra en este libro. En el nombre de Jesús. Amén.

CAPÍTULO 2

ES DIFÍCIL DAR COCES CONTRA EL AGUIJÓN

Es difícil entender los principios del reino con una mentalidad democrática.

Tengo ahora un desafío delante de mí, uno tal vez imposible sin la gracia de Dios. Y es intentar enseñar sobre la autoridad en medio de un mundo que aumenta a diario en iniquidad. Por tanto, mucho de lo que bosquejo en este libro resistirá los procesos mismos de razonamiento de este mundo. De muchas formas hemos sido programados para pensar de manera diferente a las verdades fundamentales que estamos a punto de descubrir. Pero esta es la táctica exacta de Satanás, el enemigo de nuestras almas. A él le encanta hacer que lo que nos esclaviza parezca deseable y aun bueno, mientras que presenta lo que es liberador como si fuese esclavizante.

Es así como empezó todo al principio. Recuerde el huerto; su método funcionó tan bien, que no lo ha cambiado desde entonces. Es por eso que se nos advierte con urgencia: «Amados hermanos míos, no erréis» (Santiago 1:16), y «No os conforméis a este siglo, sino transformaos por medio de la renovación de vuestro entendimiento, para que comprobéis cuál sea la buena voluntad de Dios, agradable y perfecta» (Romanos 12:2).

Mi experiencia ha sido que las personas del mundo occidental (ciudadanos de naciones democráticas de América y Europa) están entre las que más resisten escuchar verdaderamente la Palabra de Dios. La razón es fundamental. Es difícil entender los principios del reino con una mentalidad democrática. La democracia es buena para las naciones del mundo, pero debemos recordar que el reino de Dios es precisamente eso: un reino. Es gobernado por un Rey y hay rangos, orden y autoridad. Las leyes de su reino no son sobrepasadas, ni están sujetas a la opinión popular, el voto o las encuestas. Las leyes no son influenciadas por lo que creemos que es bueno para nosotros, como Eva fue tan astutamente engañada a creer. Por tanto, tal como Samuel «recitó luego al pueblo las leyes del reino, y las escribió en un libro» (1 Samuel 10:25), necesitamos ser instruidos en los principios del reino hoy, pues nuestra sociedad no produce en nosotros las costumbres del reino.

Si intentamos vivir como creyentes con una mentalidad cultural ante la autoridad, como mínimo seremos ineficaces y, peor aun, estaremos en una situación de peligro. Nuestra progresión así como nuestra protección pueden ser bloqueadas o cortadas en la medida en que nos desconectamos a nosotros mismos de la fuente de vida verdadera. Esto puede compararse a jugar al béisbol en la vida mientras que Dios está dirigiendo un campeonato de fútbol. Podemos compararlo con intentar usar un aparato eléctrico sin conectarlo a la fuente de energía. Con mucha frecuencia hoy, si no estamos de acuerdo con la autoridad, podemos desafiarla mediante la queja o la protesta. Después de todo, el gobierno debe ser «del pueblo, por el pueblo y para el pueblo», ¿cierto? Estas y otras mentalidades democráticas se han infiltrado en nuestro cristianismo y encaminado a muchos por el camino engañoso del gobierno propio. A medida que este camino continúa, ellos prosiguen adelante desafiando a la autoridad y resistiéndola en forma descarada. Luego hay otros que desarrollan un grado mayor de odio por la autoridad, el cual demuestra una ignorancia total de su existencia. Por tanto, muestran una pérdida completa del temor a Dios.

Pero ninguno de esos métodos traerá la libertad que buscamos. Porque la Escritura dice:

«Si oyeren, y le sirvieren,
    acabarán sus días en bienestar, y sus años en dicha.
Pero si no oyeren, serán pasados a espada,
    y perecerán sin sabiduría» (Job 36:11-12).

«Aquel» a quien se debe oír y servir es nada menos que Dios. Note la promesa: provisión y protección a cambio de nuestra sumisión a su autoridad. También observe el peligro inminente que acompaña ignorar su gobierno. La libertad que buscamos al resistir a la autoridad la perdemos en nuestra insubordinación a ella. Mi esposa tiene un dicho: «Hay libertad en la sumisión y esclavitud en la rebelión». Esto resume lo que leemos en estos versículos de Job.

Algunos pueden decir: «Yo me someto a Dios, pero no al hombre, a menos que esté de acuerdo con él». Es aquí donde nuestra crianza y nuestro pensamiento incorrecto en la iglesia puede estorbarnos. No podemos separar nuestra sumisión a la autoridad inherente de Dios de nuestra sumisión a su autoridad delegada. ¡Toda autoridad se origina con Él! Escuche lo que la Escritura nos advierte:

> «Sométase toda persona a las autoridades superiores; *porque no hay autoridad sino de parte de Dios*, y las que hay, por Dios han sido establecidas. De modo que quien se opone a la autoridad, a lo establecido por Dios resiste; y los que resisten, acarrean condenación para sí mismos» (Romanos 13:1-2 énfasis del autor).

Hay mucho de lo cual pensar en este pasaje y más adelante profundizaremos en él, pero por ahora deseo sólo comentar algunos puntos. Primero, Dios establece todas las autoridades existentes. La verdad es que nadie puede llegar a una posición de autoridad legítima sin el conocimiento de Dios. Debemos resolver este asunto en nuestros corazones. Segundo, revelarse contra las autoridades es revelarse contra el decreto del Señor, o contra Dios mismo, y los que hacen eso traen juicio sobre sí. Debemos recordar, nuestro Padre —no un líder hambriento de poder— es el autor de estas palabras, porque «toda la Escritura es inspirada por Dios» (2 Timoteo 3:16). El hecho de que haya sido torcida por el hombre no significa que Dios no sea su autor.

Aunque sean lentas para admitirlo, muchas personas se ven a sí mismas como responsables sólo ante Dios y no ante las autoridades. Quienes piensan así están destinados a chocar con aquel a quien llaman Señor. Recuerde las palabras de Jesús a Saulo (que más tarde llegaría a ser Pablo): «Dura cosa te es dar coces contra el aguijón» (Hechos 9:5). Los agricultores en los tiempos bíblicos usaban aguijones. Un aguijón común era una rama larga de veinticuatro metros de roble u otra madera fuerte a la cual se le quitaba toda la corteza. En la punta se usaba un clavo afilado para aguijonear al buey mientras araba. El buey ciertamente no resistía tal instrumento afilado capaz de causarle mucho dolor y daño. De allí que en el tiempo de Pablo este proverbio se empleara para describir la futilidad de resistirse a la autoridad o poder superior.

Las personas que se resisten a la autoridad de Dios, sea directa, como lo hizo Pablo, o indirectamente a su autoridad delegada, se hallarán a sí mismas dando coces contra el aguijón en las manos de Dios. Con demasiada frecuencia esto puede ser una experiencia y lección dolorosa que muchos terminamos aprendiendo de la forma más difícil, como me pasó a mí.

UNA EXPERIENCIA QUE ILUSTRA

Hablando de dolor, recuerdo cuando mis ojos fueron dolorosamente abiertos al hecho de que resistirse a la autoridad delegada es resistirse a la autoridad de Dios. Para mí, eso está grabado para siempre como un monumento a la necedad de dar coces contra el aguijón.

A mediados de los ochenta se me ofreció la posición de pastor de jóvenes en una iglesia interdenominacional grande. Luego de orar y de una confirmación asombrosa, acepté la posición como la voluntad de Dios.

Me sentí abrumado porque no había tenido experiencia previa ministrando a los jóvenes, pero me hallé a mí mismo como parte del equipo ministerial de una de las iglesias de crecimiento más rápido y mayor influencia en los Estados Unidos. Comencé a devorar libros y manuales sobre ministerio para jóvenes. Uno de los libros había sido escrito por el pastor de jóvenes principal de una iglesia en el estado de Louisiana que tenía un programa juvenil maravilloso. Le pedí a mi secretaria que lo llamara y le preguntara si yo podía ir por dos días y pasar tiempo con el grupo. Los líderes me dieron la bienvenida con los brazos abiertos y seleccionamos la fecha.

Al llegar, se me llevó de inmediato a una reunión de jóvenes el miércoles por la noche. Quedé sorprendido. Tenían su propio auditorio para jóvenes, con capacidad para mil quinientas personas ¡y estaba casi lleno! Ellos no estaban jugando o predicando mensajes sencillos y que comprometen la verdad; los mensajes eran de pureza y poder. Para completar los jóvenes estaban emocionados por estar allí. Yo estaba entusiasmado y tenía la certeza de que había escogido el grupo correcto del cual aprender.

El día siguiente me reuní en la iglesia con los líderes. De nuevo sentí que no podía cree lo que había hallado. Tenían su propio edificio administrativo para el ministerio de jóvenes, dos secretarias a tiempo completo y cuatro pastores también a dedicación exclusiva. Me pasé los siguientes dos días entrando y saliendo de reuniones con los cuatro pastores de jóvenes. Las estadísticas eran asombrosas. En ese entonces tenían mil doscientos cincuenta jóvenes en su ministerio de escuela secundaria y estaba creciendo a un ritmo asombroso.

Cada uno de los cuatro pastores me dijo lo mismo. El éxito del ministerio se debía a las «fiestas» que tenían cada viernes por la noche en más de cien lugares en toda la ciudad. Las fiestas eran en realidad grupos de células en hogares con el objetivo de procurar la salvación de jóvenes.

El concepto era lo suficientemente sencillo, pero a la vez profundo. Es difícil llevar a adolescentes no salvos a la iglesia, pero es fácil llevarlos a una fiesta. Durante la semana cada miembro del grupo de jóvenes era animado a concentrarse en una persona en su escuela e invitarle a la fiesta el viernes por la noche. Una vez allí disfrutaban de comida, fraternidad y música cristiana contemporánea; luego el líder asignado, un estudiante de secundaria o universitario, comenzaba una discusión de grupo organizada y basada en la Biblia, lo que al fin guiaba la conversación al tema de la salvación. Luego presentaba una oportunidad para los que desearan poner su fe en Jesús. Como resultado muchos visitantes aceptaban la salvación. Estos eran llevados a otro lugar y se les daba instrucciones sobre la importancia de la comunión y la iglesia, se intercambiaban nombres y números de teléfonos y eran invitado a los servicios de jóvenes los miércoles por la noche.

Asistí a una de esas fiestas y fue inspirador ver a varios estudiantes no salvos poner su fe en Cristo. Regresé a mi iglesia y compartí lo que había aprendido con mi asistente. Después de orar, nos sentimos guiados a hacer lo mismo con nuestro grupo. También compartí la visión, emocionado, con el pastor en el estacionamiento un domingo después del servicio. Él me animó diciéndome: «Muy bien, hermano. ¡Siga adelante!»

OCHO MESES DE PLANIFICAR Y TRABAJAR

En oración, Dios me dio un plan. Debía comenzar de inmediato una escuela de liderazgo para preparar a mis líderes. Lo anuncié el martes por la noche al grupo de jóvenes y para mi deleite, setenta de ellos asistieron a la clase de liderazgo el domingo siguiente por la mañana. Yo les iba a enseñar semanalmente por los próximos seis meses sobre principios de liderazgo, tales como la fidelidad, la integridad, el compromiso, el servicio y la visión. Luego de cinco meses, el Señor me habló a mi corazón en oración de nuevo y dijo: *Escoge veinticuatro de los jóvenes en tu clase de liderazgo y comienza una clase de discipulado para ellos. De ellos seleccionarás tus primeros líderes para las fiestas.* Comencé de inmediato a entrenar a esos líderes para la primera serie de células.

Por los siguientes dos meses los preparé para los grupos de fiestas y prediqué la visión de las fiestas al grupo de jóvenes los martes por la noche. Mi pastor asistente y yo trabajamos en los materiales de estudio de los líderes y otros detalles, tales como los lugares de las fiestas, la división de la ciudad por distritos escolares y códigos postales, así como la expansión de los grupos y cómo se manejaría el seguimiento. Nos entregamos a este esfuerzo con el propósito de alcanzar a las almas perdidas.

Todos estaban animados. La visión había descendido desde los líderes hasta los asistentes regulares de los servicios de jóvenes. Los jóvenes ya estaban hablando sobre las personas que querían invitar primero a sus fiestas. Nosotros orábamos que Dios tocara los corazones para que respondieran, que vieran su necesidad de Cristo y fuesen salvos. Mi asistente y yo podíamos ver todo el santuario lleno de dos mil quinientos jóvenes los martes por la noche. En pocas palabras, estábamos llenos de visión y pasión.

UNA REUNIÓN QUE JAMÁS OLVIDARÉ

Tres semanas antes del lanzamiento de las primeras fiestas, fui a la reunión semanal de pastores, donde el equipo pastoral no estaba preparado en lo absoluto para lo que estaba a punto de escuchar. En la reunión el pastor principal compartió con los otros once asociados las siguientes palabras devastadoras: «Señores, el Espíritu Santo me ha mostrado que la dirección de esta iglesia no es tener grupos celulares. Así que quiero que todos ustedes cancelen cualquier célula que tengan en los hogares de los miembros».

No pude creer lo que estaba escuchando. Debía haber algún tipo de error o mal entendido. Los ojos de incredulidad de mi asistente se encontraron con los míos mientras luchábamos con la confusión. Traté de consolarme con el pensamiento de que *Él no se refiere a los jóvenes... sólo está hablando de los otros pastores*. El pastor de los solteros, el de las personas mayores, el de parejas y otros tenían células, pero no les estaba yendo muy bien y ese no era realmente el enfoque de sus ministerios. Además, había hablado con el pastor principal sobre mi idea unos meses atrás en el estacionamiento y él me había dicho: «Adelante», de manera que concluí que el departamento de jóvenes debía estar exento de ese mandato.

No pude esperar más.

—Perdón, pastor. Quiere decir todos menos el ministerio de jóvenes, ¿cierto?

Él me miró y dijo:

—John, el Espíritu Santo me habló y me dijo que la dirección de esta iglesia no es tener células.

Intervine de nuevo:

—Pastor, ¿recuerda que fui hace varios meses a ese grupo de jóvenes en Louisiana? Ellos tienen mil doscientos cincuenta estudiantes de preparatoria en su grupo de jóvenes. Los cuatro pastores dijeron que se debía a sus células.

El pastor principal me volvió a mirar y repitió:

—John, el Espíritu Santo me habló y me dijo que la dirección de esta iglesia no es tener células.

Hablé de nuevo, aumentando mi intensidad y pensando: *Él no entiende*. Así que razoné:

—Pastor, es difícil hacer que los jóvenes vengan a la iglesia, pero podemos hacer que casi cualquier estudiante de preparatoria vaya a una fiesta, lo cual le expliqué hace algunos meses; sería realmente una célula enfocada en evangelizar a los perdidos.

—John, el Espíritu Santo me dijo que la dirección de esta iglesia no es tener células —insistió de nuevo.

Con más pasión, le argumenté:

—Pero, pastor, podemos llenar nuestro auditorio con dos mil quinientos jóvenes. ¡Podemos ver a todos los jóvenes de Orlando, Florida, salvos!

Él repitió las mismas palabras, sin cansarse.

Discutí con él aproximadamente quince minutos. Todos en esa sala sentían la tensión aumentar. Por fortuna para mí, las únicas palabras que continuaron saliendo de la boca del pastor fueron las que creía que Dios le había hablado.

Finalmente me callé, pero por dentro estaba furioso. No escuché nada más el resto de la reunión. Todo lo que podía pensar era: *Hemos trabajado en esto por ocho meses, él sabía que estábamos haciendo esto; yo se lo dije hace meses. ¿Cómo puede detener el vehículo que podría traer a cientos o aun a miles al reino? ¡Él está deteniendo un mover de Dios! ¿Qué les voy a decir a los jóvenes? ¿Qué pensaran mis líderes? Viajé a Louisiana. ¡Qué malgasto de dinero, de tiempo! ¡No puedo creer que esto esté pasando realmente!* Mis pensamientos casi no tenían fin, y en todos ellos, yo estaba en lo correcto y del lado de Dios, pero el pastor estaba errado.

Cuando la reunión terminó, salí rápido de la sala de conferencia. Un pastor asociado mayor y sabio trató de detenerme para hablarme con sabiduría, autorrestricción y para consolarme, pero le mire y le dije: «Fred, ¡no quiero hablar!» Él se dio cuenta que no iba a llegar a ninguna parte y desistió.

Llegué a mi casa, abrí la puerta y recibí un saludo de mi esposa. No la saludé, sino que dije en una voz muy frustrada:

—¡No vas a creer lo que hizo!

Al escuchar el tono de mi voz, respondió preocupada:

—¿Quién y qué hizo?

—El pastor, ¡canceló las fiestas celulares! Algo en lo que trabajamos por ocho meses. ¡Las canceló! ¿Puedes creerlo?

Ella me miró y dijo con la voz más seria y directa:

—Bueno, parece que Dios te está tratando de enseñar algo.

Luego salió del vestíbulo y se fue a nuestro cuarto.

Ahora estaba enojado con ella. Entré en la cocina, puse mi pie sobre una silla, fijé mi vista en la ventana del frente y continué pensando cuán errado estaba mi pastor. Sólo que ahora había añadido a esos pensamientos las ideas de cuán insensible y escasa de discernimiento era mi esposa.

UN ENCUENTRO CON EL MAESTRO

Mientras miraba por la ventana el Espíritu Santo habló a mi corazón. Me dijo: *«John, ¿cuál ministerio estás edificando? ¿El mío o el tuyo?»* Yo respondí: «¡El tuyo, Señor!»

Él contestó rápidamente: *«No, ¡no el mío! Estás edificando el tuyo propio».*

Yo le dije: «Señor, no podemos llevar a la mayoría de los jóvenes no salvos a nuestra iglesia, pero sí los podemos llevar a fiestas...» Comencé a describirle todo el proceso y el plan, como si Él no lo supiese. ¡Cuán fácil podemos ser engañados!

El Señor me permitió desahogarme y luego dijo: *«John, cuando te traje a esta iglesia para servirle a este hombre, te hice una extensión del ministerio que le confié a él. Te llamé para ser sus brazos y sus piernas; puse sólo a un hombre a cargo de este ministerio».*

Él trajo a mi mente a Moisés. La Biblia dice: «Y Moisés a la verdad fue fiel en toda la casa de Dios» (Hebreos 3:5). Él era el líder que Dios puso sobre la congregación.

Luego trajo a mi mente a Santiago en el Nuevo Testamento. Santiago era el líder de la iglesia en Jerusalén. Me recordó el incidente sobre la circuncisión entre los creyentes (Hechos 15). Pablo, Bernabé, Pedro, Juan y el resto de los apóstoles y los ancianos de la iglesia de Jerusalén se juntaron para hablar de eso.

Algunos de los fariseos que habían creído y que también eran líderes hablaron primero. Luego habló Pedro. Después de él, Pablo y Bernabé compartieron lo que Dios estaba haciendo entre los gentiles. Una vez que terminaron Santiago se levantó, resumió lo que se había dicho y tomó esta decisión: «Por lo cual yo juzgo ...» Como cabeza, él expresó su decisión y todos ellos —incluidos Pedro, Pablo y Juan—, se sometieron a ella.

Vi esa dinámica ilustrada en las Escrituras cuando el ángel libró a Pedro de la cárcel. Pedro les dijo a los creyentes en la casa de María: «Haced saber esto a Jacobo y a los hermanos» (Hechos 12:17). Lo mismo era cierto de Lucas y Pablo. Cuando llegaron a Jerusalén, Lucas escribe: «Los hermanos nos recibieron con gozo. Y al día siguiente Pablo entró con nosotros a ver a Jacobo, y se hallaban reunidos todos los ancianos» (Hechos 21:17-18). ¿Por qué Pedro y

Pablo identifican a Jacobo en esas dos narraciones? Es claro que él era el líder por la forma en que se menciona por nombre.

Una vez que el Espíritu Santo me clarificó eso, continuó diciendo: «*John, cuando estés de pie ante mí —en juicio por el tiempo que has tenido sirviendo a este pastor— no darás cuenta primero de cuántos jóvenes guiaste a la salvación en Orlando, Florida. Serás juzgado primero por cuán fiel fuiste al pastor bajo el cual te puse*».

Entonces dijo algo que me sorprendió: «*Es más, podrías ganar a todos los jóvenes de Orlando y venir ante mí y ser juzgado por no someterte y ser fiel al pastor bajo el cual te puse*». ¡Con esas palabras vino una sensación renovada del temor a Dios! Con todas mis defensas derribadas, yo era masilla en las manos del Maestro.

Y continuó: «*John, si sigues en esta dirección, los jóvenes irán por un lado mientras que la iglesia va por otro. Traerás una* división *a la iglesia*. El prefijo *di* (en la palabra división) significa «dos». Poniendo esto junto, *división* significa «dos visiones». ¿Por qué hay tantas iglesias y hogares dividiéndose hoy? Hay más de una visión, lo cual significa que uno no se está sometiendo a la autoridad ordenada por Dios. ¡Dios ordena a hombres o líderes indicados porque una organización con dos cabezas está destinada a la división!

LA RESPUESTA Y EL SEGUIMIENTO DEL ARREPENTIMIENTO

De inmediato me arrepentí de mi actitud rebelde. Luego de orar sabía lo que tenía que hacer. Tomé el teléfono y llamé al pastor. Cuando respondió, le dije: «Pastor, soy John Bevere. Le llamo para pedirle perdón. Dios me ha mostrado que he estado en rebelión ante su autoridad y he pecado grandemente. Por favor, perdóneme. Voy a cancelar las células de inmediato».

Él fue muy bondadoso y me perdonó. Tan pronto como colgué el teléfono, escuché al Espíritu Santo hacerme esta pregunta: «*Ahora, ¿cómo se lo dirás a tus veinticuatro líderes este fin de semana?*»

Vi una visión o imagen mía entrando al salón con los líderes y diciéndoles en un tono de voz monótona: «Muchachos, no van a creer lo que ha pasado». Todos me mirarían preocupados, preguntando: «¿Qué?» Yo continuaría en mi tono de voz monótona: «Ustedes saben que hemos trabajado en esto por meses, pero el pastor ha cancelado las células, no vamos a tener nuestras fiestas los viernes por la noche».

Los vi a todos quejarse descontentos por la decisión. Era fácil percibir que estaban enojados con el pastor. Todos éramos sus víctimas y, por supuesto, mi imagen quedaba bien a expensas de él.

Luego de considerar esta escena en mi mente, escuché al Espíritu Santo preguntarme: «*¿Es eso lo que vas a hacer?*» Yo respondí: «¡No, Señor!»

En la siguiente reunión entré al salón lleno de líderes con confianza, una sonrisa en mi rostro y entusiasmo en mi voz. Con ánimo les anuncié: «Muchachos, tengo muy buenas noticias».

Ellos me miraron con gran expectativa. «¿Qué?»

Yo continué: «Dios nos ha salvado de comenzar y edificar algo que no es suyo. Nuestro pastor nos dijo en una reunión de pastores esta semana que la dirección del Espíritu Santo para esta iglesia no es tener células. ¡De manera que en efecto, de inmediato las fiestas están canceladas!»

Todos parecían reflejar mi entusiasmo y a una voz gritaron: «¡Está bien!» ¡Nunca tuve ningún problema con ellos! No fui el único que creció a raíz de esa experiencia; todos crecimos. Más adelante pude compartir con ellos lo ocurrido. Muchos de esos veinticuatro jóvenes están hoy en el ministerio a tiempo completo y les va muy bien.

UN CORAZÓN CONTRITO Y HUMILLADO

Al reflexionar, estoy convencido de que ese fue un punto fundamental en mi vida y ministerio. Si no me hubiera quebrantado, sino insistido en mi propio razonamiento y continuado en mi testarudez, hoy estaría en un lugar muy diferente. Habría cancelado las fiestas porque no tenía otra opción, pero en mi corazón habría permanecido resistente, orgulloso y duro. Nunca olvide: No es sólo obediencia externa lo que Dios desea, sino un corazón contrito y humillado, con sed y hambre de la voluntad de Dios. Es por eso que David dice:

> «Porque no quieres sacrificio, que yo lo daría … Los sacrificios de Dios son el espíritu quebrantado; al corazón contrito y humillado no despreciarás tú, oh Dios» (Salmo 51:16-17).

Podemos hacer grandes sacrificios en nuestras vidas, servir muchas horas, trabajar sin paga, sacrificar sueño, buscar formas de alcanzar a más personas y hacer todo tipo de cosas pues en el ministerio la lista puede ser sin fin. Atrapados en todo ese sacrificio podemos imaginarnos a nosotros mismos y nuestros esfuerzos como agradables a Dios. Sin embargo, en toda esa actividad nuestro motivo puede ser alimentado engañosamente por la voluntad propia.

Escuche estas palabras: Dios se agrada con la sumisión que lleva a la verdadera obediencia. El propósito de este libro no es sólo revelar la importancia de la sumisión a la autoridad de Dios, sino también crear un amor y pasión por la obediencia a ella.

Sé que pueden haber muchas preguntas no contestadas en su mente sobre el testimonio dado aquí. Una puede ser: «¿No le dijo Dios a usted en oración que hiciera esas células?» Otra puede ser: «¿Qué tal si el pastor estaba errado sobre la dirección de la iglesia? ¿Qué tal si debía formar esas células y él estaba errado y usted en lo correcto? ¿Qué tal si él hubiera sido influido de forma incorrecta?» A medida que continuemos este estudio responderemos a estas preguntas y muchas otras.

Sin embargo, antes de continuar la discusión sobre la autoridad delegada, debemos establecer primero la importancia de someternos a la autoridad directa de Dios. Watchman Nee escribe:

> Antes que un hombre pueda someterse a la autoridad delegada por Dios, debe primero confrontarse con la autoridad inherente de Dios. Toda nuestra relación con Dios está regulada por el hecho de que si hemos enfrentado o no a la autoridad. Si lo hemos hecho, nos someteremos a la autoridad en todo lugar y estando así restringidos por Dios, podemos comenzar a ser usados por Él. (*Autoridad Espiritual* [Editorial Vida, 1978]).

Primero debe establecerse un fundamento escritural firme de la importancia de la sumisión a Dios mismo. Sólo después de hacer esto podemos movernos a la importancia de la sumisión a la autoridad delegada. Esto será la piedra angular de todo lo que deseamos edificar.

SECCIÓN 2

LA COBERTURA
DIRECTA DE DIOS

CAPÍTULO 3

EL PECADO DEFINIDO

La Iglesia con frecuencia se desvía de la definición básica de pecado. No nos conectamos con su verdadero significado.

Juguemos por un momento. Por falta de un mejor título, llamémoslo el juego del psicólogo y el paciente. Usted es el paciente reclinado en el sofá y yo el psicólogo sentado en la silla al lado suyo. Le diré una palabra y usted dirá lo primero que le venga a la mente. ¿Listo? Aquí está la palabra: pecado. ¿Qué le vino a la mente primero?

Después de hablar con muchos creyentes y líderes en todo el mundo, puedo adivinar lo que se le vino a la mente. Pudo haber pensado sobre el adulterio, la fornicación, la perversión o alguna otra forma de mal comportamiento sexual. Escucho esta declaración trágica con mucha frecuencia: «Él cayó en pecado». Esto usualmente se refiere a la caída de un líder en el área sexual. El que me informa no necesita explicar más; sé de inmediato a qué se está refiriendo. En los círculos eclesiásticos este pensamiento parece estar a la vanguardia en cuanto a las asociaciones con la palabra *pecado*.

Quizás una imagen de borrachera o abuso de drogas pasó por su mente. Los creyentes ciertamente ven estas cosas como pecados grandes. Tal vez pensó en apostar, asesinato, robo o brujería. Es posible, pero no tan probable, que haya pensado en el odio, la contienda, la envidia o la falta de perdón en su categorización de pecado. Creo que podemos asumir con seguridad que la lista amenaza ser un poco larga.

DESCONEXIÓN CON LA DEFINICIÓN BÁSICA

Luego de pensar en eso, permítame decir lo siguiente: ¡Adán no se fue a la cama con una mujer extraña en el huerto, ni tampoco fumó hierba extraña! Sin embargo, su pecado fue tan serio que llevó a toda la creación a la cautividad y la esclavitud. Necesitamos considerar la situación de Adán al definir el pecado, pues la naturaleza de su transgresión se esparció por las venas de la raza humana. ¿Qué hizo él que trajo tanta destrucción a la humanidad? Puesto simplemente, él no fue obediente a lo que Dios le dijo.

Piense en esto por un momento. No quiero decir que la lista que acabo de citar esté vacía de pecado, sino que estoy enfatizando un punto del cual la iglesia con frecuencia se desvía, en cuanto a la definición básica del pecado. No estamos conectados con su verdadero significado. Sin este enlace importante, podemos ser guiados fácilmente a la decepción, como aprenderemos en este capítulo.

Permítame dar otro ejemplo. Digamos que su nivel de conocimiento o entendimiento básico de lo que es la enfermedad se reduzca a una persona con una temperatura que exceda los 38°, acompañada de un malestar general del cuerpo y tos, estornudos o vómitos. En mi mente infantil de siete años, ese era todo mi entendimiento de lo que era estar enfermo cuando mi amada hermana de catorce años fue diagnosticada con cáncer. Ella iba con frecuencia a los médicos y estuvo hospitalizada un par de semanas. Mi madre me explicó: «Johnny, tu hermana está muy enferma». Pero ella no tenía fiebre ni estaba tosiendo o estornudando. No podía entender por qué mis padres y mi hermana mayor estaban tan preocupados. Razonaba que ella simplemente estaba cansada. Yo no podía comprender la severidad de su enfermedad porque la procesaba a través de lo que sabía y había experimentado.

Nunca lo entendí realmente hasta que un día fui llamado de mi clase de primer grado, se me llevó a casa y vi a un sacerdote sentado en nuestra sala junto a mis padres. Entonces me dijeron que mi hermana estaba muerta. Sólo entonces comprendí que ella había estado *muy* enferma. Durante todos esos meses, nunca estuve conectado con lo que en realidad estaba ocurriendo porque mi definición de estar enfermo estaba limitada a sólo un aspecto. Pregunté e investigué. Aprendí que una persona enferma es alguien afligido con una mala salud o enfermedad. Ya no la consideraba como antes; me enteré de lo que abarcaba la verdadera definición de estar enfermo.

LA VERDADERA DEFINICIÓN DEL PECADO

Lo mismo es cierto de mucha gente en la iglesia. Con demasiada frecuencia nos falta el entendimiento básico de lo que el pecado es en realidad. Para poder progresar, debemos ver cómo la Escritura lo define. La Biblia declara: «el pecado es infracción de la ley» (1 Juan 3:4). La palabra griega que traduce la frase «infracción de la ley» es *anomia*. El *Diccionario Griego de Thayer* define esta palabra como: «la condición (de estar) sin ley debido a ignorancia de esta o a su violación». En palabras simples la infracción de la ley significa no someterse a ella o a la autoridad de Dios. El *Diccionario de Vine* declara que este versículo da «el verdadero significado de la palabra [pecado]». Vine continúa diciendo: «esta definición de pecado establece su carácter esencial como el rechazo de la ley, o voluntad, de Dios y la sustitución de esta por la voluntad propia».

Para confirmar esta definición, veamos una parábola de Jesús. Él estaba comiendo con unas personas y uno de ellos dijo: «Bienaventurado el que coma pan en el reino de Dios» (Lucas 14:15).

El Señor se aprovechó del comentario de este hombre para hablar de quien comería a la mesa de las bodas del Cordero. Él comenzó diciendo: «Un hombre hizo una gran cena, y convidó a muchos. Y a la hora de la cena envió a su siervo a decir a los convidados: Venid, que ya todo está preparado» (Lucas 14:16-17).

El hombre que hace la cena representa al Padre y el siervo es Jesús mismo. El uso del singular «siervo» apoya esta interpretación. La Escritura dice específicamente: «Dios, habiendo hablado muchas veces y de muchas maneras en otro tiempo a los padres por los profetas, en estos postreros días nos ha hablado por el Hijo» (Hebreos 1:1-2). Jesús es nuestro portavoz. Las personas que predican, enseñan o escriben en este tiempo del Nuevo Testamento son ordenados a hablar los oráculos del Señor. Debemos escuchar lo que Él nos está diciendo y comunicarlo fielmente.

En esta parábola la voluntad del Padre es expresada: «Venid, que ya todo está preparado». Este anuncio es dirigido a los que ya han sido invitados, es decir, a las personas en la iglesia, no a los incrédulos que nunca han escuchado el evangelio.

Sin embargo, estas personas comienzan a das excusas para no atender al llamado: «Venid». Él primero dijo: «Tengo un poco de *vodka* y una buena fiesta este fin de semana, y realmente quiero ir a ella; permíteme excusarme».

El segundo alega: «Me he ganado un viaje con todos los gastos pagados a Las Vegas. Y además cinco mil dólares para gastar en los casinos. Realmente deseo ir, de manera que discúlpeme por no poder asistir».

El tercero afirmó: «Me enamoré de mi secretaria y nos vamos de viaje esta semana a un club vacacional en Hawaii para disfrutar una semana de amor. Pero, por favor, no le diga nada a mi esposa; ella cree que me voy en un viaje de negocios. De manera que no puedo asistir». ¿Es eso lo que dicen? Si usted lee su Biblia, hallará que sus respuestas son muy diferentes. Examinemos cada una.

«El primero dijo (al siervo): He comprado una hacienda». Tengo una pregunta antes de que continuemos: ¿Es pecado comprar un pedazo de tierra? Si lo es, muchos de nosotros estamos en problemas. La respuesta es no. Todos sabemos eso. Veamos de nuevo lo que dijo: «He comprado una hacienda, y necesito ir a verla; te ruego que me excuses» (v. 18). Como dije, comprar tierra no es pecado, pero cuando el interés en las posesiones llega a ser más importante que la sumisión inmediata a la Palabra de Dios esto cae bajo la definición básica de pecado. Es infracción de la ley; no someterse a la autoridad de Dios.

El próximo hombre no estaba a punto de irse en un viaje a apostar. Él dijo: «He comprado cinco yuntas de bueyes, y voy a probarlos; te ruego que me excuses» (v. 19). ¿Es comprar bueyes o cualquier equipo necesario para nuestro sustento un pecado? Desde luego que no, pero cuando la industria o los negocios llegan a ser más importantes que la obediencia inmediata a la palabra o la voluntad de Dios, ¡eso es pecado! Recuerde, Adán no jugó a las apuestas en el huerto de Edén. Simplemente no se sometió a lo que Dios le dijo.

El último dijo: «Acabo de casarme, y por tanto no puedo ir» (v. 20). ¿Es casarse un pecado? Por supuesto que no. Si lo fuera, la mayoría de nosotros estaría en graves problemas. Sin embargo, cuando el deseo de agradar al cónyuge llega a ser más importante que someterse a la voluntad de Dios, es pecado. Otra vez, ¿recuerda el huerto? Eva fue engañada (2 Corintios 11:3), pero con Adán fue una historia diferente: «Adán no fue engañado» (1 Timoteo 2:14). Refiriéndose a la naturaleza del pecado de Adán, la Escritura indica: «Porque así como por la *desobediencia* de un hombre los muchos fueron constituidos pecadores» (Romanos 5:19). Adán desobedeció porque su esposa ya había comido y quería que él hiciera lo mismo. Él la escogió a ella antes que someterse a la autoridad de Dios. Esto es pecado. Como resultado de la desobediencia de Adán, «muchos fueron constituidos pecadores», o podemos decirlo así: «Muchos fueron hechos desobedientes a la autoridad de Dios». Esto es verdaderamente pecado. En el caso de esta parábola Jesús mostró cómo el hombre escogió a su esposa a expensas de no obedecer la Palabra de Dios.

Escuche ahora lo que Jesús dijo sobre estos hombres que se excusaron muy educadamente pero que no se sometieron a la voz y la autoridad de Dios: «Porque os digo que ninguno de aquellos hombres que fueron convidados, gustará mi cena» (Lucas 14:24).

¡Esto da mucho que pensar! A esos hombres no se les permitiría comer en la cena de las bodas para la cual habían previamente recibido invitaciones de honor. A ellos se les prohibió entrar a la cena de las bodas del Cordero, no debido a inmoralidad sexual, o al abuso de las drogas, sino simplemente por su desobediencia a la Palabra de Dios. ¿Por qué debe sorprendernos esto? Si lo pensamos bien, ¿no fue la desobediencia de Adán lo que trajo la mayor consecuencia de juicio sobre la humanidad?

¿No es interesante que no se haga mención en esta parábola a la adicción a las drogas, prostitutas, alcohólicos, asesinos o ladrones?

Si continúa leyendo, notará que el siervo se reportó al amo y le contó todas las excusas. El amo de la casa instruyó al siervo: «Ve por los caminos y por los vallados, y fuérzalos a entrar, para que se llene mi casa» (Lucas 14:23). Las personas de los caminos y los vallados en las Escrituras representan las prostitutas, sus empleadores, los ladrones, miembros de pandillas, asesinos, alcohólicos, etc. ¡Bueno, ellos están en la parábola, pero en un sentido bueno!

El Señor sabe que en estos últimos días, muchas de esas personas se darán cuenta de que sus vidas están vacías y que su forma de vivir no les da nada sino dolor, y se cansarán de dar coces contra el aguijón. Cuando escuchen la voz del amo, responderán con obediencia inmediata. En contraste, los que fueron invitados, que asisten a las iglesias y se consideran a sí mismos piadosos, pero obedecen a Dios sólo cuando les es conveniente o no interfiere con sus horarios, agendas, bendiciones o placeres, se hallarán a sí mismos con Adán, excluidos de la presencia gloriosa de Dios.

«SÍ, SEÑOR»

El pecado revela su verdadera definición en la parábola de las bodas de la cena como desobediencia a la autoridad de Dios.

Jesús dejó esto claro en otra parábola, la cual inició con la pregunta: «Pero ¿qué os parece?» Con esas palabras iniciales intentó llamar la atención de sus oyentes justos en apariencia, a que miraran más a fondo y vieran la verdad en su propia respuesta.

Jesús habló de un hombre que tenía dos hijos. El padre fue a su primer hijo y le dijo: «Hijo, ve hoy a trabajar a mi viña».

El hijo respondió «No quiero». Sin embargo, luego cambió de parecer y dejó lo que estaba haciendo y trabajó en la viña.

Luego el padre se acercó al segundo hijo y le pidió lo mismo. El hijo respondió a su padre: «Sí, señor, voy». Luce como un buen hijo, y ciertamente le habló con respeto a su padre. Pero Jesús dijo: «y no fue».

Luego Jesús planteó la pregunta de mayor importancia, aunque fácil de responder: «¿Cuál de los dos hizo la voluntad de su padre?»

El grupo al cual le estaba hablando contestó correctamente: «El primero».

Luego Jesús se dirigió al corazón del asunto y dijo: «De cierto os digo, que los publicamos y las rameras van delante de vosotros al reino de Dios» (Mateo 21:28-31). Ahora bien, es obvio que cualquier padre preferiría que su hijo dijera: «Sí, señor, iré», e ir con gozo, no sólo obedeciendo el mandamiento, si no con una actitud dispuesta también. Pero esta parábola les mostró a estos líderes que el significado básico del pecado es la desobediencia a la autoridad de Dios. No está confinado al adulterio, el asesinato, el robo y cosas por el estilo.

Los líderes eran orgullosos y confiaban en sí mismos porque no estaban atrapados en lo que consideraban «grandes pecados». Sin embargo, con su definición limitada, eran engañados fácilmente a cometer lo que profesaban evitar tan diligentemente: el pecado o desobediencia a la autoridad divina.

¿Y QUÉ CON LOS PECADOS GRANDES?

Podemos ir a través de la Biblia y hallar este mismo mensaje repeti das veces. Usted puede estar pensando: *¿Y qué con la mentira, la borrachera, el adulterio, robar y asesinar, ¿no son estos pecados?* ¡Absolutamente! Estas acciones van contra la autoridad de Dios también. Es Dios quien nos dice que desechemos la mentira y «hablar verdad cada uno con su prójimo» (Efesios 4:24-25). En cuanto a emborracharse, mandó: «No os embriaguéis con vino» (Efesios 5:18). En cuanto al adulterio nos advierte: «Huid de la fornicación» (1 Corintios 6:18). ¿Qué tal del robo? Se nos instruye: «El que hurtaba no hurte más» (Efesios 4:28). En cuanto el homicidio se nos dice: «Todo aquel que aborrece a su hermano es homicida; y sabéis que ningún homicida tiene vida eterna permanente en él» (1 Juan 3:15). El Nuevo Testamento enfatiza que los que practican estas cosas no heredarán el reino de Dios (1 Corintios 6:9-11; Gálatas 5:19-21; Apocalipsis 21:8). Pero no perdamos de vista el hecho de que todo pecado destruye, no sólo aquellos a los que llamamos «grandes pecados».

Regresemos a nuestro juego de psicólogo y paciente. El paciente en el sofá con un buen entendimiento del pecado podría responder fácilmente: «No me someteré a la autoridad divina». Él entiende la conexión entre el pecado y la infracción de la ley.

LOS TIEMPOS MALOS

Los discípulos de Jesús le preguntaron sobre el final de los tiempos. Él respondió contándoles acerca de eventos que ocurrirían y describió las condiciones que prevalecerían en los días precedentes a su segunda venida. Una de las condiciones es esta: «Y por haberse multiplicado la maldad, el amor de muchos se enfriará. Mas el que persevere hasta el fin, éste será salvo» (Mateo 24:12-13).

Cuando pregunto en las iglesias si esto se aplica a nuestra sociedad actual, muchos levantan sus manos y asienten con sus cabezas; la mayoría ve nuestra sociedad como pecaminosa. Muy pocos, si alguno, cuestionan si esa es una evaluación correcta. Sin embargo, Jesús no estaba describiendo a la sociedad en su declaración. ¡Describía a la iglesia! Tal vez se pregunte cómo llego a tal conclusión. Bueno, dos frases distintas muestran que Él estaba hablando sobre la iglesia y no de la sociedad en general.

La primera es la frase clave entre comillas «el amor de muchos se enfriará». La palabra griega para «amor» es *ágape*. W.E. Vine, que es un experto en griego, escribe que *ágape* es usado «por el espíritu de la revelación … para expresar ideas no conocidas anteriormente». Recuerde, Jesús dijo: «Un mandamiento nuevo os doy:

Que os améis [*agapao,* la forma verbal del sustantivo *ágape*] unos a otros; como yo os he amado» (Juan 13:34). Este amor no había sido previamente conocido por la humanidad; fue Él quien lo introdujo. Él lo definió con la frase «como yo os he amado». Vine continúa diciendo: «este amor expresa el 'amor' profundo y constante y el interés de un Ser perfecto hacia objetos completamente indignos». En esencia habla del amor incondicional de Dios, el amor derramado en nuestros corazones por el Espíritu Santo, del cual Jesús dijo: «al cual el mundo no puede recibir» (Romanos 5:5; Juan 14:17). En esencia este amor sólo puede ser hallado en aquellos que han recibido a Jesucristo como Salvador.

Hay otras palabras griegas traducidas como «amor» en el Nuevo Testamento. Sin embargo, cada una de ellas puede ser fácilmente aplicada a no creyentes y a creyentes. Una de ellas es *fileo*. Esta palabra, según W.E. Vine, «debe ser distinguida de *agapao* en lo siguiente, que *fileo* más cercanamente representa 'tierno afecto'... *Fileo* nunca es usado en un mandamiento a los hombres a amar a Dios». Esta palabra no es usada exclusivamente por los creyentes como lo es *ágape*.

En la declaración de Jesús: «Y por haberse multiplicado la maldad el amor de muchos se enfriará», la palabra griega usada para «amor» no es *fileo* sino ¡*ágape*! Jesús no dirige su declaración a la sociedad; más bien, le estaba hablando a la iglesia. Afirma que la maldad va a abundar en la iglesia en los últimos días.

No podemos pasar por alto otras declaraciones que hizo. Una de ellas se halla en el Evangelio de Mateo: «No todo el que me dice: Señor, Señor, entrará en el reino de los cielos, sino el que hace la voluntad de mi Padre que está en los cielos» (Mateo 7:21).

Esta declaración cancela nuestro concepto y definición general de quién es salvo. Hemos enseñado y creído que todo lo que se necesita hacer es decir la «la oración del pecador», y se le asegura un lugar en el cielo. Hemos descuidado o no enfatizado guardar sus mandamientos. Esta falsa gracia extravía a muchos, causando que no se tome la obediencia en serio. Jesús dijo que los que irán al cielo son los que *confiesan* y *hacen* la voluntad de Dios, guardando sus mandamientos.

La verdadera gracia nos ha sido dada para capacitarnos a fin de obedecer lo que Él demanda de nosotros. El escritor a los Hebreos lo dijo de la mejor forma: «Tengamos gratitud, y mediante ella sirvamos a Dios agradándole» (Hebreos 12:28). La gracia nos capacita para servir a Dios de forma aceptable, lo cual está de acuerdo con su voluntad.

Jesús continuó diciendo: «Muchos me dirán en aquel día: Señor, Señor, ¿no profetizamos en tu nombre, y en tu nombre echamos fuera demonios, y en tu nombre hicimos muchos milagros?» (Mateo 7:22). Este pasaje se refiere no a pocos sino a *muchos*. ¿Recuerda la palabra *muchos* en su declaración previa «el amor de muchos se enfriará?» Estas multitudes le dirán a Jesús: «Señor, ¿no profetizamos en tu nombre, y en tu nombre echamos fuera demonios, y en tu nombre hicimos muchos milagros?» Un incrédulo no puede echar demonios en el nombre de Jesús (Hechos 19:13-17). De manera que le hablaba a las personas en la iglesia.

Entonces les dirá a esos que profesan ser cristianos: «Apartaos de mí, hacedores de maldad» (Mateo 7:23). Note lo que ellos hacen: *maldad*. En otras palabras, tienen un estilo de vida similar a las personas mencionadas en la parábola de las bodas. Han desarrollado un patrón que coloca sus agendas, placeres o planes antes que los mandamientos del Señor. Hoy esto parece un comportamiento normal o natural. Ellos simplemente no viven su confesión de sumisión a su señorío. Es más, obedecen lo que se ajusta a sus planes. No están al tanto de su maldad. Esta, tristemente, es la condición de muchos de los que profesan ser cristianos hoy día.

La segunda razón por la cual sabemos que Jesús le está hablando a la Iglesia se halla en la próxima frase: «Mas el que persevere hasta el fin, este será salvo». Para perseverar en una carrera, usted debe iniciarla. Los incrédulos todavía no han comenzado el camino cristiano.

EL CHOQUE Y LA AGONÍA DEL ENGAÑO

Cuando Jesús y los apóstoles le hablaban a la gente de los últimos días, vemos advertencias repetidas contra lo que mejor describe la atmósfera de su tiempo, *el engaño*. Una razón del engaño generalizado es la falta de entendimiento del significado básico del pecado. Eso no difiere mucho de lo que pensé en cuanto a la enfermedad de mi hermana. Quedé conmocionado cuando llegué a casa y la hallé muerta puesto que nunca acepté el hecho de que estaba realmente enferma. Esto se relaciona con una experiencia que tuve a finales de los ochenta.

Mientras estaba en oración recibí una visión espiritual impresionante que cambió el curso de mi vida y ministerio. Vi una multitud de personas, incontable, la magnitud de la cual nunca había visto. Estaban reunidas ante las puertas del cielo, esperando entrar, esperando al Señor decir: «Venid, benditos de mi Padre, heredad el reino preparado para vosotros desde la fundación del mundo» (Mateo 25:34). Pero por el contrario lo oyeron decir: «Apartaos de mí, hacedores de maldad». Vi la mirada de terrible asombro, agonía y terror en sus rostros. Realmente creían que fueron destinados al cielo porque habían profesado el señorío de Jesús y el cristianismo. Pero no habían entendido el significado verdadero o básico del pecado. Aunque deseaban el cielo, no tenían la pasión para hacer obedientemente la voluntad del Padre.

Dios está buscando hijos cuyos corazones deseen caminar en obediencia. No importa qué área de la vida pueda tocar, como creyentes debemos deleitarnos en hacer su voluntad. Al final de una vida llena de éxito por la obediencia y dificultades por la desobediencia, Salomón pronunció sabiduría válida para toda época: «El fin de todo discurso oído es este: Teme a Dios, y guarda sus mandamientos; porque esto es el todo del hombre» (Eclesiastés 12:13).

El versículo completo de Mateo 7:23 dice: «Y entonces les declararé: Nunca os conocí; apartaos de mí, hacedores de maldad». Algunos pueden cuestionar que este versículo se aplique a creyentes porque Jesús dice: «Nunca os conocí». Recuerde, los incrédulos no pueden echar demonios en el nombre de Jesús. Cuando Jesús dijo: «Nunca os conocí...», es importante entender que la palabra griega traducida «conocí» es *ginosko*. Esta palabra es usada para describir la relación sexual entre un hombre y una mujer en el Nuevo Testamento (Mateo 1:25). Esto representa intimidad. Jesús estaba diciendo en realidad: «Yo nunca les conocí íntimamente». Leemos en Primera a los Corintios 8:13: «Pero si alguno ama a Dios, es conocido por él». La palabra traducida «conocido» es la misma griega *ginosko*. Dios conoce íntimamente a los que le aman. Los que le aman son los que se someten a su autoridad obedeciendo sus palabras. Jesús dijo: «El que no me ama, no guarda mis palabras» (Juan 14:24).

CAPÍTULO 4

EL PODER SECRETO DE LA MALDAD

El conocimiento revelado, no comunicado, es nuestra mejor protección contra el engaño.

La frase «los últimos días» es mencionada con frecuencia en las Escrituras. Es muy posible que estos días sean los más emocionantes así como los más aterradores en la historia de la humanidad.

Emocionantes porque presenciaremos la mayor revelación de la gloria de Dios que ninguna generación experimentó, la cual será acompañada de una cosecha de almas inimaginable. Será un tiempo de gloria y gozo, juicio y temor.

Será un tiempo de temor porque el apóstol Pablo nos dijo explícitamente: «En los postreros días vendrán tiempos peligrosos» (2 Timoteo 3:1). Antes de esta declaración dijo: «*También debes saber esto*». En otras palabras, ¡Toma nota cuidadosa de lo que estoy por escribir, grábalo y destácalo en tu mente! Luego explicó ese tiempo en detalle, en el tercer capítulo. La razón de ese tiempo terrible no será la persecución del gobierno o de los ateos. Ese tiempo peligroso se deriva del *engaño* generalizado dentro de la iglesia. Esta advertencia es hecha repetidamente en todo el Nuevo Testamento.

El engaño es algo de temer. ¿Por qué? ¡Porque confunde! Una persona engañada cree con todo su corazón que está correcta cuando, en realidad, está errada. Jesús advirtió repetidamente contra el engaño en los evangelios. Sólo en Mateo 24, nos advirtió cuatro veces a tener cuidado del engaño.

De hecho, cuando sus discípulos le preguntaron acerca de su regreso, las primeras palabras que salieron de su boca describiendo nuestros días fueron: «Mirad que nadie os engañe» (Mateo 24:4). No es difícil percibir la urgencia de su advertencia. Tiene un tono serio y solemne. Él deseaba que ellos imprimieran estas palabras en sus almas y que las mismas siempre estuvieran delante de ellos. Sus palabras han permanecido por miles de años y seremos sabios si no descuidamos su consejo.

DOS PREGUNTAS IMPORTANTES

Debemos hacernos dos preguntas importantes. Primero, ¿cuál es la raíz del engaño? Segundo, ¿por qué el engaño puede seguir su curso sin ser detenido? En respuesta a la primera, la raíz del engaño no es más que lo que discutimos en el capítulo anterior: la desobediencia a la autoridad divina o la maldad. Somos exhortados a,

> «Sed hacedores de la palabra, y no tan solamente oidores, engañándoos a vosotros mismos» (Santiago 1:22).

¡Esto es algo serio! La Escritura nos dice que cuando una persona *oye* la Palabra de Dios pero no la *obedece*, el engaño entra en su corazón y su mente. Esa persona vive ahora bajo la convicción de que está en lo correcto cuando en realidad está errada. Cuando no hay verdadera sumisión a la autoridad de Dios, lo cual implica la autoridad de su Palabra, hay una puerta abierta para un engaño grande y sutil.

¿Por qué habrá un engaño galopante en los últimos días? Pablo nos dijo que muchos serán engañados «por cuanto no recibieron el amor de la verdad» (2 Tesalonicenses 2:10). Amar la verdad no es simplemente disfrutar con escucharla, si no el amar obedecerla. Dios le dijo a un profeta:

> «Y tú, hijo de hombre, los hijos de tu pueblo se mofan de ti junto a las paredes y a las puertas de las casas, y habla el uno con el otro, cada uno con su hermano, diciendo: Venid ahora, y oíd qué palabra viene de Jehová. Y vendrán a ti como viene el pueblo, y estarán delante de ti como pueblo mío, y oirán tus palabras, *y no las pondrán por obra*; antes hacen halagos con sus bocas, y el corazón de ellos anda en pos de su avaricia» (Ezequiel 33:30-31, énfasis del autor).

Muchas personas en nuestras iglesias aman la buena predicación y la enseñanza, pero en realidad, aman más sus propias vidas que la voluntad de Dios (2 Timoteo 3:1-4). Debemos amar la verdad más que nada y nadie. Debemos desear con pasión su voluntad más que nuestra comodidad. Entonces nos deleitaremos en poner nuestros deseos personales a un lado por los deseos de Dios. Tomaremos nuestra cruz y negaremos nuestros derechos y privilegios para cumplir su voluntad. ¿Por qué? Porque Él es Dios nuestro creador, nuestro redentor, y su amor para con nosotros es perfecto. Eso basta para cuidarnos del engaño.

¿Pero es este el tipo de devoción que vemos en la iglesia? La realidad es mucho más diferente. Es asombroso ver cómo estos escritores de la Biblia anticiparon nuestro día con una mayor precisión que la que tenemos nosotros mismos.

EL PODER SECRETO DE LA MALDAD

Hay otro factor a considerar al tratar de entender por qué la maldad está tan generalizada en nuestro día. Se nos ha advertido: «porque ya está en acción el misterio de la iniquidad» (2 Tesalonicenses 2:7). Esta palabra traducida «iniquidad» es el mismo vocablo griego *anomia* que estudiamos en el capítulo anterior. Note que hay una fuerza o poder secreto tras ella. La versión Reina Valera se refiere a ello como el «misterio de la iniquidad». El misterio está escondido en su poder secreto. Con los creyentes la iniquidad no sería efectiva si es abierta, sólo si es sutil y engañosa. Ese es su misterio. Como Dios no desea que seamos ignorantes de este misterio o poder secreto, nos advierte al respecto (ver 2 Corintios 2:11).

Satanás es el maestro del engaño. Piense en esto: Él guió a un tercio de los ángeles a levantarse contra Dios (ver Apocalipsis 12:34). Eso ocurrió en un ambiente perfecto, ¡en la misma presencia de nuestro glorioso Señor! Jesús nos advirtió que Satanás no solo era un engañador si no el mismo padre de la mentira (Juan 8:44). También nos advirtió que los engaños de Satanás serían tan fuertes en los últimos días que si fuera posible aun los elegidos caerían presa de él (Mateo 24:24).

¿Por qué debemos sorprendernos? Si puede engañar a millones de ángeles en el cielo, ¿por qué le sería difícil engañar a multitudes en este ambiente terrenal, del cual él es llamado el «príncipe de la potestad del aire» (Efesios 2:2)? Vivimos en los días de los cuales Jesús habló, así que examine cuidadosamente el llamado urgente de Pablo a la iglesia en Corinto:

«Pero temo que como la serpiente con su astucia engañó a Eva, vuestros sentidos sean de alguna manera extraviados» (2 Corintios 11:13).

Pablo comparó la vulnerabilidad de los creyentes con el engaño de Eva. Sin duda una de las hazañas más espectaculares de Satanás fue ese. Ella vivía en un ambiente perfecto, libre del dominio y la influencia demoníaca. Caminaba en la propia presencia de Dios, libre de los estorbos de la carne. Hacer que se revelara, sin duda fue una de las estratagemas más astutas de Satanás. Él recurrió a tácticas sutiles y astutas para corromper la pureza de su mente. Entender sus tácticas con Eva nos ayuda a poner al descubierto su mejor arma; recibimos entendimiento en cuanto a cómo trata de engañarnos y de por qué tantas personas caen en la desobediencia hoy día.

Recuerde que Eva fue engañada para desobedecer, pero Adán sabía exactamente lo que estaba haciendo. He visto personas en la iglesia transgredir los mandamientos de Dios con sus ojos bien abiertos, completamente conscientes de lo que hacen. Ellos no están engañados. Pisan territorio peligroso y avanzan hacia la muerte espiritual (Romanos 8:13). Estos son los duros de corazón y difíciles de alcanzar. Luego hay otros —que constituyen la mayoría de los desobedientes en la iglesia—: *los engañados*. Como con Eva, la ignorancia los expone al engaño, el poder secreto de la iniquidad.

La ignorancia es el caldo de cultivo para el engaño. Dios dice: «Por tanto, mi pueblo fue llevado cautivo, porque no tuvo conocimiento» (Isaías 5:13). El conocimiento revelado de los caminos de Dios y sus leyes espirituales nos guardan de los engaños del enemigo. La luz de su verdad lo pone al descubierto y nos protege de cualquier mentira.

CONOCIMIENTO REVELADO Y CONOCIMIENTO COMUNICADO

Dios colocó al hombre en el huerto y dijo: «De todo árbol del huerto podrás comer, mas del árbol de la ciencia del bien y del mal no comerás; porque el día que de él comieres ciertamente morirás» (Génesis 2:16-17).

Luego de esto, el Señor formó a la mujer del hombre. Podemos asumir que eso ocurrió un poco después, porque el hombre le había dado nombres a todo animal y ave del cielo antes de que la mujer fuera formada de sus costillas.

A diferencia de Adán, la mujer no escuchó el mandamiento directamente de la boca de Dios. Adán tal vez se lo comunicó mientras disfrutaban del jardín de Dios. Podemos suponer esta situación por su respuesta a la serpiente. Lea con cuidado los siguiente versículos:

> «Pero la serpiente era astuta, más que todos los animales del campo que Jehová Dios había hecho; la cual dijo a la mujer: ¿Conque Dios os ha dicho: No comáis de todo árbol del huerto? Y la mujer respondió a la serpiente: Del fruto de los árboles del huerto podemos comer; pero del fruto del árbol que está en medio del huerto dijo Dios: No comeréis de él, ni le tocaréis, para que no muráis» (Génesis 3:1-3).

Primero observe cuando la serpiente cuestiona el mandamiento de Dios, que la mujer responde: «Podemos comer...», en vez de responder: «Dios ha dicho...» Esta es la respuesta clásica de alguien que ha escuchado órdenes o reglas de segunda mano. Esta no es la respuesta de una persona que ha escuchado el latido y la motivación de Aquel de quien se originó el mandamiento.

Segundo, note que su respuesta difiere del mandamiento divino original. Ella añadió: «Dijo Dios: No comeréis de él, ni le tocaréis, para que no muráis». Dios nunca dijo nada en cuanto a tocar el fruto. Aquí tenemos otro ejemplo de lo que pasa cuando uno escucha de otro lo que Dios ha dicho en vez de recibir la revelación directa del Señor.

Cuando Dios revela su Palabra por su Espíritu, esta llega a ser parte de nosotros. Esto puede ocurrir cuando leemos un libro, al escuchar a otra persona enseñar, al leer la Biblia a solas o en comunión con el Espíritu de Dios. Para Adán, el mandamiento de Dios fue tan real como toda la creación alrededor de él; fue parte de él. Por el contrario, cuando escuchamos el mandamiento de Dios, pero no nos es revelado a nosotros por su Espíritu, no es parte nosotros. Es simplemente una ley para nosotros, y «el poder del pecado es la ley» (1 Corintios 15:56).

Como dije, creo que Adán le repitió el mandamiento de Dios a Eva. Es muy probable que ella no buscara a Dios personalmente respecto al mandamiento. Simplemente aceptó la información de Adán como diciendo: «Así son las cosas». Para ella esto no era conocimiento revelado, sino conocimiento comunicado. Escucharlo de segunda mano la hizo más vulnerable al engaño. Por esa razón la serpiente la atacó a ella en vez de a Adán.

El conocimiento revelado, no comunicado, es nuestra mejor protección contra el engaño. Muchos están atados por el legalismo porque han escuchado solamente el conocimiento, instrucción o los confines de las Escrituras. Sea que venga de los padres, predicadores, casetes o libros todavía no han buscado conocer el corazón de Dios en el asunto, lo cual les daría el entendimiento que les guardaría del engaño. Tienen letra sin corazón. Pueden aun repetir capítulos y versículos correctamente, pero han perdido el aliento de vida que hay en las Escrituras.

Pueden aun tener entusiasmo al compartir una nueva enseñanza que acaban de oír en un seminario o conferencia. Sin embargo, parecen no poder vivir lo que comparten con tanto entusiasmo. No es parte de ellos. Tienen las palabras, pero permanecen estériles e incapaces de producir la vida de Dios. Cuando eso ocurre, son fácilmente tentados a añadir o quitar a lo que Dios afirma. Pueden ser engañados con facilidad porque les falta entendimiento en los caminos de Dios.

El siguiente es un ejemplo que he escuchado muchas veces: «Bueno, usted sabe, hermano, el dinero es la raíz de todos los males». Eso no es lo que Dios declara. Él dice: «raíz de todos los males es el *amor* al dinero» (1 Timoteo 6:10, énfasis del autor).

Si el dinero fuera la raíz de todos los males, ¡entonces Jesús estaba en desorden porque tenía un tesorero y una bolsa de dinero! En una ocasión una mujer rompió una botella de perfume cuyo valor era el salario de un año entero y lo vertió sobre Él. Judas, que amaba el dinero, se enojó por eso, sin embargo el Señor lo reprendió y la alabó a ella (ver Juan 12:3-7).

No, no es el dinero en sí mismo, sino el amor al dinero, lo que es la raíz de todos los males. Es un deseo no saludable y una dependencia del dinero. Este concepto legalista hace que la gente tenga una actitud no saludable hacia el dinero que Dios nunca deseó. Él nos advierte contra ese deseo insano y esa dependencia del dinero. Por tanto, esas personas nunca pueden operar en el área de las finanzas en forma verdaderamente piadosa. Esta ignorancia confirma que la Palabra de Dios no le ha sido revelada a sus corazones. Sólo tienen un conocimiento comunicado de su Palabra y son candidatos al engaño.

¿Cómo recibimos entonces el conocimiento revelado? Andando en humildad delante de Dios con el temor y el amor de Dios ardiendo en nuestros corazones. Dios dijo:

«Pero miraré a aquel que es pobre y humilde de espíritu, y que tiembla a mi palabra» (Isaías 66:2).

El que tiembla ante su Palabra le obedecerá de inmediato, sea o no que vea la ventaja de hacerlo. Este es el que verdaderamente teme a Dios. Y la Escritura claramente dice: «La comunión íntima de Jehová es con los que le temen y a ellos hará conocer su pacto» (Salmo 25:14).

Ahora entendemos mejor la declaración de Salomón al final de su vida: «Teme a Dios, y guarda sus mandamientos: porque esto es el todo del hombre» (Eclesiastés 12:13). Dios revela sus caminos a los que le temen y Juan le dice a este grupo de personas:

Os he escrito esto sobre los que os *engañan*. Pero la unción que vosotros recibisteis de él permanece en vosotros, y no tenéis necesidad de que nadie os enseñe; así como la unción misma os enseña todas las cosas, y es verdadera, y no es mentira [engaño], según ella os ha enseñado, permaneced en él» (1 Juan 2:26-27, énfasis del autor).

Esto nos muestra cómo la palabra revelada de Dios nos guarda del engaño. Eva fue engañada con la desobediencia porque le faltaba el conocimiento revelado de Dios. Por tanto, no detectó el engaño y la perversión en las palabras de la serpiente.

¿CÓMO LO HIZO LA SERPIENTE?

Sigamos adelante y respondamos las siguientes preguntas: ¿Cómo engañó la serpiente a la mujer? ¿Cuál fue su estrategia sutil de ataque? Conocer las respuestas es vital. Piense en esto: ¿Cómo la manipuló para engañarla? Eva vivía en un ambiente completamente perfecto. Nunca fue maltratada por nadie con autoridad.

Ella no tenía ninguna mala experiencia con su padre jefe o ministro. Vivía en un jardín floreciente, libre de opresión demoníaca. Todo lo que conoció era la bondad y la provisión de Dios. Caminaba y hablaba en su presencia. ¿Cómo entonces hizo la serpiente para engañarla?

Recuerde el mandamiento de Dios: «De todo árbol del huerto podrás comer; mas del árbol de la ciencia del bien y del mal no comerás porque el día que de él comieres ciertamente morirás» (Génesis 2:16-17).

La bondad de Dios dijo: «... podrás comer», mientras que su autoridad ordenó la restricción: «...mas del árbol de la ciencia del bien y del mal». Dios enfatizó su libertad de comer de cualquier árbol con la excepción de uno.

La esencia misma de Dios es amar y dar. Él desea compañeros en su jardín que le amen y le obedezcan. Él no quería un robot sin libertad de escoger. Deseaba hijos, hechos a su imagen, con voluntad propia. Cuando restringió su acceso al árbol, les dio una opción que los protegería de la muerte. Esto involucraba su voluntad. ¿Confiarían y obedecerían ellos? Sin el mandamiento no hubiera existido opción.

Examine de cerca las palabras de la serpiente: «Pero la serpiente era astuta más que todos los animales del campo que Jehová Dios había hecho; la cual dijo a la mujer: ¿conque Dios os ha dicho: No comáis de todo árbol del huerto» (Génesis 3:1). Poniendo esta pregunta en términos más contemporáneos la serpiente dijo: «He escuchado que Dios dijo que no pueden comer de todos los árboles. ¿Es eso correcto?»

La serpiente comenzó su estrategia distorsionando primero el énfasis del mandamiento divino. Tergiversando su significado, la serpiente cuestionó los motivos de Dios. Quería guiar a Eva por el camino del razonamiento, en el que en cierto punto cuestionara la bondad y la integridad de Dios. Una vez que lo lograra, sería demasiado fácil volverla contra su autoridad.

La serpiente ignoró la generosidad de Dios y se enfocó en la restricción. Su implicación fue que algo bueno les estaba negado. Con una sola pregunta la serpiente distorsionó el único mandamiento, dado para protección, y lo convirtió en una negación injusta de algo bueno. ¿Puede escuchar el desprecio en su voz al decir: «Así que Dios dijo que no pueden comer de todos los árboles»? A pesar de su acceso a todo un jardín del cual comer, la serpiente llamó la atención de Eva al único árbol negado a ellos. Presentó a Dios como un tacaño más que cual «dador», como lo es en realidad.

Al hacer parecer injusto al Señor, la serpiente pudo atacar el dominio de Dios. Satanás no es tonto; atacó el fundamento mismo de la autoridad divina; «justicia y juicio son el cimiento de su trono» (Salmo 97:2). Su trono representa su autoridad. Si Satanás pervirtiera el carácter justo de Dios a través del engaño y la distorsión, entonces el fundamento mismo de su autoridad sería cuestionado ante los ojos de su creación.

En respuesta a la pregunta de la serpiente, la mujer le corrigió: «Del fruto de los árboles del huerto podemos comer; pero del fruto del árbol que está en medio del huerto dijo Dios: no comeréis de él, ni le tocareis, para que no muráis» (Génesis 3:2-3).

Es muy posible, aun mientras respondía, que dudara de la razón del mandamiento. Ella estaba cuestionando la bondad de Dios. ¿Puede escuchar sus pensamientos? *Se ve bien... No sé por qué no podemos comer de ese árbol. ¿Qué puede haber de malo con él? ¿Qué tiene ese árbol que es tan malo para nosotros?* Con nuevas dudas en cuanto a la motivación de Dios, ella estaba receptiva al cuestionamiento de la autoridad divina.

La serpiente aprovechó la oportunidad para socavar la autoridad, verdad e integridad de Dios contradiciendo descaradamente su Palabra: «No moriréis; sino que sabe Dios que el día que comáis de él, serán abiertos vuestros ojos, y seréis como Dios, sabiendo el bien y el mal» (Génesis 3:4-5).

El maestro del engaño intentó destruir el fundamento de su lealtad contradiciendo con descaro a Dios y asegurándole que no moriría. Rápidamente continuó su razonamiento diciendo: «En vez de morir, serás más como Dios. Podrás escoger por ti misma entre el bien y el mal porque serás sabia. No tendrás que escucharlo todo de segunda mano o estar sujeta a ningún mandamiento injusto».

PECADO CONCEBIDO, ESCLAVITUD SEGURA

Eva quedó conmocionada y confundida. Se preguntaba: *¿Por qué me negaría Dios este fruto?* Vio al árbol de nuevo para examinar su fruto, aunque ahora con ojos diferentes. Juzgó al fruto como bueno y agradable, no malo ni perjudicial. Y pensó: *Se ve bueno para comer, y lo mejor de todo es que nos hará sabios.*

Ese razonamiento la cegó a todo lo demás a su derredor. Olvidó la abundante bondad provista al enfocarse en un solo árbol. Pensó: *Este árbol tiene algo bueno para nosotros, y Dios nos lo negó. Su fruto pudo haber sido nuestro todo este tiempo. ¿Por qué nos hizo esto? Si nos está negando algo que necesitamos de este árbol, ¿qué más nos habrá negado?*

Con el carácter, la integridad y la bondad de Dios siendo cuestionados y la seguridad de que nada malo les pasaría, ya no había ninguna razón para someterse a su autoridad en el asunto. Su voluntad propia se sobreimpuso a la del Padre. Eva extendió su mano al fruto y lo tomó en su mano... nada ocurrió. La serpiente debió haber tenido razón. Ella entonces comió y le dio a su esposo.

Después que comieron sus ojos fueron abiertos repentinamente y sintieron una sensación de vergüenza y temor al darse cuenta que estaban desnudos. Con su desobediencia vino la muerte espiritual. La carne se había convertido ahora en el amo fuerte que les dominaría. Cuestionando la Palabra de Dios y tomando el camino del razonamiento al engaño, abrieron sus vidas al amo de la desobediencia. Él llegó a ser su amo siniestro. Como lo confirma la Escritura: «¿no sabéis que si os sometéis a alguien como esclavos para obedecerle, sois esclavos de aquel a quien obedecéis, sea del pecado para muerte, o sea de la obediencia para justicia?» (Romanos 6:16). Se le otorgó al señor de la muerte no sólo acceso a sus vidas sino también entrada legal al mundo. Pablo lo explicó de esta forma: «Por tanto, como el pecado entró en el mundo por un hombre, y por el pecado la muerte, así la muerte pasó a todo los hombres» (Romanos 5:12).

Antes de su desobediencia no existía odio, ira, falta de perdón, riñas, chismes, corrupción, fraudes, amargura o extorsión. No había perversión sexual, abuso de drogas, borracheras, asesinatos o robos. No había maltrato de esposas o de hijos. La enfermedad y la pobreza no existían. Los desastres naturales, pestes y plagas no eran conocidos para la humanidad. El reino animal vivía en completa armonía. La atmósfera era tranquila con la voluntad de Dios presidiendo sobre toda la creación.

La desobediencia trajo estos horribles problemas de comportamiento que plagan a la humanidad, y la lista se multiplica y se empeora con cada generación que pasa. Su acto de insubordinación marcó el comienzo del secreto del poder de la iniquidad. Con este engaño el hombre perdió su provisión y protección divina. La rebelión similar a la de Satanás abrió la puerta a su dominio y destrucción. Él se aprovechó por completo de esta oportunidad para ser como Dios, pero sin sujetarse a Él. Esclavizando a la creación divina, él se entronó a sí mismo (Isaías 14:12-14).

LA ESTRATEGIA NO ES DIFERENTE HOY

El método operativo de Satanás no difiere mucho hoy día. Él aún desea pervertir el carácter de Dios para tornarnos en contra de su autoridad. El libro de Santiago deja esto absolutamente claro: «Amados hermanos míos, no erréis. Toda buena dádiva y todo don perfecto descienden de lo alto, del Padre de las luces, en el cual no hay mudanza, ni sombra de variación» (1:16-17).

El escritor quería asegurarse de que los creyentes no cayéramos debido al mismo poder secreto de la iniquidad por el que cayó Eva. Él nos hizo una advertencia para protegernos, como hiciera Pablo. Debemos escuchar sus palabras cuidadosamente y establecerlas en nuestros corazones; no hay nada bueno fuera de la voluntad de Dios. Puede que algo parezca bueno, pero si no se alinea con su voluntad, no tenga duda, no hay nada bueno en ello para nosotros.

Santiago reiteró que si usted cree que hay algo bueno fuera de la provisión de Dios, entonces puede ser engañado, tal como lo fue Eva. Considere cuidadosamente lo que hemos discutido. No importa cuán bueno parezca, sepa o se sienta; no importa cuán rico, abundante, sabio o exitoso pueda hacerle, si no es de Dios, en algún momento le guiará por un camino de intenso dolor, pesar y, al final, muerte. La provisión y protección divinas se comprometen por el engaño. Todo don perfecto y bueno es de Dios; Él es la fuente. Adopte esta verdad y establézcala en su corazón, ¡entonces las apariencias no le engañaran! Si Eva hubiera hecho eso, no habría sido persuadida. Ella miró fuera de la provisión de Dios para satisfacer sus deseos.

¿Cuántos se casan con la persona equivocada por razones incorrectas? Dios pudo haberles advertido mediante padres o pastores, pudo haberles hablado directamente a sus corazones, pero ellos permitieron que el razonamiento ahogara esas voces. Tal vez estaban solos y deseaban compañía. Quizás la persona era agradable a la vista y parecía de ayuda en la toma de decisiones. E inevitablemente escogieron su voluntad por sobre la de Dios, y con demasiada frecuencia sufrieron en gran manera.

Desde luego, Dios puede redimir nuestro mal juicio. El pecado de David al tomar a Betsabé fue redimido luego en el nacimiento de Salomón. Sin embargo, acumuló mucho dolor por su desobediencia, pues la espada nunca dejó su hogar. Perdió tres hijos en el pináculo de sus vidas. Cuánto mejor es escoger la obediencia.

Con demasiada frecuencia las personas dejan los lugares —trabajos, iglesias, ciudades— donde Dios les ha plantado porque no están de acuerdo con las autoridades establecidas sobre ellos. O tal vez ven que sus vidas se están estancando o creen que no hay futuro para ellos donde están. Pronto una oportunidad les llega y aunque no hay ningún testimonio del Espíritu Santo para irse, se van. No sólo eso, sino que a veces su partida compromete la pureza a la cual Dios les ha llamado. Ellos razonan: *He estado inactivo por demasiado tiempo; debo hacer algo.* Entonces terminan yendo en contra de la voluntad de Dios y persiguiendo lo que creen que es bueno para ellos. Puede que resulten en una buena condición financiera, pero sus corazones desde hace mucho se han apartado de una relación íntima y apasionada con el Señor.

En términos más generales, ¿cuántas personas desobedecen la voluntad de Dios? Son atraídos por lo bueno y lo agradable. Tal vez hallan una forma de prosperar o tener éxito fuera del consejo de la Palabra de Dios. Se dedican a eso y encuentran diversión, felicidad o emoción, por un tiempo. Hallan «bueno» a lo que Dios le dice «no». ¡Temen que Dios les niegue las cosas atractivas o divertidas! Piensan que no entiende sus necesidades y que ignora la importancia de sus deseos. Creen que Dios es infiel si sus oraciones no son respondidas dentro de un lapso predeterminado. Y razonan: «¿Por qué esperar?, ¡tomaré lo bueno y lo agradable ya!»

CONSIDERE A JESÚS

Él estuvo en el desierto por cuarenta días y cuarenta noches sin agua, comida ni comodidades. Los dolores punzaban su estómago a medida que el hambre hacía su trabajo. Si no comía y tomaba agua pronto, podría morir. Pero ¿qué vino primero, la provisión o la tentación?

En ese momento Satanás llegó a cuestionarlo: «Si eres hijo de Dios, di que estas piedras se conviertan en pan» (Mateo 4:3). El enemigo de nuevo estaba cuestionando lo que Dios acababa de decir con claridad. El Padre declaró abiertamente que Jesús era su Hijo en el río Jordán. Satanás estaba de nuevo intentando distorsionar el carácter de Dios: «Si tú eres el Hijo de Dios ¿por qué te ha guiado Él aquí a morir de hambre? ¿Por qué no provee para ti? Tal vez sea tiempo de que proveas para ti mismo. Si no recibes nutrición pronto, morirás y si la recibes muy tarde, terminarás con problemas físicos severos. Usa tu autoridad para servirte a ti mismo. Convierte estas piedras en pan».

Jesús resistió y esperó la provisión de Dios. Él no permitiría que el enemigo pervirtiera el carácter de Dios en su mente. Él sabía que su Padre había provisto para sus necesidades. Así que permaneció sujeto a la autoridad de Dios, sin importar cuán desagradable fuera al momento.

Luego de resistir la tentación satánica de tomar las cosas en sus propias manos, «el diablo entonces le dejó; y he aquí vinieron ángeles y le servían» (Mateo 4:11). ¿Por qué? El escritor a los hebreos describe a Jesús de esta forma: «Y Cristo, en los días de su carne, ofreciendo ruegos y súplicas con gran clamor y lágrimas al que le podía librar de la muerte, fue oído a causa de su temor reverente. Y aunque era Hijo, por lo que padecido aprendió la obediencia» (Hebreos 5:7-8). Dios lo escuchó debido a su temor reverente. Él no dudó de la bondad del Padre. Aun enfrentando una gran tentación y un sufrimiento intenso, más de lo que nadie había jamás sufrido, eligió la obediencia, aunque significara dificultades severas.

A diferencia a la respuesta de Adán y Eva, este tipo de obediencia y sumisión bloqueó todas las entradas del enemigo en su vida. Él testificó: «Viene el príncipe de este mundo y él nada tiene en mí. Mas para que el mundo conozca que amo al Padre y como el Padre me mandó, así hago» (Juan 14:30-31).

A diferencia de Adán, Jesús, el último Adán, anduvo en obediencia perfecta a su Padre y pudo testificar que Satanás no halló nada en Él. Por esta misma razón, se nos exhorta: «El que dice que permanece en él, debe andar como él anduvo» (1 Juan 2:6). Él es nuestro ejemplo y precursor. Es quien pagó el precio e iluminó el camino para que nosotros caminemos en Él. Ya no estamos destinados al camino del primer Adán y su iniquidad, sino que somos llamados y capacitados para andar en los caminos de obediencia del postrer Adán.

La paráfrasis de la Biblia en inglés llamada *The Message* [El Mensaje] proclama con pasión:

> ¡Desvístanse, y comiencen a correr, y nunca paren [en obediencia a Dios]! Sin grasa espiritual extra, sin pecados parásitos. Mantengan sus ojos en *Jesús*, quien comenzó y terminó esta carrera en la cual estamos. Estudien cómo Él. Que nunca perdió de vista hacia dónde iba —ese final emocionante en y con Dios—, y pudo soportarlo todo por el camino: la cruz, la vergüenza, todo lo demás. Y ahora está *allá* en el lugar de honor, junto a Dios. Cuando ustedes flaqueen en su fe [obediencia], repasen esa historia de nuevo, punto por punto, esa larga letanía de hostilidad por la cual tuvo que atravesar. *Eso* les inyectará adrenalina en sus almas (Hebreos 12:1-3).

Eso lo resume todo. Aprenda de la caída del primer Adán, siga decididamente la obediencia del último Adán.

En el próximo capítulo examinaremos las consecuencias de la desobediencia. Estas casi nunca son vistas de inmediato, pero llegan con seguridad. Una vez que la desobediencia sea claramente revelada, nunca debe contemplar tolerarla de nuevo.

CAPÍTULO 5

LAS CONSECUENCIAS DE LA DESOBEDIENCIA I

La fe y la obediencia son inseparables porque la obediencia es la evidencia de la fe verdadera.

Varias consecuencias resultan de la desobediencia. Los efectos no siempre son reconocibles u obvios de inmediato, pero tal como la semilla sembrada produce una cosecha, esta también, con seguridad la produce. El enemigo del alma anhela mantener este conocimiento lejos de nosotros con la esperanza de que consideremos la obediencia como poco importante y caigamos cual fácil presa de sus tácticas engañosas.

Algunas personas inconscientemente razonan que cualquier consecuencia de su desobediencia será compensada por lo que perciban como ganancia inmediata de su decisión. Estoy sorprendido de cuán prevaleciente es este proceso mental engañoso y mortal. Este es el misterio y poderoso secreto de la iniquidad. Es mi esperanza y oración ferviente que estos tres capítulos que siguen produzcan en su corazón un compromiso a nunca considerar la desobediencia.

LOS HIJOS DE ADÁN

Comenzaremos aprendiendo sobre Caín, el primogénito de Adán. Caín era agricultor por ocupación. Su hermano, Abel, el segundo hijo de Adán, era pastor. La Escritura nos dice que con el pasar del tiempo Caín trajo una ofrenda del fruto de la tierra ante el Señor, y Abel trajo una ofrenda de los primogénitos de su rebaño. Aprendemos que: «Y miró Jehová con agrado a Abel y a su ofrenda; pero no miró con agrado a Caín y a la ofrenda suya» (Génesis 4:4-5).

Como nota aparte, esto refuta un dicho común que escuchamos con frecuencia en nuestras iglesias hoy: «Dios le acepta como es». Eso simplemente no es verdad. ¡Dios nos acepta *si nos arrepentimos!* Intente aplicar este dicho con Ananías y Safira, simplemente no encaja; ellos están muertos (ver Hechos 5:1-11).

Dios no aceptó la ofrenda de Caín. Aun más, ¡no aceptó a Caín! El hecho de que no lo aceptara no significa que el destino de Caín fuera el rechazo permanente, pero nuestra teología actual sobre la aceptación incondicional por parte de Dios no es correcta. Es más, es peligrosa porque elimina el temor del Señor de nuestros corazones. El temor de Dios nos guarda y hace que nos apartemos del pecado (Éxodo 20:20). Después de la muerte de Ananías y Safira, la Biblia nos dice: «Y vino gran temor sobre toda la iglesia» (Hechos 5:11). ¡A partir de entonces la desobediencia no fue un asunto casual!

Me gustaría modernizar un poco la historia de los dos hijos de Adán para destacarla. Fueron criados en un hogar que invocaba el nombre del Señor. Ambos trajeron una ofrenda ante Él, lo cual representaba sus vidas. La Biblia dice que debemos ofrecer nuestros cuerpos como sacrificios vivos (Romanos 12:1). Cuando un sacrificio es traído ante el Señor, representa nuestro servicio a Él. Así que no estamos hablando sobre Abel, que sirvió a Dios, y su hermano Caín, que no lo hizo. Este no se la pasaba en el complejo deportivo, en un club de desnudos o en los bares y evadiendo asistir a alguna iglesia. No piense que Caín era un hombre que no quería nada que ver con Dios. Hoy ambos serían considerados creyentes con comunicación con Dios.

Ambos hombres eran diligentes en traer ofrendas al Señor. De hecho, podemos decir con confianza que Caín trabajaba más duro que Abel. No sé mucho sobre el trabajo de agricultura o el de pastorear ovejas, pero sí lo suficiente como para saber que pastorear ovejas es trabajo, aunque ser agricultor es mucho más difícil. Los pastores de ovejas tienen responsabilidades en la mañana y en la tarde, pero generalmente en el calor del día, pueden descansar bajo la sombra de un árbol, con una bebida fría.

El ser agricultor es una labor más intensa. La ofrenda de Caín vino por el sudor de su frente, producida por el cultivo del mismo suelo que Dios había maldecido (Génesis 3:17-19). Caín limpió el suelo de rocas, troncos de árboles y otras cosas. Luego aró y cultivó el suelo.

Plantó, regó, fertilizó y protegió su cultivo. Hizo mucho esfuerzo para proveer su ofrenda.

¿POR QUÉ NO ACEPTÓ DIOS A CAÍN?

Debemos entonces preguntar, ¿por qué no aceptó Dios la ofrenda de Caín cuando sabía que había trabajado duro? La respuesta se halla con sus padres. En el huerto, todo lo que Dios creó tenía una cubierta. Los animales tienen pieles, los peces tienen escamas, las aves tienen plumas. Usted nunca ve a un oso polar vistiendo pantalones tejanos (jeans); no necesita cubierta adicional.

Adán y Eva no eran la excepción. No tenían cubierta física o ropa; en vez de eso el salmista dice: «lo coronaste de gloria» (Salmo 8:5). La palabra *coronaste* significa «rodear». Ellos fueron cubiertos de gloria. La misma gloria que Dios puso en ellos era tan abrumadora que, a sus ojos cubría su desnudez física. Por esta razón la Escritura dice: «Y estaban ambos desnudos, Adán y su mujer, y no se avergonzaban» (Génesis 2:25). A ellos no los regía la conciencia. Sus vidas estaban delante de Dios. La idea de desear usar ropa no pasaba por sus mentes porque no era necesario.

Eso cambió en el momento en que desobedecieron. Antes de su desobediencia, sus espíritus dominaban completamente, mientras que después su carne era la que dominaba. Las primeras palabras registradas en las Escrituras después que comieron, son las siguientes: «Entonces fueron abiertos los ojos de ambos y conocieron que estaban desnudos» (Génesis 3:7). La palabra clave es *conocieron*. Habían adquirido un conocimiento que no tenían antes.

El principio del conocimiento del bien y el mal es vivir según lo que es bueno y lo que es malo. Antes de la caída, sus acciones eran gobernadas no por el conocimiento del bien y el mal, o lo correcto y lo incorrecto, sino por el conocimiento de Dios. Ellos eran motivados por un sentido de obediencia que nacía de la confianza y el amor. Lo correcto y lo errado no estaba en sus mentes, sino en las manos de Dios. Se nos dice que,

> «Él es la Roca, cuya obra es perfecta, porque todos sus caminos son rectitud; Dios de verdad y sin ninguna iniquidad en él, es justo y recto» (Deuteronomio 32:4).

Adán y Eva vivían delante de Dios, completamente conscientes de Él. Al comer del fruto de ese árbol, hallaron una fuente de conocimiento de lo que era bueno o malo ajeno a Dios. Podemos identificar esto como el principio del razonamiento. Ya no necesitaban que Dios les gobernara; tenían un sentido de lo que era correcto e incorrecto dentro de sí mismos. Es por eso que la primera pregunta que Dios les hace después de su caída es: «¿Quién te enseñó ...?» (Génesis 3:11).

Cuando Dios hace una pregunta, no solicita información. Él le atrae a usted a lo que está comunicando. Dios ya sabía que habían comido del árbol y que estaban hablando con su propia sabiduría. Ellos habían reemplazado la obediencia con el razonamiento. Él estaba en realidad diciendo: «¿Así que ahora han hallado una fuente del sentido de lo que es correcto e incorrecto aparte de mí? Ustedes obviamente han comido del árbol del conocimiento del bien y del mal».

Inmediatamente después de su desobediencia, ellos cubrieron su desnudez con hojas de higuera o *fruto de la tierra*. Aun con esa cubierta se sintieron desnudos y se escondieron. Dios entonces pregunta: «¿Quién te enseñó que estabas desnudo?» (Génesis 3:11). En su nueva concepción de lo que era correcto e incorrecto, intentaron hacer lo que era correcto ante sus ojos, pero aún se sintieron desnudos. Esa cobertura no era a la manera de Dios. Él demostró su cubierta aceptable, u ofrenda para la desnudez, matando un animal inocente y cubriendo a Adán y Eva con su piel. Esa era la forma prescrita por Dios, no del fruto de la tierra.

En ese momento Adán y Eva eran ignorantes de lo que Dios deseaba, pero Caín y Abel no. Sus padres les habían enseñado cuál era la ofrenda aceptable a Dios. Así que cuando Caín trajo una ofrenda del fruto de la tierra, era de nuevo una ofrenda no aceptable. ¡Él le estaba sirviendo a Dios a su propia manera! Estaba gravitando hacia la maldición que opera mediante la razón y se alimenta de la lógica de lo que es correcto e incorrecto, en vez de la pureza de la obediencia como niño que su hermano, Abel, había tenido.

TE ENSEÑOREARÁS DE ÉL

Las Escrituras nos dicen: «Por la fe Abel ofreció a Dios más excelente sacrificio que Caín, por lo cual alcanzó testimonio de que era justo, dando Dios testimonio de sus ofrendas y muerto, aún habla por ella» (Hebreos 11:4). El escritor del Nuevo Testamento iguala la obediencia de Abel con su fe. Aprenderemos en un capítulo próximo que la verdadera fe es igual, y tiene su fundamento, en la obediencia. La fe verdadera opera basándose en la obediencia más que en un sentido de lo que es correcto e incorrecto.

Una vez que Caín cayó en cuenta de que sus esfuerzos y su ofrenda no eran aceptables a Dios: «Se ensañó Caín en gran manera, y decayó su semblante» (Génesis 4:5). Esta es la respuesta clásica de una persona religiosa cuando es confrontada con la verdad. Se enoja. Usted hallará que esto es cierto a través de todas las Escrituras. Ese enojo es alimentado por el orgullo, que a la vez rechaza la voluntad y los caminos de Dios para poder asirse del suyo propio.

Dios en su misericordia intentó abrir los ojos de Caín preguntándole: «¿Por qué te has ensañado, y por qué ha decaído tu semblante? Si bien hicieres, ¿no serás enaltecido?» (Génesis 4:6-7). El hacer bien para con Dios es obedecer. Él desea obediencia más que sacrificios. Muchas veces le dijo a su pueblo que se olvidaran de sus canciones, de sus cantos e instrumentos y dejaran de traer los sacrificios. ¿Por qué? «Porque llamé y nadie respondió; hablé, y no oyeron» (Isaías 66:4). Ellos hacían sacrificio pero no escuchaban ni obedecían lo que Él decía. La forma más alta de adoración es la obediencia.

Sabiendo esto, podemos insertar las palabras *si obedecieres* en vez de *si bien hicieres* en el versículo de Génesis sin cambiar el significado. Leería así: «Caín, ¿por qué estás enojado? No tienes que estarlo. Aprende de esto. Si me obedeces, como lo hizo tu hermano, yo te aceptaré a ti y tu sacrificio, como acepté a Abel y su sacrificio».

El Señor le advirtió: «Y si no hicieres bien [si no obedeces y persistes en tus razonamientos], el pecado está a la puerta; con todo esto, a ti será su deseo y tú te enseñorearás de él» (Génesis 4:7). Note dos cosas aquí. Primero, el pecado (la desobediencia) tiene un deseo. El señor de la iniquidad, Satanás, es la fuerza tras la desobediencia. Una vez que a esta fuerza le fue dada entrada por Adán, tuvo un solo objetivo: controlar o gobernar a cada persona y a todas las cosas.

Es similar a un científico malvado que libere una cantidad incontenible de gases radiactivos en nuestra atmósfera. Los gases se expandirían por todas partes, aunque la presencia misma del científico haga falta. Él pone en marcha una fuerza mortal y poderosa. Las únicas personas protegidas de estos gases mortales son los que llevan equipo protector. Las Escrituras dicen muy claramente: «Sabemos que somos de Dios y el mundo entero está bajo el maligno» (1 Juan 5:19).

Otra forma de mirar esto es comparar el deseo del pecado con la ley de la gravedad. Es una fuerza constante que está siempre presente y afecta todas las cosas. Si usted se lanza desde lo alto de un edificio, hallará esta ley en efecto y caerá al punto más bajo, de hecho, bastante duro. Puede que no desee caer o estar al tanto o creer en la ley de la gravedad; sin embargo, se encontrará con ella.

Un día los científicos descubrieron otra ley, la del levantamiento. Aprendieron que la ley del levantamiento supera a la de la gravedad, si se dan las condiciones. Hombres innovadores diseñaron el avión basados en la ley del levantamiento. Cuando uno vuela en un aeroplano, está en cierto nivel libre de la ley de gravedad y no cae al punto más bajo. Las Escrituras nos dicen: «Porque la ley del espíritu de vida en Cristo Jesús me ha librado de la ley del pecado y de la muerte» (Romanos 8:2). ¡Qué noticias tan maravillosas!

Viajo por avión con frecuencia. El año pasado volé aproximadamente 322,000 kilómetros para predicar el evangelio. Cuando me monto en esos aviones, me deleito en que la ley del levantamiento me libera de la ley de la gravedad. Sin embargo, si el piloto decide apagar los motores, y las alas se cierran, el avión sentiría todo el efecto de la ley de gravedad y caería en picada. Ya no disfrutaríamos de la conquista de la ley de la gravedad, sino que nos hallaríamos conquistados por aquello sobre lo cual tuvimos poder.

La Escritura declara en este mismo capítulo: «Así que, hermanos, deudores somos, no a la carne, para que vivamos conforme a la carne; porque si vivís conforme a la carne moriréis» (Romanos 8:1213). Aunque la ley del Espíritu de vida nos hace libres de la ley del pecado, esta continúa intacta. Nuestra protección o dominio de esta viene de la verdadera fe u obediencia.

La «ley del espíritu de vida» también es llamada «la ley de la fe» (Romanos 3:27). Sabemos que la ley de la fe sobrepasa la ley del pecado. La verdadera fe es descrita como el tener las obras de obediencia correspondientes (Santiago 2:19-23). La fe y la obediencia son inseparables porque la obediencia es evidencia de la verdadera fe.

Abel dominó la ley del pecado y la muerte por fe u obediencia a Dios. Al hablarle a Caín, Dios le advirtió: «El deseo del pecado es para ti (no diferente al deseo o influencia de la gravedad sobre cualquier materia sólida); si me obedeces, lo dominarás (tal como el levantamiento supera la gravedad)». El pecado es dominado a través de la obediencia.

ACCESO ABIERTO

El segundo punto que Dios le presentó a Caín fue: «Si no hicieres bien, el pecado está a la puerta» (Génesis 4:7). Note que Él usa la palabra *puerta*. Hay una puerta figurada en la vida de cada persona; sea que esté consciente o no de ello. Esa puerta representa la entrada a su vida. En este caso es un acceso para el pecado y el poder demoníaco. Dios nos dice desde el principio qué la abre al pecado y la influencia demoníaca y qué la cierra. La desobediencia la abre, mientras que la obediencia la cierra herméticamente.

¿Qué pasó con Caín? Que persistió en su sabiduría y razonamiento. La envidia entró en su corazón, seguida de cerca por la ofensa. Luego vino el odio. El asesinato fue premeditado y poco tiempo después Caín mató a su hermano en un arranque de rabia. Él fue beligerante y perdió su temor de Dios. Él ejemplifica su actitud en su respuesta desafiante a la pregunta de Dios sobre dónde estaba su hermano: «No sé. ¿Soy yo acaso guarda de mi hermano?» (Génesis 4:9). Le estaba mintiendo a Dios, porque este sabía exactamente dónde estaba su hermano.

Cualquier persona en su uso racional sabe que Dios sabía donde estaba Abel, pero eso es lo que pasa cuando alguien se vuelve al razonamiento y permite la desobediencia en su vida. Esta persona pierde el contacto con la realidad de las cosas espirituales. Intenta degradar la imagen de Dios a su nivel y limitaciones, y se imagina a sí mismo tan sabio como Dios, o a veces aun más sabio. Esta persona no está en pleno uso de razón. Lucifer es un ejemplo clásico; el razonamiento nacido de la iniquidad lo guió a creer que podría destronar a Dios. ¡Qué necedad! Sin embargo, ha guiado a muchos en su camino (Isaías 14:12-17).

Si usted fuera amigo de Caín y Abel y no estuviera enterado de esta historia secreta, podría quedar sorprendido por toda esa situación. ¿Cómo puede un hombre que comenzó sirviendo a Dios diligentemente terminar como un asesino irreverente? ¿Cómo puede ocurrir esto? Él había abierto la puerta de su alma a la ley del pecado persistiendo en la desobediencia. ¿Conoce el dicho que dice: Le dan un dedo y se toma toda la mano? Esto describe perfectamente a la ley de la desobediencia. Si abre su vida a ella sólo un poco, es como una hendidura en una represa. La fuerza del agua eventualmente se abre paso con un diluvio.

He tenido el honor de ministrar a tiempo completo por casi dieciocho años. Durante ese tiempo, he sido testigo de esta ley en un sinnúmero de incidentes. He visto a personas que comienzan con fervor por las cosas de Dios. Son activas en sus iglesias y constantemente hablan a otros sobre Cristo. Son como Caín, que comenzó diligentemente. Pero con el pasar del tiempo se presentan situaciones que exponen las áreas de la voluntad propia aún en ellos. Puede ser, como en el caso de Caín, mediante la autoridad directa de Dios o mediante una autoridad delegada. De cualquier manera, siempre parece tener que ver con la autoridad.

He visto cómo rehúsan someter su voluntad y persisten en la suya propia. Es sólo cuestión de tiempo antes que la iniquidad inunde sus vidas. Puede que no se manifieste en asesinatos, pero algo es cierto: se manifiesta de alguna forma. Tal vez una inundación de avaricia, odio, rencor, falta de perdón, riñas, chismes, pecado sexual o un sinnúmero de otras formas de esclavitud que se apegan a su carne. Con frecuencia en ese estado de engaño y ofendidos, se imaginan que están bien con Dios y que todas las otras autoridades son extremistas, legalistas o lejos de la realidad.

En casos como el de Caín, si se revelan contra la autoridad directa de Dios, reducen la imagen, autoridad y poder de Dios a un nivel más manejable y por tanto llegan a ser cada vez más irreverentes. Profesan su señorío, pero en realidad le sirven a un Cristo creado a su propia imagen. Sin estar conscientes de ello, en sus corazones han elevado su razonamiento por encima del trono de la autoridad de Dios. De cualquier forma, están cegados a su verdadera condición por el engaño en sus corazones.

Si alguien le hubiera dicho a Caín cuando era joven, aún tierno de corazón y sirviendo Dios: «Un día, matarás a tu propio hermano», él habría quedado sorprendido y habría respondido rápidamente: «Eso es imposible. Nunca haría eso». Sin embargo, más tarde se abrió a la iniquidad y cometió lo que era previamente impensable para él.

Toda persona, dentro o fuera de la iglesia estará de pie un día ante Dios y será juzgada por su iniquidad. Pero si alguien hubiera seguido el curso de su vida nunca se habría imaginado que terminaría en tal destino. Aun en ese momento nunca se les ocurriría que son hacedores de iniquidad, pero en el día del juicio cuando la verdad sea revelada, ellos se preguntarán: *¿Cómo me pude desviar tan lejos de la obediencia a los caminos de Dios?* La triste respuesta será que no amaron y aceptaron la verdad de estar bajo su abrigo.

Hay sólo una esperanza para las personas que están en un engaño profundo: que la misericordia de Dios abra sus ojos; que la luz de su verdad despeje el manto oscuro del engaño. El anhelo de mi corazón —y el propósito de este libro— es proteger a la gente de la dominación del poder engañoso de la iniquidad y descubrir la luz de la verdad a aquellos que ya están atrapados bajo su garra y darles libertad. He predicado este mensaje por todo el mundo y cuando pregunto cuántos han caído en áreas de desobediencia, la respuesta es siempre abrumadora, por lo general más de la mitad. La mayoría confiesa: «No sabía que la rebelión estaba allí hasta que la verdad la descubrió o la trajo a la luz en mi corazón».

Yo también confieso que no escribo este libro como alguien que nunca ha sido engañado por ese poder secreto de la iniquidad. No, me he hallado a mí mismo bajo su garra terrible y Dios en su misericordia ha puesto al descubierto el error de mi corazón y mis caminos. Comparto con usted lo que sé y aquello de lo cual he sido liberado. ¡Estoy muy agradecido a nuestro precioso Señor por su tierna misericordia! Dios en su gracia intenta abrir nuestros ojos a áreas de desobediencia, pero como con Caín, no veremos la verdad hasta que nos humillemos a nosotros mismos. En el próximo capítulo, veremos la importancia imperiosa de la humildad en nuestra liberación y, a la misma vez, veremos las consecuencias nefastas del orgullo.

CAPÍTULO 6

LAS CONSECUENCIAS DE LA DESOBEDIENCIA II

La obediencia parcial no es obediencia ante los ojos de Dios.

La vida de Saúl, el primer rey de Israel, nos da un cuadro vivo de lo que ocurre cuando una persona coquetea con la desobediencia. La suya es una historia trágica que contiene muchas lecciones relevantes para nosotros como creyentes. Hay puntos clave para el entendimiento que están ocultos en las palabras correctivas que el Señor le habló. Una mirada a su vida nos da un entendimiento aun más claro de las consecuencias espirituales de no obedecer totalmente a la autoridad divina. Si lo permitimos, este entendimiento nos fortalecerá y su fracaso será nuestra advertencia. Se nos dice: «Porque las cosas que se escribieron antes, para nuestra enseñanza se escribieron» (Romanos 15:4); y «Estas cosas les acontecieron como ejemplo, y están escritas para amonestarnos a nosotros, a quienes han alcanzado los fines de los siglos» (1 Corintios 10:11).

OBEDIENCIA PARCIAL

Comencemos con el profeta principal de Israel, Samuel, yendo a Saúl con un mandamiento de la boca de Dios. Él le advirtió a Saúl que escuchara cuidadosamente las instrucciones: «Ve, pues, y hiere a Amalec, y destruye todo lo que tiene, y no te apiades de él; mata a hombres, mujeres, niños y aun los de pecho, vacas, ovejas, camellos y asnos» (1 Samuel 15:3). El mandamiento fue directo y muy específico. Nada de lo que Amalec poseía —con vida humana o animal— debía quedar vivo. Todo lo que tenía aliento debía ser destruido.

Observe la respuesta de Saúl. Él no dijo: «No lo haré... ¡Es demasiado difícil!» Con demasiada frecuencia limitamos nuestro entendimiento acerca de la rebelión a simplemente lo más obvio: la desobediencia descarada. Pero pronto descubriremos que esto no es correcto. Saúl no asintió y luego cambió de parecer. La mayoría de nosotros entiende esta forma de desobediencia también. Saúl fue negligente en no hacerlo una prioridad y al fin y al cabo desobedeció siendo olvidadizo. La mayoría de las personas admiten que ese comportamiento no es obediencia, pero lo excusan debido a las buenas intenciones. Muy probablemente, todos están de acuerdo en que esos escenarios representan un patrón de comportamiento desobediente, pero volvamos nuestra atención de nuevo a Saúl.

Inmediatamente reunió su ejército y se alistó para atacar a Amalec. Todo se veía muy bien. Atacó y mató a cada hombre, mujer, infante y niño de pecho. Miles fueron pasados a espada por Saúl y su gran ejército.

Sin embargo, le perdonó la vida al rey de Amalec. ¿Por qué? Posiblemente se estaba conformando a la cultura de ese tiempo. Si alguien conquistaba una nación y capturaba a su líder vivo, era traído de regreso como esclavo, como un tipo de trofeo viviente.

Saúl también mató a miles de animales. Sin embargo, perdonó lo mejor de las ovejas, bueyes, corderos y todo lo que era bueno y se lo dio a su gente para que sacrificaran a Dios e hicieran algo «legal». Imagínese cómo vio la gente sus acciones. Mientras sacrificaban los animales al Señor, pensaban: Qué rey tan piadoso tenemos, siempre poniendo al Señor de primero.

Pero Dios tenía una perspectiva muy diferente. Él se lamentó ante Samuel: «Me pesa haber puesto por rey a Saúl, porque se ha vuelto de en pos de mí, y no ha cumplido mis palabras» (1 Samuel 15:11). Saúl mató a miles y dejó vivo a uno. Hizo el noventa y nueve por ciento de lo que se le ordenó. La mayoría de nosotros puede ver obediencia en su campaña, pero Dios vio desobediencia. De hecho, mediante el profeta unos versículos después, lo llamó rebelión. De manera que, aprendemos que la obediencia parcial no es obediencia ante los ojos de Dios. En efecto, una obediencia casi completa, aun de noventa y nueve por ciento, no es considerada obediencia; es rebelión.

Con cuánta frecuencia escuchamos este comentario: «¿Por qué no ves todo lo que he hecho? ¡Te estás enfocando en lo poco que no hice!» Saúl pudo haber dicho eso con seguridad. Y aunque concuerda con el razonamiento humano, ¡no concuerda con el divino!

Samuel salió para encontrar a Saúl y, cuando lo halló, Saúl lo saludó entusiasmado: «Bendito seas tú de Jehová; yo he cumplido la palabra de Jehová» (1 Samuel 15:13). Se puede captar el gozo y la confianza en su voz. Creo completamente que Saúl era sincero. Realmente creyó hacer lo que se le había ordenado, sin embargo Dios dijo que se había revelado.

¿Cómo podemos reconciliar la vasta diferencia de opinión entre lo que Dios dijo la noche anterior y lo que Saúl creía en su corazón? La respuesta se halla en estas palabras: «Pero sed hacedores de la palabra, y no tan solamente oidores, engañándoos a vosotros mismos» (Santiago 1:22). El momento en que una persona desobede ce la Palabra de Dios claramente revelada, un velo viene sobre su corazón; ese velo distorsiona y obstruye su vista. Es un engaño. Saúl fue engañado en su razonamiento y aunque estaba confiado en que había hecho lo correcto, en realidad, estaba errado. Su creencia estaba en conflicto con la realidad divina, aunque concordara con el razonamiento humano.

Esa no fue la primera vez que Saúl fracasó en obedecer completamente la palabra del Señor. Samuel previamente lo había reprendido por la desobediencia (1 Samuel 13:1-13). Pudo haber también otros incidentes que no fueron registrados. Saúl tenía un patrón de desobediencia. Una vez que este es formado, llega a ser cada vez más difícil discernir la verdad del error.

EL VELO DEL ENGAÑO

¿Recuerda la primera vez que pecó después de su salvación? Yo sí. Sentí como que un puñal había atravesado mi corazón. Como hijos de Dios, estamos familiarizados con este sentimiento. Es la convicción del Espíritu Santo y nuestros corazones trayéndonos remordimiento. Pero ¿qué pasa cuando justificamos lo que hemos hecho, volviendo de esta forma nuestras espaldas al verdadero arrepentimiento? Dos cosas. Primero, nos colocamos en una posición de repetir el mismo acto de desobediencia. Segundo, el velo del engaño cubre nuestros corazones, minimizando de esta forma el sentido de convicción y reemplazándolo con razonamiento.

En la siguiente infracción, no sentimos el puñal tan fuerte porque un velo lo cubre; en vez de eso, experimentamos un poco de incomodidad. De nuevo nos justificamos, y otro velo cubre nuestros corazones, acallando aun más el llamado de la verdad. La próxima vez que transgredimos tenemos sólo una leve sensación de convicción. Si nos justificamos de nuevo, otro velo de muerte cubre nuestros corazones. Si pecamos otra vez, el velo se hace más grueso, no hay convicción alguna, sólo justificación. El engaño ha ocultado la verdad de nosotros, y la conciencia se cauteriza.

En este punto la persona puede caer de cualquier apariencia de piedad o continuar con un estilo de impiedad y vivir religiosamente bajo la maldición del conocimiento del bien y el mal.

Este conocimiento proviene de una fuente que no es la Palabra de Dios viviente, inspirada por el Espíritu Santo, en su corazón. Esta persona vive en los designios engañosos de su corazón. Puede ser la letra de la Escritura, la cual mata (2 Corintios 3:6), o lo que la sociedad estima como bueno o malo. De cualquier forma, está desconectado del Dios viviente. Ahora la única forma en que puede ser alcanzado es mediante un mensajero profético enviado por Dios.

PROCESO DE TRES PASOS

El Señor lleva a la persona a través de un proceso progresivo para alcanzarla en su desobediencia. Primero, intenta alcanzar a la persona a través de la convicción. Pero si la persona ha desobedecido repetidamente, está en un punto en que ha perdido el contacto con el corazón y la dirección divina debido al velo del engaño, Dios entonces envía un mensajero profético, tal como envió a Samuel ante Saúl. El verdadero ministerio de un profeta abre los ojos para ver los caminos de Dios. Dios puede enviar a cualquier persona en una misión profética. No tiene que ser necesariamente profeta; el mensaje puede venir a través de un pastor, padre, jefe, hijo o amigo. Santiago explica: «Hermanos, si alguno de entre vosotros se ha extraviado de la verdad, y alguno le hace volver, sepa que el que haga volver al pecador del error de su camino, salvará de muerte un alma, y cubrirá multitud de pecados» (5:19-20). Note que el mensaje fue dirigido a los creyentes que están en pecado. Observe también la frase «multitud de pecados». El desvío que resulta de la desobediencia repetida.

Una vez que el mensajero profético (o mensajero), es enviado, si aún no prestamos atención, Dios intenta alcanzarnos mediante el juicio. Pablo escribió: «Sí, pues, nos *examinásemos* a nosotros mismos, no *seríamos juzgados*» (1 Corintios 11:31, énfasis del autor). La raíz de la palabra juicio aparece dos veces en este versículo. Sin embargo, cada una es una palabra griega diferente. La primera: «Sí, pues, nos *examinásemos* a nosotros mismos», es el vocablo griego *diakrino*, que significa «separar extensivamente». (Esto ocurre cuando nos examinamos a nosotros mismos a fondo para quitar lo vil de lo precioso.) Esto lo hacemos mediante la confesión y el arrepentimiento de nuestra desobediencia. La segunda palabra, «no seríamos *juzgados*», es el término griego *krino*, que significa «castigar o condenar». Pablo continuó: «Mas siendo juzgados [*krino*], somos castigados por el Señor, para que no seamos condenados con el mundo» (v. 32). Dios anhela separarnos de nuestra desobediencia para que no seamos castigados con el mundo (Mateo 7:20-23; Lucas 12:45-48).

De manera que la pregunta es la siguiente: ¿Cómo juzga o castiga Dios a su pueblo cuando ignora o rehúsa la advertencia profética? La respuesta casi siempre viene en forma de dificultades, enfermedad u otro tipo de aflicción. El salmista declaró:

> «Antes que fuera yo humillado, descarriado andaba; mas ahora guardo tu palabra... Conozco, oh Jehová que tus juicios son justos y que conforme a tu fidelidad me afligiste» (Salmo 119:67, 75).

Si observamos lo que Pablo expresó en una traducción diferente, lo vemos más claro: «Por eso, muchos de ustedes están enfermos y débiles, y también algunos han muerto. Si nos examináramos bien a nosotros mismos, el Señor no tendría que castigarlos» (1 Corintios 11:30, 31, Dios Habla Hoy).

UN EJEMPLO GRÁFICO

He visto muchos casos de personas que han recibido juicio por no responder a los primeros dos métodos del proceso correctivo de

Dios. Una ilustración gráfica ocurrió a principios de los noventa cuando estaba predicando en un campamento de jóvenes en Texas. Al principio, la semana fue de mucha confrontación porque muchos jóvenes habían perdido su ternura hacia el Señor por efecto del pecado. Varios de ellos pasaron adelante en cada servicio y se arrepintieron de sus pecados, la mayoría de los cuales eran de naturaleza sexual, y fueron limpiados gloriosamente por la sangre de Cristo. Yo estaba esperando con anticipación la gran noche final de Dios, debido al arrepentimiento que se sembró toda esa semana.

Cuando entré a ese servicio final, me di cuenta que no comenzaría en la forma en que lo había anticipado. De nuevo, sentí la necesidad de traer corrección y llamar al arrepentimiento. Cuando llegó el momento para comenzar a hablar, tomé el micrófono y comencé a orar. El Espíritu Santo me mostró: *Hay aún una persona en este auditorio que está en rebelión. Dale a esta persona otra oportunidad de pasar adelante.* (Ya yo había predicado sobre la rebelión en un servicio previo.) Hice el llamado, algunos jóvenes pasaron adelante, pero yo sabía en mi corazón que ninguno de ellos era aquel a quien el Espíritu Santo tenía como objetivo. Estos eran jóvenes muy sensibles, probablemente deseando tratar otros asuntos.

El Espíritu Santo me habló de nuevo al corazón: *Dile a esta persona que si no responde hoy, le vendrá juicio sobre su vida.* Y dije exactamente lo que Él me dijo al corazón; más jóvenes pasaron adelante, pero de nuevo sentí que la persona a quien el Espíritu Santo se dirigía no estaba allí.

El Espíritu Santo me habló de nuevo al corazón: *Dile a esta persona cuál será el juicio si no responde.* Lo grabó dentro de mí y escuché su voz de nuevo: *Dile a la persona que estará involucrada en un accidente automovilístico frontal en tres semanas si no responde esta noche.*

Con temor y temblor repetí firmemente las palabras que Él me había hablado al corazón. Más jóvenes vinieron adelante, pero aún sabía que ninguno era aquel a quien el Señor se estaba dirigiendo. El Señor me dio libertad para ministrar y orar con aquellos que pasaron adelante. Así que lo hice y, luego de esto, tuvimos el servicio poderoso que había anticipado. Muchos jóvenes recibieron dones del Señor; otros recibieron el llamado al ministerio. Algunos fueron sanados y recibieron dirección para su vida. Fue una noche que ninguno de nosotros olvidaría pronto o tal vez nunca.

Después de unos meses el pastor de jóvenes y yo hablamos por teléfono. Me dio un reporte de seguimiento del campamento de jóvenes. Y me contó lo siguiente: «John, hay una joven de preparatoria en nuestro grupo de jóvenes que nos ha dado más problemas que nadie. Siempre nos desobedecía y nos causaba problemas. Yo sabía en mi corazón que ella era la persona a la cual el Espíritu Santo estaba hablando aquella noche final. Quedé muy desanimado cuando ella no respondió». (Yo no tenía ni idea de quien era la joven.)

Él continuó: «Tres semanas después del campamento, tuvo un accidente automovilístico frontal, tal como lo advertiste. El carro quedó completamente destruido».

Yo temblé; quería saber qué le había pasado. Sabía que había hablado por el Espíritu de Dios, pero esperaba que esa persona escuchara su llamado antes de que le viniera una tragedia.

Él continuó: «¡Dios le perdonó la vida! Estuvo en condición seria, pero ya se ha recuperado. Ahora es una de las personas más dedicadas en nuestra iglesia. Es totalmente diferente. ¡Su vida ha sido completamente transformada!» Me sentí aliviado y emocionado por ella. Escuche las palabras de David de nuevo: «Antes que fuera yo humillado, descarriado andaba; mas ahora guardo tu palabra».

Permítame dejar algo en claro. No es Dios quien trae esas cosas sobre nosotros. Más bien, Él quita su mano de protección y permite que el enemigo traiga sobre nosotros aquello de lo cual la obediencia nos habría protegido. El salmista declara:

«Hiciste cabalgar al hombre sobre nuestra cabeza; pasamos por el fuego y por el agua, y nos sacaste a abundancia» (Salmo 66:12).

Otra traducción lo dice de esta forma: «Pero al fin nos has dado respiro» (Dios Habla Hoy). Dios captó la atención de esta joven en el accidente. Ella se arrepintió en el hospital y Dios le dio respiro. Esa no fue la primera opción de Dios para su corrección, pero cuando la otra falló, esta fue eficaz.

Me gustaría decir que todos los incidentes similares terminan de esta forma, pero no es así. Otro caso viene a mi mente. Un joven, también en rebelión, fue advertido por un ministro que conozco. Él no escuchó y poco tiempo después tuvo un accidente automovilístico frontal y murió instantáneamente. Podría dar un número incontable de testimonios, muchos que se arrepintieron y fueron bendecidos y otros que terminaron con un final parecido al del rey Saúl.

LA OBEDIENCIA Y EL SACRIFICIO

Volvamos a la historia de Saúl. Samuel vio el engaño de Saúl e inmediatamente fue a la raíz del asunto como un verdadero mensajero profético. Samuel preguntó: «¿Pues qué balido de ovejas y bramido de vacas es este que yo oigo con mis oídos?»

Saúl respondió rápidamente: «De Amalec los han traído; porque el pueblo perdonó lo mejor de las ovejas y de las vacas, para sacrificarlas a Jehová tu Dios, pero lo demás lo destruimos» (1 Samuel 14:15). Él transfirió la culpa de sí mismo a la gente cuando fue confrontado con la verdad. «Yo quería obedecer», implicó él, «pero la gente me forzó». Un hombre con un corazón no arrepentido le echa la culpa a otros cuando es sorprendido en desobediencia, no tomando responsabilidad por sus propias acciones.

Adán le echó la culpa a Dios y a Eva. Eva culpó a la serpiente. Adán estaba en lo correcto; Dios le había dado la mujer, y esta le había dado a él del fruto. Nadie lo forzó a él a comer. Él comió por su propia voluntad. Sí, Eva fue engañada, pero aun así tomó la decisión de desobedecer.

Saúl guió al pueblo; ellos no lo guiaban a él. Él era responsable no sólo por su desobediencia sino por la de ellos también. Él era la persona en autoridad para guiar e instruir. Líderes, escuchen cuidadosamente: Usted será responsable por la desobediencia que permite en las vidas de las personas encargadas a su cuidado.

Elí, el líder de Israel y mentor de Samuel, sabía que sus hijos despreciaban las ordenanzas de Dios, pero sin embargo no hizo nada al respecto. Les dio un regaño poco serio, pero no ejerció su autoridad para castigarlos o restringirlos. Por tanto, Dios decretó: «Y le mostraré que yo juzgaré su casa para siempre, por la iniquidad que él sabe; porque sus hijos han blasfemado a Dios, y él no los ha estorbado» (1 Samuel 3:13). No simplemente fueron sus hijos juzgados, sino que Elí también.

Luego Saúl justificó su desobediencia porque las ovejas y los toros fueron preservados para ofrecerlos al Señor. Uno sabe que fue engañado si pensó que desobedeciendo podría traer un sacrificio aceptable o servir a Dios. Esta era una forma de rebelión sutil y engañosa.

Jesús hizo la siguiente declaración: «Si alguno quiere venir en pos de mí, niéguese a sí mismo, y tome su cruz, y sígame» (Mateo 16:24). Algunas personas toman la cruz y se concentran en su imagen de sufrimiento como representando una vida de sacrificio. Sin embargo, en estas palabras de Jesús la cruz no es el enfoque único o completo. ¡Usted puede vivir una vida de negación y sacrificio y no cumplir con el propósito o voluntad de Dios! ¡Es más, puede escoger negarse a sí mismo y sacrificarse y aún estar en rebelión contra Dios!

El enfoque que Jesús indicaba es *la obediencia*. La única forma en que podemos obedecer es tomar nuestra cruz. Porque si no morimos a nuestros propios planes y deseos, en uno u otro momento ocurrirá un encuentro entre la voluntad de Dios y el deseo del hombre. Si no entregamos nuestras vidas, hallaremos una forma de cumplir con esos deseos contrarios a los de Él y aun usar las Escrituras para apoyarlo, tal como lo hizo Saúl. Debemos preguntarnos a nosotros mismos: «¿Incluye la desobediencia el servicio a Dios?» Si es así, Satanás recibiría gloria de nuestras prácticas o sacrificios religiosos «bíblicos» pues es el originador y señor de la rebelión.

En ese momento Samuel silenció el razonamiento de Saúl:

«Entonces dijo Samuel a Saúl: Déjame declararte lo que Jehová me ha dicho esta noche. Y él le respondió: Di. Y dijo Samuel: Aunque eras pequeño en tus propios ojos, ¿no has sido hecho jefe de las tribus de Israel, y Jehová te ha ungido por rey sobre Israel? Y Jehová te envió en misión y dijo: Ve, destruye a los pecadores de Amalec, y hazles guerra hasta que los acabes. ¿Por qué, pues, no has oído la voz de Jehová, sino que vuelto al botín has hecho lo malo ante los ojos de Jehová?» (1 Samuel 15:16-19).

Samuel dijo: «Aunque eras pequeño en tus propios ojos, ¿no has sido hecho jefe de las tribus de Israel?» En otras palabras: «Saúl, cuando llegaste a ser rey eras modesto, humilde y manso. Vimos esos años anteriores cuando Samuel le dijo a Saúl que sería rey. Saúl respondió en incredulidad: «¿No soy yo hijo de Benjamín, de la más pequeña de las tribus de Israel? Y mi familia ¿no es la más pequeña de todas las familias de la tribu de Benjamín? ¿Por qué, pues, me has dicho cosa semejante» (1 Samuel 9:21).

Saúl no se vio a sí mismo como rey. Quedó perplejo al pensar por qué Dios escogería a un hombre insignificante como él.

Más tarde, cuando el Señor decidió revelarle ante todo Israel, cada tribu fue llamada a echar suertes. De entre ellos, la tribu de Benjamín, fue escogida. De esta, la familia de Saúl fue seleccionada. Luego Saúl mismo. «Y le buscaron, pero no fue hallado. Preguntaron, pues, otra vez a Jehová si aún no había venido allí aquel varón. Y respondió Jehová: He aquí que él está escondido entre el bagaje» (1 Samuel 10:21-22).

Saúl quedó abrumado al pensar que gobernaría al pueblo de Dios. Él era pequeño a sus propios ojos. Samuel le recordó eso, luego prosiguió: «Y Jehová te envió en misión y dijo: Ve, destruye… ¿Por qué piensas ahora que tú sabes más que Dios? ¿Cuándo superó tu sabiduría a la de Dios? ¿Has tomado ahora su lugar? ¿Por qué buscas lo correcto y lo incorrecto en una fuente fuera de Dios? ¿Qué le pasó al hombre humilde y modesto?»

¿Sabe alguno de nosotros más que Dios? ¡Por supuesto que no! Pero cuando desobedecemos, ese es el mensaje que les comunicamos a Dios y a las personas a nuestro derredor. Qué necio es pensar que somos más sabios que Él, que se sienta en el trono de la gloria. Él mismo que no solo creó el universo sino que también lo contiene. El creador que puso las estrellas en los cielos con sus dedos. ¡Sin embargo, exaltamos la sabiduría de los hombres sobre la suya cuando ignoramos su consejo!

REBELIÓN Y BRUJERÍA

Samuel fijó su mirada en Saúl y, con la valentía de su oficio profético, declaró:

«Ciertamente el obedecer es mejor que los sacrificios, y el prestar atención que la grosura de los carneros. Porque como pecado de adivinación es la rebelión, y como ídolos e idolatría la obstinación» (1 Samuel 15:22-23).

Samuel vinculó directamente la rebelión con la brujería: «Porque como pecado de adivinación es la rebelión». Note la palabra *como* en este versículo. Esta no aparece en el texto original. Fue añadida más tarde por los traductores para dar claridad. Una traducción mejor usaría sólo la palabra *es* (*Interlinear Bible,* Vol 2. p. 750).

Este texto debe leer: «Porque pecado de adivinación es la rebelión». Esto clarifica el contexto de esta Escritura. Una cosa es asemejar la rebelión a la brujería, y otra completamente diferente es decir que la rebelión es brujería. Obviamente un cristiano verdadero nunca practicaría la brujería a sabiendas. Pero ¿cuántos están bajo su influencia sin saberlo debido al engaño de la rebelión?

La palabra *brujería* evoca la imagen de una mujer vestida de negro, recitando encantamientos, volando en una escoba o mirando el futuro en una bola de cristal mientras que un caldero se calienta sobre las llamas. O tal vez la versión más moderna es una que hace hechizos y maldiciones sobre otros para influirles. Dejemos estos conceptos y descubramos la verdadera identidad de la brujería, sin importar qué forma tome.

La palabra hebrea usada aquí para «brujería» es *qesem.* Sus contrapartes en castellano son: *adivinación, hechicería* y *brujería.* Sin embargo, los expertos nos dicen que el significado exacto de esta palabra en referencia al ocultismo no es conocido, lo cual da pie a la variedad de traducciones para ella (*Theological Wordbook of the Old Testament,* Vol 3., p. 805). La importancia de esto no radica en la forma o el método sino en el resultado o la meta de la brujería.

La brujería abre a la persona directamente al campo demoníaco. Su meta es *controlar* las circunstancias, situaciones o personas a través de varias opciones, con frecuencia sin el entendimiento del participante de lo que está ocurriendo en el ámbito espiritual. Esto varía desde la ignorancia total de lo que uno está haciendo al entendimiento y conciencia completa de los poderes de las tinieblas involucrados. En esencia la brujería puede ser practicada con una ignorancia total o con conocimiento completo. Su meta es controlar, pero inevitablemente la persona que controla llegar a ser controlada debido a su involucramiento en el campo demoníaco.

ESCLAVITUD MEDIANTE LA DESOBEDIENCIA

Como ex pastor de jóvenes, tuve la oportunidad de entrar en contacto con lo oculto. Las escuelas secundarias del área estaban llenas de jóvenes que se interesaban en el espiritualismo. Mis líderes del grupo de jóvenes regularmente me hablaban de encuentros con compañeros de clase involucrados en la brujería o el satanismo.

Uno de los principios más interesantes que aprendí sobre las prácticas ocultas fue el siguiente: al iniciar a una persona en su grupo (un grupo de personas practicando la brujería), los líderes le animaban a consumir drogas, alcohol, practicar sexo ilegal, robar y llevar a cabo otros actos que desafiaban las leyes de Dios o del país. Yo no entendía por qué hasta que Dios me reveló esta verdad: «La rebelión es brujería».

A ellos se les enseña que cuanto más se rebelen, mayor poder obtendrán, y eso es lo que buscan: poder. Esto es cierto porque la rebelión es brujería. En la misma medida en que se revelan dan acceso legal a los poderes demoníaco para influir, controlar y darle poder a sus vidas. Mediante la rebelión consciente contra otros, las leyes de Dios y su autoridad delegada, le dan acceso legal al mundo controlador demoníaco.

Esta idea se refleja en lo que los brujos llaman su biblia satánica. Hace algunos años, cambiando de canal de televisión en un cuarto de hotel después de un servicio, mi esposa y yo encontramos un canal especial sobre satanismo y brujería. Estaba a punto de cambiar de canal, lo cual regularmente hago, porque creo que todo lo que necesitamos saber sobre guerra espiritual debe venir del Espíritu de Dios. Sin embargo, sentí que debía mirarlo por un momento. El programa era sobre la biblia satánica. El reportero habló sobre el primer mandamiento: «Harás lo que desees».

Eso llamó mi atención. Las Escrituras comenzaron a venir a mi mente de inmediato. El salmista proclama:

> «He aquí, vengo; en el rollo del libro está escrito de mí; el hacer tu voluntad, Dios mío, me ha agradado, y tu ley está en medio de mi corazón» (Salmo 40:7-8).

Jesús dijo de sí mismo: «Porque no busco mi voluntad, sino la voluntad del que me envió, la del Padre» (Juan 5:30). Yo sabía por años de estudio, que el Señor es atraído a las personas que viven en obediencia a Él. Ahora caí en cuenta que lo opuesto también es verdad: los espíritus de las tinieblas son atraídos hacia las personas que viven en rebelión. Este mandamiento, «Harás lo que desees», es una perversión directa de la Palabra de Dios, y cuadra perfectamente con lo que Dios afirma sobre la rebelión.

Las personas que se comprometen voluntariamente al servicio de Satanás entienden este principio, pero otros son engañados. Los ignorantes confunden la iniquidad con la libertad. Pero no hay libertad en la rebelión. El Nuevo Testamento revela un cuadro claro de lo que en realidad ocurre. Ellos llegan a ser esclavos de sus propias depravaciones. Pedro expuso su error de esta forma: «Les prometen [los líderes que animan la insubordinación] libertad, y son ellos mismos esclavos de corrupción. Porque el que es vencido por alguno es hecho esclavo del que lo venció» (2 Pedro 2:19).

La verdad es evidente. No hay libertad; en vez de eso hay esclavitud y control, lo cual abre el alma a la opresión y al control demoníaco. Pablo enfatizó este punto: «¿No sabéis que si os sometéis a alguien como esclavos para obedecerle, sois esclavos de aquel a quien obedecéis, sea del pecado para muerte, o sea de la obediencia para justicia?» (Romanos 6:16).

Jesús enfatizó este principio: «De cierto, de cierto os digo, que todo aquel que hace pecado, esclavo es del pecado» (Juan 8:34). ¿Recuerda la desobediencia de Caín al seleccionar las ofrendas para el Señor? Luego de eso el Señor le aclaró que sus decisiones determinarían su destino. Él podía honrar la voluntad de Dios y cerrarle la puerta al control del pecado (brujería) o podía revelarse y enfrentar sin protección o poder divino el ataque del pecado que buscaba enseñorearse de él o controlarlo.

Samuel le hizo una advertencia a Saúl, tal como Dios mismo se la hizo a Caín. La rebelión abrió su alma a la influencia de un espíritu controlador que le hizo comportarse en una manera que nunca hubiera adoptado estando en su sano juicio. Saúl no se arrepintió verdaderamente, y la Biblia indica en el primer libro de Samuel 16:14 que poco después de su rebelión, un espíritu malo atormentador vino sobre su vida y lo atormentó. El espíritu malo tuvo acceso legal a su vida desde ese punto en adelante. No hubo descanso para Saúl porque no se arrepintió en verdad. Saúl llegó a ser un hombre muy diferente al que habíamos conocido primero.

Pasó de ser un joven humilde que obedecía a la autoridad, tal como su padre y el profeta Samuel, y que respetaba las cosas de Dios, a alguien que violaba todo lo que había respetado antes. Si usted le hubiera hablado en sus años tempranos y le hubiera dicho: «Saúl, el día vendrá en que matarás a ochenta y cinco sacerdotes inocentes, sus esposas y sus hijos en un arranque de rabia», le habría dicho que estaba loco. «¡Imposible! ¡Nunca podría hacer eso!» Habría razonado. La triste verdad es que lo hizo (1 Samuel 22).

El espíritu malo lo llevó a una vida de celos, ira, odio, contiendas, asesinato y engaño. Y lo controló mediante su desobediencia y falta de arrepentimiento. Él persiguió y trató de matar a David, uno de los siervos de Dios y uno de sus siervos más fieles. Creyó que David era un traidor, cuando en realidad era un hombre según el corazón de Dios. Como resultado del control demoníaco, Saúl vio sólo medias verdades a través de una nube expresa de engaño. La verdad se convirtió en mentira y la mentira en verdad.

¡Cuántas veces he visto esto pasar! No solamente con otros sino conmigo mismo. Recuerdo etapas de mi vida cuando coqueteaba con la desobediencia y me dan ganas de llorar del engaño en el que andaba. En aquellos tiempos, veía a las autoridades piadosas como legalistas o en error y a mis amigos piadosos como mis adversarios. Me hice amigo de otros rebeldes y eso añadió más leña al gran fuego que ya ardía de desobediencia. Pensábamos que estábamos más cerca del Señor y estábamos convencidos de que éramos una nueva generación de ministros que Dios estaba levantando. ¡El Señor ha sido muy misericordioso conmigo! Ojalá que sus ojos sean abiertos a este engaño, para que no sea engañado como yo.

CAPÍTULO 7

EMBRUJADOS

La luz de la Palabra de Dios pone al descubierto el engaño y discierne los pensamientos e intenciones del corazón de los hombres.

La rebelión es brujería. Los efectos de este principio oculto de la iniquidad son obvios en nuestra sociedad y no son menos aparentes en nuestras iglesias, aunque es más sutil en su entrada. Este capítulo provee una introducción profunda de la influencia de la brujería en un creyente en rebelión. Usaremos como fuente el Antiguo Testamento, el Nuevo Testamento e historias contemporáneas para estudiar el control que ocurre por la desobediencia.

UNA MALDICIÓN NEGADA

Primero, veamos a Israel. Durante su viaje por el desierto, los descendientes de Abraham acamparon en Moab. Acababan de atacar y derrotar a Basán y ya habían destruido a los amorreos cuando le negaron el paso a través del territorio.

Cuando los israelitas se establecieron en los campos de Moab, Balac y el pueblo guiado por él, los moabitas y los madianitas, se preocuparon. La gente temblaba de miedo. El Señor le había prometido a los israelitas: «Yo enviaré mi terror delante de ti, y consternaré a todo pueblo dónde entres» (Éxodo 23:27). Ellos sabían que los israelitas conquistaban cada nación que se les oponía y habían destruido completamente a la nación más poderosa, Egipto.

El rey Balac envió embajadores al profeta Balaam solicitando su ayuda. Este era bien conocido por su exactitud y sabiduría espiritual. El rey sabía que las profecías de Balaam se cumplían. Si bendecía, la gente era bendecida; si maldecía, eran maldecidos. Luego de recibir dos grupos de embajadores de Balac, Balaam consintió viajar con los príncipes al rey con la intención de maldecir a los hijos de Israel. La oferta del rey en dinero y honra lo convencieron.

El día siguiente subieron a los lugares altos de Baal y Balaam observó la nación de Israel. E instruyó al rey a erigir siete altares y preparar un sacrificio para cada uno. Luego abrió su boca para maldecir a Israel, pero en vez de eso pronunció una bendición sobre ellos.

¡No es necesario decir que el rey se enojó! «¿Qué me has hecho? Te he traído para que maldigas a mis enemigos, y he aquí has proferido bendiciones» (Números 23:11).

De manera que Balaam sugirió que fueran a un lugar más alto esperando darle a Balac lo que deseaba. Tal vez habría más energía para maldecir desde un sitio más alto. De nuevo siete altares fueron erigidos y sacrificios adicionales ofrecidos. Pero cuando Balaam abrió su boca para pronunciar una maldición, bendijo otra vez a Israel.

El proceso continuó. Cada vez que Balaam intentaba maldecir, era forzado a bendecir. En el segundo oráculo de Balaam hallamos esta declaración profunda: «Porque contra Jacob no hay agüero, ni adivinación contra Israel» (Números 23:23).

Balaam declaró que no había agüero ni adivinación que fuera efectiva contra el pueblo de Dios. ¡Qué declaración tan emocionante y poderosa! Trayendo esta verdad al día de hoy, diríamos: «No hay brujería que funcione contra el pueblo de Dios, ¡no hay adivinación contra su Iglesia!» (Números 23:23, paráfrasis del autor). Esta promesa nos debe animar. Los brujos y hechiceros pueden hablar negativamente, despotricar y quemar sus velas. Pueden recitar sus maleficios, encantos y maldiciones, pero no pueden hacerles daño a los hijos de Dios. No prevalecerán contra la Iglesia del Dios viviente. Proverbios 26:2 enfatiza esta verdad: «Como el gorrión en su vagar, y como la golondrina en su vuelo, así la maldición nunca vendrá sin causa».

LA MALDICIÓN INVERTIDA

Una vez más volvamos a mis días como pastor de jóvenes. Una muchacha que era una de las brujas líderes en su escuela de secundaria llegó a Jesús. Su madre la había dedicado a Satanás desde que estaba en su vientre. Después de su conversión, ella discutió con mi asistente su vida pasada. E hizo una declaración que llamó su atención. Ella dijo: «No podíamos poner maldiciones contra los cristianos».

Mi asistente le preguntó: «¿Por qué no?» Ella respondió: «Porque si les hacíamos una maldición, nos venía de vuelta a nosotros». Él quedó emocionado con eso.

Como puede ver, sus palabras concuerdan con lo que dijo Balaam. En su primer oráculo él hizo la pregunta: «¿Por qué maldeciré yo al que Dios no maldijo?» (Números 23:8). Aun si Balaam *hubiera* pronunciado una maldición sobre los hijos de Israel, habría regresado sobre su cabeza. David lo dijo de esta forma:

> «*Escóndeme* del consejo secreto de los malignos, de la conspiración de los que hacen iniquidad, que afilan como espada su lengua; lanzan cual saeta suya, *palabra amarga*, para *asaetear* a escondidas al íntegro; de repente lo asaetean, y no temen» (Salmo 64:2-4, énfasis del autor).

Los que se revelan hacen maldiciones (los que están involucrados en la brujería), pero estas no descansarán sobre los justos. Mire lo que les pasa a los que pronuncian maldiciones:

> «Mas Dios los herirá con saeta; de repente serán sus plagas. Sus propias lenguas los harán caer; se espantarán todos los que los vean» (Salmo 64:7-8).

Sus propias lenguas los harán caer. Las mismas palabras que pronuncian para herir a otros se devolverán a ellos. David usó una ilustración gráfica para describir esto: «Hoyo han cavado delante de mí; en medio de él han caído ellos mismos» (Salmo 57:6).

SEDUCIDO A LA DESOBEDIENCIA

Balaam sabía que era imposible maldecir a los israelitas en la forma en que eran. No había manera en que pudiera hacer que la maldición permaneciera, aunque lo quisiera. Moisés narró la situación así: «Alquilaron contra ti a Balaam hijo de Beor, de Petor en Mesopotamia, para maldecirte. Mas no quiso Jehová tu Dios oír a Balaam; y Jehová tu Dios te convirtió la maldición en bendición, porque Jehová tu Dios te amaba» (Deuteronomio 23:4-5). Esto es cierto con todos nosotros también.

El rey Balac gritó furioso: «Para maldecir a mis enemigos te he llamado y he aquí los has bendecido ya tres veces. Ahora huye a tu lugar; yo dije que te honraría, mas he aquí que Jehová te ha privado de honra» (Números 24:10-11).

El rey había planeado darle a Balaam una gran recompensa monetaria y honra social por maldecir con éxito a su enemigo mortal. Pero, en esencia, le dijo: «Olvídate de tu recompensa. Es obvio que tu Dios no quiere que la tengas. ¡Vete de mi vista!» Balaam tenía un problema: realmente deseaba la recompensa. Esa era la razón por la cual estaba allí y estaba a punto de perderlo todo. Para evitar esta pérdida, le expresó otro plan de ataque al rey Balac. Aunque sabía que no podía maldecir a los israelitas, entendía cómo hacer que ellos se colocarán a sí mismos bajo maldición.

Con su entendimiento de la relación espiritual entre la rebelión y la brujería, Balaam aconsejó al rey a enviar mujeres moabitas a infiltrar el campamento de Israel. Él las hizo llevar sus ídolos con ellas para atraer a los hombres de Israel al pecado sexual y la rebelión contra los estatutos de Dios. Él sabía que la rebelión los traería bajo maldición.

Sabemos que esto ocurrió porque tanto Moisés como Jesús se refirieron al consejo de Balaam al rey. Moisés lo confirmó: «He aquí, por *consejo de Balaam* ellas fueron causa de que los hijos de Israel prevaricasen contra Jehová en lo tocante a Baal-peor, por lo que hubo mortandad en la congregación de Jehová» (Números 31:16, énfasis del autor). Años después Jesús dijo que Balaam «*enseñaba a Balac* a poner tropiezo ante los hijos de Israel, a comer de cosas sacrificadas a los ídolos, y a cometer fornicación» (Apocalipsis 2:14, énfasis del autor).

Esto es explicado en las Escrituras. Inmediatamente después de las profecías de Balaam, leemos: «Y el pueblo empezó a fornicar con las hijas de Moab [y Madián], las cuales invitaban al pueblo a los sacrificios de sus dioses; y el pueblo comió, y se inclinó a sus dioses. Así acudió el pueblo a Baal-peor; y el furor de Jehová se encendió contra Israel» (Números 25:1-3). Como resultado, una plaga severa se desató e hizo estragos en el pueblo de Israel.

La desobediencia hizo que esta nación, la cual no podía ser maldecida, cayera bajo la maldición de la plaga: «Y murieron de aquella mortandad veinticuatro mil» (Números 25:9). ¡Veinticuatro mil! ¿Se da cuenta de lo trágico de esa declaración? Hoy día si un avión se estrella o un huracán cobra cientos de vidas, aparece en las noticias en todo mundo. ¡No estamos hablando de cientos de personas, sino de veinticuatro mil! Esa fue la pérdida de vida más grande que Israel experimentó en el desierto, y todo resultó de la rebelión del pueblo.

La desobediencia radical abrió la puerta a una plaga radical. Su rebelión fue flagrante. De hecho, un israelita descarado abiertamente hizo alarde de su mujer madianita ante Moisés y toda la congregación de Israel mientras ellos lloraban delante de Dios (Números 25:6).

¿Qué detuvo la plaga? Tal vez acertó: ¡la obediencia radical!

> «Y lo vio Finees hijo de Eleazar, hijo del sacerdote Aarón, y se levantó de en medio de la congregación, y tomó una lanza en su mano; y fue tras el varón de Israel a la tienda, y los alanceó a ambos, al varón de Israel, y a la mujer por su vientre. Y cesó la mortandad de los hijos de Israel» (Números 25:7-8).

Permítame de nuevo aclarar un punto: Dios no es el autor de las plagas y las enfermedades. Los hijos de Israel se rebelaron abiertamente y violaron su autoridad. Por tanto, la cobertura de protección del Señor fue levantada y el enemigo obtuvo acceso legal con el permiso de Dios. Una vez más esto afirma que la rebelión es brujería y otorga entrada legal a los poderes demoníacos de control. Israel escapó a la maldición de un encantador, sólo para ser diezmados por la desobediencia.

¿QUIÉN LES HA PUESTO BAJO MALDICIÓN?

Hemos visto un ejemplo del Antiguo Testamento de que la rebelión es brujería, y hay muchos más. Examinemos el Nuevo Testamento ahora. El apóstol Pablo escribió una carta severa a las iglesias de Galacia. Esta no fue para la población general de Galacia, sino específicamente dirigida a las iglesias. Lea con atención la declaración de Pablo: «¡Gálatas, duros para entender! ¿Quién los embrujó?» (Gálatas 3:1, Dios Habla Hoy).

¡Un momento! ¡Pablo les estaba diciendo a las iglesias que estaban bajo maldición! Tal vez piense: «Yo creí que no podía haber brujería en contra del pueblo de Dios». Eso es correcto. Ninguna brujería puede ser desatada contra los obedientes. Pero recuerde, la rebelión o desobediencia coloca a la persona bajo brujería.

Recuerde la reunión de mi asistente con la antigua bruja, liberada de la hechicería. Cuando ella vio su emoción al saber que las maldiciones no podían contra los cristianos, rápidamente añadió: «Pero, pastor, podríamos afectar a las personas tibias en la iglesia [los desobedientes]». En confirmación, escuche lo que Pablo dijo: «¿Quién os fascinó para no obedecer a la verdad…?» (Gálatas 3:1).

Este maleficio involucraba desobedecer la Palabra de Dios, no ninguna maldición de brujos. ¿Por qué? ¡Porque la rebelión es brujería! En esencia, la iglesia de Galacia quedó bajo maldición de brujería debido a la desobediencia.

Antes de seguir adelante debo clarificar este punto. Caemos bajo brujería cuando desobedecemos lo que Dios nos ha dejado claro, no cuando desobedecemos lo que no nos ha sido revelado. Esto queda tajante en lo que Pablo dice a continuación: «¿Quién os fascinó para no obedecer a la verdad, a vosotros ante cuyos ojos Jesucristo fue ya presentado claramente entre vosotros como crucificado?» (Gálatas 3:1).

Este incidente específico nos da una verdad universal. Dios le había revelado su salvación por gracia a esas iglesias a través de la predicación de Pablo. Pero no pasó mucho tiempo antes que se dieran al razonamiento y las tradiciones de otros y desobedecieran lo que el Espíritu Santo les había aclarado. Comenzaron a enseñar y a vivir bajo la creencia de que la salvación venía por guardar las obras de la ley. Sin embargo, la premisa universal sobre la cual queremos enfocarnos es esta: *Cuando desobedecemos lo que Dios nos ha revelado claramente, nos ponemos bajo la influencia de una maldición de brujería.* ¿Por qué? Porque la rebelión es brujería.

He visto esto en congregaciones enteras, familias e individuos. He conocido a muchas personas que asisten a iglesias y que por una razón u otra viven casi en un estado de desobediencia constante. La mayoría no está consciente de su severidad porque han sido adormecidos por una enseñanza desequilibrada de la gracia que no enfatiza la importancia de la obediencia. Una crisis sigue a otra en sus vidas. Siempre hay algún problema o pecado sobre el cual no parecen poder triunfar. Escapan de una trampa sólo para hallarse a sí mismos atrapados en otra. Cada escenario parece ser progresivamente peor. Estos problemas consumen su tiempo, energía y ocupación. En algún punto se le ha dado acceso legal a la opresión o influencia demoníaca. Su desobediencia les hace vulnerables.

He visto sus matrimonios sufrir o, aun peor, terminar en divorcio. Otros no reciben promociones o, aun peor, pierden sus trabajos. Algunos caen víctimas de robos, crisis financieras y tragedias. Frustrados, buscan frenéticamente a quien culpar. Muchas veces le echan la culpa al trato que recibieron de sus padres, pastor, jefe, cónyuge, hijos, gobierno o cualquiera que esté disponible y no concuerde con sus razonamientos.

Hay dos culpables que se alimentan uno del otro. El primero es el engaño. Las tinieblas oscurecen sus corazones porque no obedecen la Palabra de Dios. El segundo es un enredo de espíritus controladores que atacan a voluntad debido a la desobediencia. Pablo instruyó a aquellos que tratan con creyentes en rebelión: «Que con mansedumbre corrija a los que se oponen, por si quizá Dios les conceda que se arrepientan para conocer la verdad, y escapen del lazo del diablo, en que están cautivos a voluntad de él» (2 Timoteo 2:2526). El problema: las personas que están cautivas y engañadas culpan a otros para ocultar su propia desobediencia y al hacerlo se enceguecen ante aquello que necesitan para ser libres.

Gracias a Dios por su palabra. Su luz descubre el engaño y discierne los pensamientos e intenciones del corazón del hombre. Infortunadamente cuando se ven afligidos debido a la desobediencia, la mayoría de las personas se niega a aprender. Continúan en el desierto de la desobediencia, culpando a otros en vez de aprender del error de sus caminos.

«NO TIENES COMPASIÓN»

Recuerdo un incidente aleccionador para alguien. Tuve el honor de ministrar regularmente en un ministerio internacional que consistía de una iglesia y una escuela bíblica. Amaba y respetaba ese ministerio, había impactado mi vida. Un día un líder del ministerio me llamó y me dijo: «John, estoy llamando a todos los amigos cercanos a este ministerio para decirles lo que va a ocurrir, de manera que no lo escuchen de otras fuentes. Necesito decirte que me voy a divorciar de mi cónyuge. Hemos estado casados por dieciocho años y parece que vamos en caminos separados en nuestra forma de pensar y concepción de la vida. No hacemos cosas juntos como pareja y las que nos gustan son demasiado diferentes. Hemos tratado por años de mejorar, pero sólo ha empeorado».

No pude creer lo que estaba escuchando. Y pensé: *No, por favor, no hagas eso.* Amaba a esa pareja y su ministerio. Fue un golpe fuerte para mí, quedé sin palabras.

En mi silencio esa persona continuó: «Ahora bien, John, sabes que amo mucho a Cristo y si estoy haciendo algo errado, Él me lo mostrará». Este ministro habló conmigo sobre la situación por varios minutos y terminó la llamada telefónica. Dije muy poco porque todavía estaba tratando de digerirlo.

Durante todo el día no pude sacudirme lo que había escuchado. Repetía las palabras en mi mente una y otra vez. Pensé: *Esto parece un mal sueño.* En medio de mis pensamientos turbados sentí al Espíritu Santo decirme que llamara a esa persona y le hablara la verdad.

El próximo día en la mañana hice la llamada. Lo había consultado con la almohada, de manera que no pareciera como una reacción, sino como una respuesta ocasionada por el Espíritu. Al reconocer mi voz, el ministro me preguntó:

—Hola, John, ¿qué pasa?

Y comencé:

—Quiero hablar contigo un poco más sobre el divorcio. ¿Ha habido alguna inmoralidad por parte de tu cónyuge?

—¡Absolutamente no! —respondió.

Entonces le dije:

—Lo que estás haciendo está mal. Cristo afirma que la única razón para considerar el divorcio es la infidelidad sexual (Mateo 5:32), y el libro de Malaquías nos dice que Dios odia el divorcio porque cubre nuestro vestido de iniquidad (2:16). Tú me dijiste ayer que amabas a Jesús, y que si estabas haciendo algo malo, Él te lo mostraría. Pero ¿por qué debe mostrártelo si ya dejó claro a través de su palabra cuál es su voluntad? ¿Cómo puedes ir a sabiendas contra lo que Dios ha declarado? Si haces eso, ¿cómo puedes ponerse de pie ante la congregación o la escuela bíblica y decirles que anden en santidad resistiendo el pecado o los demonios? Te estás abriendo a ti mismo y al ministerio a problemas y engaños.

El ministro me interrumpió y me dijo con voz severa:

—¡John Bevere, tú no has estados en mis zapatos, y no tienes compasión!

Lo próximo que oí fue el teléfono colgado bruscamente. El ministro me colgó el teléfono. Treinta minutos después recibí información de mi oficina que me habían cancelado una visita a esa iglesia. (Estaba programado que yo iría allá en tres meses.) Así que le dije a mi esposa: «Sabía que harían esto, pero no tan pronto». Toda la comunicación se cortó por completo. Luego otro ministro que pasó por allí me dijo que mi nombre era «desgraciado». Me quedé pensando: *Todo lo que traté de hacer fue ser un amigo fiel.*

DESPERTADO POR EL JUICIO

Para mi sorpresa, siete meses después recibí una llamada de ese ministro: «John, necesito tener una conversación sincera contigo. ¿Sabes lo que pasó después que colgué el teléfono y te cancelé? Bueno, un mes después mis riñones comenzaron a fallar y me dieron cincuenta por ciento de probabilidad de sobrevivir. Después de la segunda diálisis, desperté y me dije a mí mismo: '¿Qué estoy haciendo divorciándome?' Me di cuenta que estaba errado. Mi enfermedad de los riñones fue un llamado a despertar. Llamé a mi esposa y me arrepentí. Fui ante nuestra iglesia y la escuela bíblica y me arrepentí. Y le dije a la escuela bíblica: 'Cancelé la visita de John Bevere porque me dijo que yo erraba al divorciarme. Voy a llamarlo y preguntarle si puede venir. Así que, John, ¿podrías volver?»

«Por supuesto», respondí. Estaba tan emocionado por esa persona y mi respeto por él creció inmensamente. Además de todo, la recuperación fue mucho más rápida de lo esperado, y un riñón perfecto fue hallado y donado un año después. Este ministro no perdió ni un servicio. El progreso de esta persona sorprendió a los médicos. Además, con ese arrepentimiento una mayor autoridad y fortaleza espiritual vino a la vida de este ministro. Ahora, año después, esta persona lidera más efectivamente que nunca y es un conferencista popular con una familia muy feliz. Cada vez que estoy con esta pareja, es fácil ver su amor el uno por el otro. Usted nunca sospecharía que hace unos años estuvieron muy cerca del divorcio.

ENFERMO POR TRES MESES Y MEDIO

Era fácil para mí no juzgar a ese ministro, porque yo había pasado por una experiencia similar unos años antes. No se trataba de mi matrimonio, sino de un área de desobediencia en el ministerio. Cuando fundamos John Bevere Ministries, el Señor nos dio una dirección clara de no aceptar una oportunidad ministerial simplemente porque pareciera buena, sino hasta que supiéramos su voluntad.

Bueno, unos años pasaron y lo que parecía ser una gran oportunidad se nos presentó para la expansión de nuestro ministerio. Sin embargo en oración, Dios nos estaba diciendo claramente «no» a mi esposa y a mí por separado; no debíamos aceptar esa oportunidad. Sin embargo, se nos ofreció de manera insistente, me sentí halagado y seguí escuchando. En poco tiempo comencé a razonar la palabra que Dios me había dado. Caí en confusión y mi mente estaba oscurecida con todas las palabras. Mi esposa trató de aconsejarme, pero rápidamente se dio cuenta que no sería convencido de lo contrario. Resulté aceptando la proposición.

Desde que fui salvo, he sido bendecido prácticamente por no padecer enfermedad (a Dios sea la gloria). Rara vez me da algo y, si pasa, dura sólo uno a dos días. Creo que Jesús proveyó salud divina así como perdón de pecados cuando murió en la cruz (Isaías 53:4 5; Salmo 103:2-3). Pero el día en que acepté esa oportunidad, me enfermé y no podía curarme.

Comenzó como un resfriado. Fue sólo la segunda vez que vomité desde que tenía diecinueve años. Después de varios días batallando, me pegó un virus. Mi esposa y yo habíamos salido de la ciudad para celebrar nuestro aniversario de bodas, y por varios días mi temperatura estuvo alrededor de los treinta y ocho grados, lo que arruinó nuestras vacaciones. Ese fin de semana prediqué con fiebre y escalofríos. La fiebre continuó la siguiente semana durante unas reuniones en Canadá. Prediqué con una fiebre alta, sólo para regresar a mi cuarto y acostarme con escalofríos hasta el próximo servicio. Tenía muy pocas fuerzas.

La fiebre continuó por la tercera semana. No podíamos entender qué estaba pasando. Nunca había estado enfermo de esa forma. Yo oré y batallé, usando la Palabra de Dios, pero no podía deshacerme de la enfermedad. Fui al doctor. Me prescribió antibióticos fuertes y pronto me normalicé.

Pero una semana después de terminarse los antibióticos, me dio un resfriado severo, del tipo que quita todas las energías. Me sentía miserable. Dolor de garganta, dolor de cabeza y todos esos otros síntomas incómodos. Duró por semanas mientras continuaba ministrando.

Después de recuperarme, me lastimé una rodilla escalando una pared mientras estaba de viaje en el extranjero. Era tan severo que estuve en una silla de ruedas en mis viajes y anduve cojeando con un refuerzo en la pierna por varias semanas. Al final de eso, me pegó otro virus. Mi temperatura estuvo entre treinta y ocho y treinta y nueve grados, y de nuevo no podía bajarla. Tuve que obtener otra prescripción para que se me quitara. Parecía que no podía pasar más de una semana sin algún tipo de enfermedad. El ciclo duró tres meses y medio.

En todas estas dolencias, mi esposa no se enfermó, ni siquiera un día. Además de los problemas físicos, muchos otros surgieron. Estaba en una lucha con un oponente que parecía no ceder porque era más poderoso que yo. Mi desobediencia obstinada me puso bajo maldición.

ALIVIO INSTANTÁNEO A PARTIR DEL VERDADERO ARREPENTIMIENTO

Pasaron cuatro meses y admití mi pecado. Sin embargo, todavía tenía que lidiar con mi compromiso y, si no ocurría una intervención milagrosa, no veía salidas. Lisa y yo unimos nuestras manos; me arrepentí y pedí misericordia de Dios. Él nos sacó del compromiso a largo plazo con el que me había atrapado.

Unos meses después mi esposa y yo discutíamos todo lo que había ocurrido y pudimos vincular toda la enfermedad a mi desobediencia. Nos dimos cuenta que tan pronto como me arrepentí, mi salud fue restaurada. Los otros problemas que nos amenazaban fueron resueltos y desaparecieron.

En ese período las palabras de Santiago se volvieron más claras. Yo citaba sus palabras con frecuencia: «Resistid al diablo, y huirá de vosotros» (Santiago 4:7). En el pasado, si sentía un ataque, resistía fuertemente las tinieblas con la Palabra de Dios y siempre veía resultados. Sin embargo, en esa ocasión eso no me llevó a nada. Cuando salí de eso, me di cuenta que estaba citando sólo la mitad de lo que Santiago decía: «Someteos, pues, a Dios; resistid al diablo, y huirá de vosotros» (4:7). Resistimos al diablo sometiéndonos obedientemente a la autori dad de Dios. Podemos citar las Escrituras todo el día, pero sí estamos en desobediencia, no veremos resultados.

UNA ACLARACIÓN IMPORTANTE

Por favor entienda este punto: Cada vez que una persona enfrenta dificultades, enfermedad, problemas o pruebas, la causa no es necesariamente la desobediencia. Muchos sufren mientras viven vidas obedientes. David fue así. Él no estaba en ninguna rebelión. No hizo nada malo para atraer sobre sí la ira de su líder. Sin embargo, fue perseguido y vivió en cuevas y desiertos. Fue un hombre sin hogar ni país. Por años vivió como un vagabundo con sus dificultades. Algunos le juzgaron y sintieron que sufría debido a la desobediencia, pero los que tenían discernimiento podían percibir la mano de Dios forjando un nuevo tipo de rey y podían sentir el favor de Dios en su vida. Esto era evidente por su sabiduría.

Hay numerosos ejemplos de gente obediente que sufrió: Jesús, José, Ana, Daniel, Jeremías y Job entre otros. La diferencia entre la dificultad de la persona obediente y las dificultades de aquellos que están bajo la brujería es que el que es obediente tiene progreso espiritual. No golpean su cabeza contra la pared; no dan vueltas alrededor de una montaña sin llegar a ninguna parte.

Caín fue una historia diferente. Su desobediencia causó gran sufrimiento. Ofendido, rehusó arrepentirse, lo cual resultó en una maldición sobre su vida. Vivió sus años como fugitivo y vagabundo. Su vagar sin sentido y vano es un ejemplo y una advertencia a generaciones futuras. Concluiré con esta declaración: No tome las verdades de los últimos dos capítulos y las use para juzgar a otros. Sus problemas pueden ser pruebas por los cuales Dios recibirá gloria. El propósito de este capítulo es ayudarle a entender la severidad de la desobediencia a la autoridad de Dios. Si usted está en desobediencia, puede usar estas verdades para juzgarse a sí mismo y volver al camino de la vida.

SECCIÓN 3

LA COBERTURA DESIGNADA POR DIOS

CAPÍTULO 8

¿SABE DIOS QUIÉN ESTÁ EN AUTORIDAD?

Si aprendemos a obedecer a Dios, no tendremos problemas en reconocer su autoridad en otras personas.

Ya establecimos la importancia de la sumisión a la autoridad directa de Dios. Discutamos ahora la igual relevancia que tiene la sumisión a sus autoridades delegadas. Para establecer el escenario, comenzaremos con la Escritura presentada en el segundo capítulo:

«Sométase toda persona a las autoridades superiores; porque no hay autoridad si no de parte de Dios, y las que hay, por Dios han sido establecidas. De modo que quien se opone a la autoridad, a lo establecido por Dios resiste; y los que resisten, acarrean condenación para sí mismos» (Romanos 13:1-2).

LAS AUTORIDADES GOBERNANTES

En primer lugar, ¿quiénes son estas «autoridades superiores»? En este texto específico Pablo se refiere a las autoridades civiles o gubernamentales. Sin embargo, estas palabras de exhortación se aplican no sólo a los líderes gubernamentales sino que también abarcan otras áreas de la autoridad delegada. Lo que obtenemos de este texto debe ser aplicado a todas las áreas de la autoridad delegada.

El Nuevo Testamento habla de cuatro divisiones de autoridades delegadas: civil, eclesiástica, familiar y social. En la categoría social incluyo a los empleadores, maestros y jefes de trabajo. El Nuevo Testamento nos da pautas específicas para cada área; sin embargo, en la mayoría de los casos, este consejo sobrepasa sus límites y se extiende a todas las áreas de la autoridad delegada.

Note la primera línea: «toda persona». Ninguno está exento, así que fije esto bien en su mente. Este es un mandamiento, no una sugerencia. El Señor no da sugerencias ni recomendaciones.

Él continúa: «Sométase toda persona a las autoridades superiores». La palabra griega para «sométase» es *hupotasso*. Este es un término militar que significa «arreglar (divisiones de tropas) en forma militar bajo la comandancia de un líder». En su uso no militar, esto significaba «una actitud voluntaria de darse, cooperar, asumir responsabilidad y llevar una carga» (*Diccionario Griego de Thayer*). En términos simples, esta palabra según se emplea en este versículo nos exhorta a colocarnos a nosotros mismos voluntariamente bajo sumisión a las autoridades con toda la intención de obedecerles.

Toda persona debe estar sujeta a las autoridades porque Dios las estableció sobre nuestras vidas. El origen de toda autoridad es Dios. No hay excepción. De hecho, la palabra *establecidas* en este versículo es el vocablo griego *tasso*, que significa «asignar, ordenar o establecer». Este término no implica bajo ninguna circunstancia algo relacionado con «el azar». Esta es una designación directa. Si Dios estableció todas las autoridades, rechazamos la que las respalda cuando las deshonramos o rehusamos someternos a ellas. Lo sepamos o no, estamos resistiendo la ordenanza o el dictamen de Dios. Cuando nos oponemos a la autoridad delegada por Dios, ¡nos oponemos a Dios mismo!

Cuando nosotros como cristianos tenemos contacto con las autoridades, debemos ver más allá de su personalidad y honrar su posición. Obedecemos a las personas en autoridad porque la autoridad divina está sobre ellos. Seamos atraídos o no a la personalidad o pensemos que deban tener o no esa posición, debemos honrarles. Con demasiada frecuencia los creyentes profesan sumisión a Dios, pero no se someten a la autoridad delegada. ¡Están engañados!

Si aprendemos cómo obedecer a Dios, no tendremos problemas reconociendo su autoridad en otros. ¿Hay ocasiones en que debemos escoger entre autoridad directa de Dios y su autoridad delegada? ¡Sí! Pero no con tanta frecuencia como la mayoría de los creyentes cree. Hay sólo una excepción, la cual cubriremos en detalle en otro capítulo. Sin embargo, el asunto aquí es que la mayoría de los cristianos piensa que la obediencia es la excepción y la elección libre y personal es la regla. Seguir este tipo de razonamiento puede guiarnos en un rumbo de destrucción. Las consecuencias, según las vimos en capítulos previos, son severas. Esto no sólo nos coloca bajo el juicio de Dios, sino que le da acceso legal a los poderes demoníacos. Si queremos permanecer en obediencia a Dios y ser bendecidos, sólo tenemos una opción cuando se tratan de la autoridad delegada: sumisión y obediencia.

¿SON ESTABLECIDAS POR DIOS LAS AUTORIDADES MALIGNAS?

Se nos instruye que toda autoridad es establecida por Dios, y que debemos responder respetando y sometiéndonos a la posición. Con frecuencia en este punto, la gente levanta murallas en su mente. La respuesta común es: «Conozco líderes que son duros y malignos. ¿Cómo puede decirme que ellos han sido establecidos por Dios?» Para responder a esto, presentaremos un escenario con el peor de los casos, con alguno de la categoría de Hitler o Stalin. Esto dos hombres se distinguieron como posiblemente los líderes más malvados del siglo pasado. Todos estamos de acuerdo en que alguien en esta categoría es tan cruel y maligno como es posible serlo. ¿Cierto?

Hablemos del faraón, rey de Egipto. Él definitivamente cae bajo la misma categoría. Bajo su liderazgo la nación de Israel fue tratada brutalmente. Él esclavizó y empobreció al pueblo, los maltrató física y mentalmente y, como si todo eso no fuera suficiente, mató a miles de ellos a sangre fría. Faraón era desafiante y arrogante, no le importaba la vida humana ni el Señor: ¿De dónde vino su autoridad? ¿Cómo resultó el pueblo de Dios bajo él? ¿Fue eso un accidente?

Según la Escritura Dios le dijo a faraón a través de Moisés: «Yo te he puesto» (Éxodo 9:16). Y Pablo lo confirmó en su Epístola a los Romanos (9:17). Por estas dos referencias sabemos que es correcto y no es un invento; las cosas son establecidas por la palabra de dos testigos (Juan 8:17). No hay duda de que Dios, no el diablo, levantó y estableció al faraón en su posición de autoridad. En otras palabras, Dios le otorgó a faraón la autoridad sobre los descendientes de Abraham. Esto se correlaciona perfectamente con lo que dice que «No hay autoridad sino de parte de Dios, y las que hay, por Dios han sido establecidas».

Discutamos ahora cómo llegaron a estar bajo la autoridad de este líder maligno. Dios se le apareció a Abraham cuando tenía setenta y cinco años de edad y le dijo que haría de él una gran nación si le obedecía. Abraham obedeció y su obediencia agradó a Dios tanto que es llamado el «Padre de todos los creyentes» (Romanos 4:11-12). En respuesta a la obediencia de Abraham Dios estableció un pacto con él. Al establecer el pacto, el Señor dijo: «Ten por cierto que tu descendencia morará en tierra ajena, y será *esclava* allí, y será *oprimida* cuatrocientos años» (Génesis 15:13).

¡Esta es una verdad difícil de digerir! Como padre de cuatro hijos, no me emocionaría mucho escuchar de una herencia como esta para mis hijos, nietos o bisnietos. Yo no lo llamaría una profecía edificadora y confortante. Piense en esto. Nosotros vivimos en el primer siglo de un nuevo milenio. ¡Este trato afectaría a mis generaciones hasta el año 2400! Fácilmente sería tentado a pensar: *¿Es esta mi promesa y bendición por obedecer a Dios?* Aun más interesante, esto fue profundizado antes de que Isaac fuera concedido.

¿FUE DEBIDO A SU MAL COMPORTAMIENTO?

Algunos pueden razonar: «El Señor le dijo esto a Abraham de antemano porque sus descendientes serían desobedientes y por tanto serían colocados bajo el faraón como castigo por su mal comportamiento. ¡Pero, sin embargo, Dios nunca planearía esto para ellos!» Exploremos e indaguemos si este razonamiento es correcto.

Para responder a ello, debemos saber cómo llegaron a estar bajo el liderazgo del faraón. Isaac, el hijo de Abraham, era un hombre temeroso de Dios y vivía en obediencia y santidad. Él y su esposa, Rebeca, tuvieron dos hijos: Esaú, el mayor, y Jacob, el menor. Ellos eran hombres muy diferentes en muchas maneras. Dios reveló sus pensamientos antes de su nacimiento diciendo: «A Jacob amé, mas a Esaú aborrecí» (Romanos 9:13).

Aunque Jacob comenzó con una conducta un poco desviada, tuvo un encuentro radical con Dios en Peniel (Génesis 32). Este encuentro estableció el pacto de Dios de bendición en su vida, y su nombre fue cambiado de Jacob a Israel, lo cual significa «príncipe con Dios». Luego de eso, vemos una devoción profunda en su estilo de vida. Israel mandó a su familia a que huyeran de la idolatría y permanecieran puros ante Dios. Como resultado, el terror de Dios caía sobre los no creyentes a medida que su familia viajaba (Génesis 35).

Israel era padre de doce hijos. El onceavo, José, fue rechazado por sus hermanos mayores porque su padre le favorecía. Dios le dio a José dos sueños por separado, los cuales le mostraban proféticamente que sería un gran líder y que sus hermanos le servirían. Sus sueños enojaron tanto a sus hermanos, que planearon una forma de deshacerse de él y la llevaron a cabo cuando vendieron a José como esclavo a Egipto.

Aunque pasó tiempos de extrema soledad y desilusión, José permaneció fiel al Señor en Egipto. Luego de diez años de servicio a uno de los oficiales del faraón, fue acusado falsamente de violar a la esposa de su amo. Así que estuvo en prisión por más de dos años, pero permaneció fiel y leal. Luego el Señor lo usó para interpretar los sueños de dos siervos del faraón, los cuales también habían sido puestos en la prisión. Uno de ellos fue ejecutado; el otro fue restaurado, pero por un tiempo el que fue restaurado no se acordó de José, como este le había pedido. Sin embargo, José permaneció fiel.

Más tarde, cuando faraón estaba atribulado por un sueño, el siervo restaurado le contó acerca de José. Este fue llamado y sacado de la prisión para interpretar el sueño del faraón. La interpretación era una advertencia de una hambruna severa que seguiría a siete años de abundancia. Dios le dio sabiduría a Josué para instruir a faraón a almacenar reservas en los años de abundancia. El faraón quedó tan impresionado con su sabiduría, que de inmediato lo elevó al puesto de segundo hombre en Egipto, sólo uno bajo faraón.

En casa se hallaba el padre piadoso de José, Israel, que no sabía nada de lo que habría de pasar. Dios no se lo reveló. Este sería el vehículo que transportaría a todos los descendientes de Abraham a Egipto. En el segundo año de la hambruna Israel envió a sus hijos a Egipto para comprar grano. Sin este, perecerían. Egipto era el único lugar al cual ir, porque sólo ese país estaba preparado para la hambruna y equipado con la sabiduría del Señor. Dios hizo a la nación rica como resultado de lo que había revelado a través de José. Él estaba preparando a Egipto para que fuera la más poderosa e influyente nación en el mundo. Esto, también, era con un propósito.

Cuando los hijos de Israel arribaron a Egipto, fueron traídos ante José, pero ellos no lo reconocieron. Esto no es sorpresa. ¿Quién esperaría a un esclavo en el trono? José, por su parte, los reconoció —y puede que hasta los haya estado esperando—, pero mantuvo su identidad en secreto. Él los bendijo con grano gratis, pero diseñó un plan para retener a uno de los hermanos a fin de hacer que todos regresaran. Cuando sus provisiones se acabaron, ellos regresaron con todos los hijos de Israel. Cuando se reunieron, José se les reveló.

Al conocer su identidad, sus hermanos se aterrorizaron. José estaba en posición para tomar venganza por lo que hicieron. Pero en vez de vengarse los consoló diciendo:

> «Yo soy José vuestro hermano, el que vendisteis para Egipto. Ahora, pues, no os entristezcáis, ni os pese haberme vendido acá; porque para preservación de vida *me envió Dios* delante de vosotros. Pues ya ha habido dos años de hambre en medio de la tierra, y aún quedan cinco años en los cuales ni habrá arada ni siega. Y Dios me envió delante de vosotros, para preservaros posteridad sobre la tierra, y para daros vida por medio de gran liberación. Así, pues, *no me enviasteis acá vosotros, sino Dios*» (Génesis 45:4-8, énfasis del autor).

Después de esta respuesta, usted puede que se pregunte si todo el tiempo que había pasado en Egipto le habría afectado su forma de ver las cosas. Tal vez se había olvidado de los años de dolor, traición y soledad. Después de todo, ¿cómo podría un Dios amoroso ponerle en tanto sufrimiento? ¿Cómo podría Él permitir que el hijo más fiel y obediente de Israel pasara las dificultades de la esclavitud y una celda solitaria por más de doce años cuando en realidad era irreprochable? ¿Creyó José que Dios no solamente lo permitió, sino que también lo planeó?

Recuerde, por la boca de dos testigos todo asunto es establecido. Escuche lo que el salmista escribió años después:

> «Trajo hambre sobre la tierra, y quebrantó todo sustento de pan. Envió un varón delante de ellos; a José, que fue vendido por siervo. Afligieron sus pies con grillos; en cárcel fue puesta su persona. Hasta la hora que se cumplió su palabra, el dicho de Jehová le probó» (Salmo 105:16-19).

¡Qué sorprendente! ¡José no estaba delirando en su evaluación! Veamos este pasaje más de cerca. Primero, Dios, no el diablo ni las circunstancias, planearon la hambruna. Segundo, como José dijo: Dios le envió adelante de su familia. Cuando se usa la frase «enviado por Dios» quiere decirse que nadie más lo hizo. José no estaba engañándose a sí mismo; estaba hablando por el Espíritu de Dios. Tercero, todos sus sufrimientos eran una prueba, o un proceso purificador, para él. Por último, fue afligido con grillos y cadenas. Las prisiones en aquel entonces eran peores que hoy día. ¡Pero José era el hijo más piadoso! ¿Significa eso que las personas buenas pueden sufrir un trato duro por parte de la autoridad sin que sea un accidente o plan del diablo? ¿Quiere decir que tales circunstancias pueden ser el plan o provisión de Dios?

¿UNA GRAN LIBERACIÓN?

Continuemos respondiendo estas preguntas importantes. Veamos de nuevo las palabras de José. Recuerde que él está hablando bajo inspiración divina: «Y Dios me envió delante de vosotros, para preservaros posteridad sobre la tierra, y para daros vida por medio de gran liberación. Así, pues, no me enviasteis acá vosotros, sino Dios» (Génesis 45:7-8).

¡Gran liberación! Espere un minuto. No fue la desobediencia de los descendientes de Abraham lo que le colocó bajo el gobierno de Faraón sino el plan de Dios. Para completar, Dios sabía de antemano que poco después de la muerte de José, otro faraón se levantaría y trataría a Israel con crueldad (Éxodo 1:8-14). Dios le había dicho a Abraham años antes que ellos serían afligidos durante cuatrocientos años. ¿Fue esa la gran liberación del Señor? ¿Cómo puede eso ser considerado liberación cuando experimentaron tan grandes dificultades?

Algunos pueden preguntarse: «¿Por qué no le dio Dios a los descendientes de Abraham la sabiduría que les habría dado a ellos y, no a Egipto, la provisión de comida por los siete años de hambruna? Así José hubiera podido evitar todo sufrimiento». La razón es clara: Dios les quería bajo el faraón. Él lo planeó. Usted puede decir: «Pero el faraón era como un Hitler de aquel tiempo. Él mató a miles de ellos y afligió al pueblo de Dios con gran aflicción». Sí, esto es verdad, pero debemos recordar que la prioridad de Dios no es que tengamos las comodidades y disfrutes de este mundo, ¡su prioridad es la redención! Escuche la sabiduría de Dios al hablarle al faraón: «Y a la verdad yo te he puesto para mostrar en ti mi poder, y para que mi nombre sea anunciado en toda la tierra» (Éxodo 9:16).

Antes de eso, los únicos que conocían al Señor Dios eran Abraham, Isaac, Jacob y sus descendientes. El resto del mundo no conocía al Dios de Abraham, Isaac y Jacob. Era por eso que cuando Moisés vino ante Faraón y demandó en nombre del Señor que dejase ir a Israel, el faraón respondió: «¿Quién es Jehová, para que yo oiga su voz y deje ir a Israel? Yo no conozco a Jehová ni tampoco dejaré ir a Israel» (Éxodo 5:2). Ni el faraón ni Egipto conocían a Dios. Sin embargo, cuando Dios llevó a cabo sus señales para liberar a su pueblo, eso cambió.

Después de varias plagas, algunos egipcios escucharon la palabra de Dios. Antes de que descendiera el granizo, leemos: «De los siervos de faraón, el que tuvo temor de la palabra de Jehová hizo huir sus criados y su ganado a casa» (Éxodo 9:20). Poco después ellos le rogaban al faraón: «Deja ir a estos hombres, para que sirvan a Jehová su Dios» (Éxodo 10:7). Aun los magos de Egipto le dijeron a su rey: «Dedo de Dios es este» (Éxodo 8:19).

Su nuevo conocimiento del Señor fue muy evidente según leemos: «También Moisés era tenido por gran varón en la tierra de Egipto, a los ojos de los siervos de faraón, y a los ojos del pueblo» (Éxodo 11:3). Ellos respetaban grandemente al hombre de Dios, porque conocieron entonces quién era el Señor. Y leemos que los descendientes de Abraham recibieron lo que le pidieron al pueblo de Egipto, tales como artículos de plata, oro y vestimenta (Éxodo 12:35-36). Aun el faraón dijo: «Jehová es justo, y yo y mi pueblo impíos» (Éxodo 9:27). Finalmente todo Egipto conoció quién era el Dios viviente.

TODA LA TIERRA SUPO

No sólo Egipto, sino toda la tierra vino a conocer al Señor como el Dios vivo y verdadero. Ese conocimiento fue resultado directo de la humillación de la nación más poderosa sobre la tierra. Dios le dio a esa nación sabiduría a través de José, lo cual la posicionó para ser la más grande, sólo para más tarde ser vencidos por los esclavos israelitas. Este revés tuvo un impacto tan profundo en el mundo, que los vecinos pensaron que si unos esclavos derrotaron a una nación como esa, que no harían con un país pobre y débil o con una nación promedio. Dios causó tal impresión en toda la tierra que años después de Israel vagar en el desierto, las naciones aún le temían y temblaban ante él.

Los efectos fueron evidentes toda una generación después. Josué, el sucesor de Moisés, envió dos espías a la nación poderosa de Jericó. Los hombres fueron recibidos por Rahab, la ramera, la cual le dijo:

«Sé que Jehová os ha dado esta tierra; porque el temor de vosotros ha caído sobre nosotros, y *todos los moradores del país* ya han desmayado por causa de vosotros. Porque hemos oído que Jehová hizo secar las aguas del Mar Rojo delante de vosotros cuando salisteis de Egipto ... Oyendo esto, ha desmayado nuestro corazón; ni ha quedado más aliento en hombre alguno por causa de vosotros, *porque Jehová vuestro Dios es Dios arriba en los cielos y abajo en la tierra*» (Josué 2:9-11, énfasis del autor).

Ella declaró que el Señor es Dios y que «todos los moradores» de la tierra habían desmayado. ¡El nombre del Señor era conocido en toda la tierra!

El conocimiento no era sólo para su gloria sino también para la redención. Los primeros frutos fueron manifestados cuando la ramera extranjera y todo su hogar fueron salvos. Aun más significativo es que ella fue la bisabuela del rey David y entró al linaje de Jesucristo. Eso no habría pasado si Dios no hubiera declarado por toda la tierra su nombre a través de la humillación del faraón.

Varios cientos de años después del éxodo de Egipto aún había evidencia del temor de Dios entre las naciones. Durante el tiempo de Elí, sacerdote y juez de Israel, el nombre de Dios era recordado de nuevo por lo que había hecho al faraón. Israel estaba en guerra con los filisteos y sufrió una pérdida el primer día. El siguiente día los israelitas trajeron el arca al campamento de guerra. Ellos se congregaron y «todo Israel gritó con tan gran júbilo que la tierra tembló» (1 Samuel 4:5). Los filisteos escucharon el ruido y se preguntaron qué podría ser. Luego supieron que el arca del Señor había venido al campamento israelita. Considere su respuesta:

«Y los filisteos tuvieron miedo, porque decían: Ha venido Dios [en hebreo, *Elohim*] al campamento. Y dijeron: ¡Ay de nosotros! pues antes de ahora no fue así. ¡Ay de nosotros!

¿Quién nos librará de la mano de estos dioses [*Elohim*] poderosos? Estos son los dioses [*Elohim*] que hirieron a Egipto con toda plaga en el desierto» (1 Samuel 4:7-8).

La palabra hebrea usada para «dioses» es *Elohim*, y es usada casi dos mil veces en el Antiguo Testamento para identificar al Señor Dios al cual servimos. En el primer capítulo de Génesis esta palabra se halla treinta y dos veces, identificando a nuestro Dios y Creador. Por tanto, pudo haber sido traducida correctamente como «Dios» en vez de «dioses». Aun los filisteos temblaban cientos de años después; aunque ellos no le servían, sabían quién era el Dios vivo y verdadero.

LA PROFUNDIDAD DE LA SABIDURÍA DE DIOS

Dios no fue tomado por sorpresa cuando el líder malvado, Faraón, reinó: «Porque no hay autoridad sino de parte de Dios, y las que hay, por Dios han sido establecidas» (Romanos 13:1). Cada líder a través de los años que ha tenido autoridad legítima, sea bueno o malo, ha sido establecido por Dios. Y ha sido ordenado por una razón específica, nunca por accidente.

Usted puede preguntarse: «¿Qué de bueno vino de un líder como Stalin o Hitler?» En respuesta, permítame citar al apóstol Pablo:

«De manera que de quien quiere, tiene misericordia, y al que quiere endurecer, endurece... ¡Oh, profundidad de las riquezas de la sabiduría y de la ciencia de Dios! ¡Cuán insondables son sus juicios, e inescrutables sus caminos!... Porque ¿quién entendió la mente del Señor? ¿O quién fue su consejero?» (Romanos 9:18; 11:33-34).

Él puede hacer cosas más allá de lo que podemos entender. Debemos aceptar lo que Él considera no apropiado revelar al presente.

Pablo de nuevo describe su sabiduría: «Mas antes, oh hombre, ¿quién eres tú, para que alterques con Dios? ¿Dirá el vaso de barro al que lo formó: ¿Por qué me has hecho así?» (Romanos 9:20). Escuche sus palabras: «¿quién eres tú?» En otras palabras, ¿estamos nosotros en la posición de interrogar a Dios?

Dios nos mostró por qué levantó al faraón: para darnos un patrón y entendimiento a fin de que podamos confiar en su sabiduría y su bondad. Sin embargo, no siempre nos muestra eso con cada líder. Él desea que confiemos en su sabiduría y bondad.

En su sabiduría, nunca permite el sufrimiento sin un propósito. Siempre puede usarlo para sus propósitos redentores, aun cuando nosotros no podamos verlos al momento. Sin embargo, la eternidad los revela. En su bondad, nunca permite que nos ocurra daño dentro de la eternidad. Usted puede argumentar: «Pero mucho daño le ha ocurrido a muchas personas en las manos de líderes corruptos». Esto es verdad en el sentido físico, pero Dios juzga lo espiritual por encima de lo físico. La muerte de Abel pareció en vano, pero no lo fue porque su sangre aún habla (Hebreos 11:4). Miles de cristianos fueron matados por líderes corruptos durante la inquisición y las persecuciones que la precedieron y la siguieron, pero su sangre no fue derramada en vano. Se sangre aún habla.

Tenemos oportunidades en que podemos afectar a líderes a través de la humildad, la obediencia y las oraciones. Cuando el pueblo de Dios se humilla a sí mismo, ora y se vuelve de sus caminos pecaminosos, Dios le escucha desde el cielo y sana su tierra. Un ejemplo es el establecimiento de un liderazgo piadoso, ilustrado en el libro de jueces. El Nuevo Testamento declara: «Exhorto ante todo, a que se hagan rogativas, oraciones, peticiones y acciones de gracias, por todos los hombres; por los reyes y por todos los que están en eminencia, para que vivamos quieta y reposadamente en toda piedad y honestidad. Porque esto es bueno y agradable delante de Dios nuestro Salvador» (1 Timoteo 2:1-3).

El liderazgo existente es afectado por nuestras oraciones. El efecto puede ser tan profundo como el establecimiento y selección de líderes. Sin embargo, aun con todo esto siendo así no pueden haber excepciones. Los apóstoles y santos de la Iglesia primitiva con frecuencia enfrentaron autoridades crueles y severas que les persiguieron. No sufrían porque tenían un estilo de vida no piadoso o sin oración. Más bien, esos líderes jugaron un papel en los propósitos redentores de Dios.

HERODES AGRIPA I

Consideremos uno de ellos, Herodes Agripa I. El nombre Herodes fue usado para identificar a varios gobernantes romanos en la región de Palestina antes del nacimiento de Jesús, durante su ministerio terrenal y después de su resurrección. Herodes Agripa I llegó al poder en el año 37 d.C., después de la resurrección de Cristo. Lo hizo mediante astucia y tacto. Con su visión del futuro cultivó todos los medios posibles que pudieran llevarle a su propia promoción. Un manejo político después que el emperador romano Calígula fuese asesinado ayudaría a Claudio a ganar el trono. Claudio recompensó su sagaz movimiento político, y confirmó a Agripa en su posición para ese momento y añadió los territorios de Judea y Samaria. Así llegó a ser gobernante de un reino tan amplio como el de su abuelo, Herodes el Grande.

Durante su gobierno, Herodes Agripa I fue forzado a tomar partido en el forcejeo entre el judaísmo y la secta cristiana. Sin dudarlo asumió el papel de cruel perseguidor de los cristianos. Leemos en el libro de los Hechos: «En aquel mismo tiempo el rey Herodes [Agripa I] echó mano de algunos de la iglesia para matarles. Y mató a espada a Jacobo, hermano de Juan. Y viendo que esto había agradado a los judíos, procedió a aprender también a Pedro» (12:1-3). El gobernante era cruel con los creyentes porque esto servía a sus propósitos políticos y le ganaba el favor de los judíos. Había asesinado a Jacobo, uno de los tres apóstoles más cercano a Jesús e intentaba matar a Pedro.

Debemos preguntarnos: «¿De dónde vino la autoridad de Agripa?» Aunque pareciera que sus manipulaciones le ganaron el poder, no llegó a esa posición de autoridad sin el conocimiento y sin ser establecido así por Dios.

Pedro, que había sufrido a manos de Agripa, le dijo a los creyentes: «Temed a Dios. Honrad al rey» (1 Pedro 2:17). ¿Qué? ¿Honrar al rey que había matado a Jacobo? ¿Por qué establecería Dios a un líder tan cruel sobre la tierra en la cual tantos de sus hijos habitan y luego les dice que «le honren»? Parte de nuestra respuesta es hallada a medida que continuamos en las Escrituras: «Así que Pedro estaba custodiado en la cárcel; pero la iglesia hacía sin cesar oración a Dios por él» (Hechos 12:5). Como resultado, Dios envió un ángel que milagrosamente libró a Pedro de la prisión y lo llevó a la seguridad de una reunión de oración. Si los creyentes no hubieran honrado al rey, sino que se hubieran rebelado contra el mandamiento de Dios en lo relacionado a la autoridad delegada, no habrían visto la mano de Dios moverse milagrosamente.

Los planes de Agripa de ejecutar a Pedro fueron frustrados por las oraciones y la obediencia de la iglesia. Ese evento fortaleció significativamente a los creyentes. Tal como había hecho con faraón, Dios manifestó su poder para sus propósitos redentores. El testimonio más grande de esto se halla en las mismas Escrituras: «Pero la palabra del Señor crecía y se multiplicaba» (Hechos 12:24).

Las oraciones constantes de los santos y su obediencia a honrar a la autoridad tuvieron un impacto mayor en lo que ocurrió. A medida que continuamos leyendo, hallamos que Herodes Agripa I estableció un día en el cual se presentó ante el pueblo, se sentó en su trono con su vestimenta real, y dio un discurso público: «Y el pueblo aclamaba gritando: ¡Voz de Dios y no de hombre! Al momento un ángel del Señor le hirió, por cuanto no dio la gloria a Dios; y expiró comido de gusanos» (Hechos 12:22-23).

El juicio vino, pero fue por la espada del Señor, no por el pueblo de Dios. Pronto aprenderemos que Dios es quien trae juicio sobre las autoridades. A nosotros se nos manda a orar por los que están en liderazgo, y a honrar y someternos a su autoridad. Si hay necesidad de juicio, Dios dice que debemos dejarlo que ocurra.

Lo que he escrito en este capítulo es verdad, aun si va contra lo que es enseñado y percibido por la iglesia. Mantengamos una mente abierta a la sabiduría de Dios. Recuerde, Él es por nosotros, no contra nosotros.

CAPÍTULO 9

HONRAD AL REY

Debemos aprender a honrar —venerar, respetar y tratar con deferencia y sumisión, así como llevar a cabo las obligaciones relativas a— las personas que están en autoridad.

Una exhortación firme por el apóstol Pedro, mencionada brevemente en el capítulo anterior, requiere atención, especialmente en nuestros días. Antes de enfocarnos en este pasaje, examinémoslo en el contexto de las declaraciones precedentes: «Amados, yo os ruego como a extranjeros y peregrinos, que os abstengáis de los deseos carnales que batallan contra el alma, manteniendo buena vuestra manera de vivir entre los gentiles; para que los que murmuran entre vosotros, como de malhechores glorifiquen a Dios» (1 Pedro 2:11-12). Estamos a punto descubrir que la sumisión a la autoridad es el comportamiento apropiado del cual él habló. La batalla mencionada es la guerra entre un deseo de rebelión —para desobedecer la autoridad— y la obediencia. Sin embargo, con demasiada frecuencia pensamos lo opuesto; creemos que el deseo de desobedecer es nuestro aliado y la sumisión nuestro enemigo. Esta percepción no podría ser más errónea.

No debemos olvidar lo que Pedro escribió, porque aun cuando nos sometemos y obedecemos, podemos ser acusados de «malhechores». He escuchado a gente razonar de la siguiente forma: «¿Qué de bueno hay en eso? Yo me someto, pero aun soy culpado de cosas malas que no he hecho?» Tales personas han perdido de vista el hecho de que su obediencia es al Señor, y su recompensa viene de Él. Efesios 6:5-8 presenta este punto en forma preciosa:

> «Siervos, obedecer a vuestros amos terrenales con temor y temblor, con sencillez de vuestro corazón, como a Cristo; no sirviendo al ojo, como los que quieren agradar a los

hombres, sino como siervos de Cristo, de corazón haciendo la voluntad de Dios; sirviendo de buena voluntad, como al Señor y no a los hombres, sabiendo que el bien que cada uno hiciere, ese recibirá del Señor, sea siervo o sea libre.»

Regresemos a la exhortación de Pedro: «Por causa del Señor someteos a toda institución humana, ya sea al rey, como a superior, ya a los gobernadores, como por él enviados» (1 Pedro 2:13-14). El Espíritu Santo nos exhorta a través de Pedro, tal como lo hizo con Pablo, a someternos a todas las autoridades gobernantes. Tenga en mente que el rey al cual se refiere era bastante severo, y los creyentes sufrieron gran persecución bajo su liderazgo. Al igual que Pablo, Pedro nos exhortó a reconocer la autoridad de Dios investida en el hombre en vez que al hombre mismo. Él nunca se podría someter a la persona de Herodes Agripa I a menos que hubiera entendido y reconocido la autoridad de Dios en la posición de rey. Es difícil someterse a la autoridad delegada si aún no hemos tenido un encuentro con la autoridad de Dios. Cuanto más tratemos de obedecer, más difícil será si no vemos la verdadera autoridad.

Pedro nos hizo esta advertencia porque sabía que la insubordinación en realidad avanzaba la causa del espíritu anticristiano. Porque esta fuerza «se opone y se levanta contra todo lo que se llama Dios» (2 Tesalonicenses 2:4), incluyendo caminos, métodos, operaciones y designaciones del Dios vivo y verdadero. Nosotros los creyentes debemos preguntarnos a nosotros mismos: «¿Estamos ayudando o restringiendo la operación de la iniquidad?» Si la estamos ayudando, operamos bajo el principio de Satanás (la rebelión), no de Dios.

Pedro continuó: «Amad a los hermanos. Temed a Dios. Honrad al rey» (1 Pedro 2:17). No sólo nos exhortó a someternos sino también a honrar a las autoridades. La palabra griega para «honrar» es *timao*, la cual significa «honrar, tener en honra, venerar». Es la misma que Jesús usó cuando dijo: «Antes honro a mi Padre» (Juan 8:49). El Diccionario de la Real Academia Española define la palabra *honrar* como «respetar a alguien y darle honor». Permítame reiterar lo siguiente: ¡El rey al cual Pedro se refería era el que estaba persiguiendo a los creyentes de su día! No es posible en lo absoluto que se estuviera refiriendo al rey como individuo; nos exhortó a honrarle como autoridad establecida por Dios.

UNA ENTREVISTA QUE ME ROMPIÓ EL CORAZÓN

Recientemente fui entrevistado en vivo, en un programa radial de una estación cristiana muy popular en una ciudad grande del sur de los Estados Unidos. Estuvimos discutiendo sobre uno de mis libros. Luego de diez minutos de conversación el anunciante tomó una pausa. Durante ese tiempo, escuché varios comerciales y anuncios a bajo volumen puesto que no estaba al aire durante la pausa.

De pronto, escuché a un hombre reportar el clima, el cual acaparó mi atención. Él le dijo a la audiencia, de cientos de miles, qué el clima estaba tan frío en un estado específico del norte que había congelado los labios del gobernador del estado. Nombró al gobernador y reportó que sus labios estaban tan congelados que no podía abrir su boca y decir algo estúpido, como normalmente hacía.

Me sorprendió; no podía creer lo que acababa de escuchar. Mis pensamientos divagaron: *¿Es esta una estación cristiana? Ciertamente no lo es.* Luego pensé: *Si esta es una estación cristiana, tal vez este reporte del clima fue tomado de una fuente de la Prensa Asociada.* No podía salir del impacto de lo que había escuchado antes de que el entrevistador regresara conmigo.

De vuelta al aire él hizo una pregunta vaga a la que respondí diciendo cuán importante era tener el corazón de Dios en todo lo que hacemos. Lo que yo había escuchado todavía me estaba molestando en mi mente, por lo que dije: «Un buen ejemplo es lo que acabo de escuchar en la pausa». Y entonces pregunté:

—¿Es esta estación cristiana?

—Sí —respondió mi interlocutor.

—Bueno, tal vez lo que escuché fue tomado de una fuente secular porque quienquiera que haya estado hablando no tenía el corazón de Dios en lo que dijo hace algunos minutos.

—¿A qué se está refiriendo?

Yo respondí:

—Al anuncio que hizo referencia a los labios congelados del gobernador.

La voz del entrevistador cambió a un tono de indignación:

—Esa persona soy yo.

Así que le dije:

—Las Escrituras dicen que debemos temer a Dios y honrar al rey o aquellos que están en autoridad.

Él respondió con una voz aun más firme:

—Sí, pero no hay nada malo con un poco de humor.

A lo que añadí rápidamente:

—No a expensas de aquellos a los que Dios nos ha dicho que honremos. El apóstol Pablo afirmó: «No maldecirás a un príncipe de tu pueblo» (Hechos 23:5).

Así terminó el locutor la entrevista en vivo, antes del tiempo estipulado, diciendo:

—Bueno, John y yo no estamos de acuerdo en todo.

Yo colgué el teléfono con el corazón roto. ¿Fue esto honrar o venerar al gobernador? Admito que este hombre al cual mencionó no siempre se ha conducido a sí mismo en una forma que merece respeto, pero es un gobernador. Como cristianos, debemos honrar esa posición de autoridad. ¿Cuántos creyentes fueron afectados por el humor irreverente? No es sorpresa que hayamos perdido el respeto en muchos aspectos de la sociedad.

Esto es muy diferente al comportamiento de la Iglesia primitiva perseguida. Ellos honraban a la autoridad. Cuando nos comportamos y hablamos de esta manera, sumamos al poder de la iniquidad que obra hoy. Pero la Biblia nos dice: «Porque ya está en acción el misterio de la iniquidad; sólo que hay quien al presente lo detiene, hasta que él a su vez sea quitado de en medio» (2 Tesalonicenses 2:7). Este comportamiento batalla contra el poder restringente del Espíritu Santo. ¡Es el principio de Satanás!

EL TEMOR DEL SEÑOR PRODUCE HONRA

Regresemos a las palabras de Pedro: «Temed a Dios. Honrad al rey». Los que temen a Dios son aquellos que mantienen delante de sí la posición alta y sublime del Señor de gloria. Ellos se han encontrado y han sido consumidos por su autoridad, que todo lo abarca. Estiman lo que Él estima y odian lo que Él odia. Firmemente plantados en sus vidas están el temor reverente y el respeto por los que están en liderazgo porque Dios ha delegado su autoridad.

Una falta del Espíritu de temor del Señor es evidente cuando no reverenciamos a la autoridad. ¿Recuerda la descripción de Isaías de Jesús?:

«Y reposará sobre el espíritu de Jehová, espíritu de sabiduría y de inteligencia, espíritu de consejo y de poder, espíritu de conocimiento y *de temor de Jehová. Y le hará entender diligente en el temor de Jehová*» (Isaías 11:2-3, énfasis del autor).

El deleite de Cristo está en el temor del Señor. Esto lo capacitó para no juzgar por la vista o el oído natural. Ese entrevistador de radio mostró por sus frutos que no conocía el temor del Señor en lo que se refiere a las autoridades delegadas. Debido a que el comportamiento del gobernador no había sido honorable, este entrevistador le juzgó por su oído y su vista, y según estos parámetros, el entrevistador pudo haber sido considerado correcto. Sin embargo, si hubiera visto a través de los ojos del temor del Señor, habría percibido la autoridad establecida sobre la vida del gobernador. Calumniar a una autoridad gubernamental nunca es un acto de piedad.

Juan el Bautista lidió con el comportamiento de alguien en autoridad llamado Herodes, pero su método fue muy diferente al del entrevistador. En primer lugar, Juan le dijo a Herodes: «No te es lícito tenerla [la mujer de tu hermano]» (Mateo 14:4). Le habló directamente a un pecado, no acerca de él con falta de respeto. En segundo lugar, lidió con Herodes desde su posición de autoridad como profeta de Dios. Por último, Juan no hizo chistes irreverentes sobre el rey.

La única persona piadosa que usted hallará en la Biblia que hizo chistes sobre personas en posición de liderazgo es Elías (1 Reyes 18:27). Se burló de los falsos profetas de Baal y Asera y de los dioses a quienes representaban. Esos hombres, que no poseían verdadera autoridad, sino falsa, guiaron a muchos israelitas a la oscuridad. Sus posiciones no habían sido ordenadas por Dios. Ellos no eran dignos de honor o sumisión. Las personas que lideran organizaciones de ocultismo no merecen sumisión u obediencia. Pero no deben ser tomadas a la ligera, porque la Escritura dice: «Pero cuando el arcángel Miguel contendía con el diablo, disputando con él por el cuerpo de Moisés, no se atrevió a proferir juicio de maldición contra él, sino que dijo: El Señor te reprenda, pero estos [los rebeldes dentro de la iglesia] blasfeman de cuántas cosas no conocen» (Judas 9 y 10). El Espíritu de Dios estaba sobre Elías para hablar de la manera en que lo hizo. El que nosotros nos burlemos tan fácilmente de cualquier liderazgo, aun si viene de las tinieblas, no es sabio.

Regresando a la verdadera autoridad designada, *es* difícil honrar y obedecer cuando no vemos la autoridad a través de ojos iluminados por el temor del Señor. Sin embargo escuchamos lo que dicen las Escrituras: «y mayormente a aquellos que, siguiendo la carne, andan en concupiscencia e inmundicia, y desprecian el señorío. Atrevidos y contumaces, no temen decir mal de las potestades superiores» (2 Pedro 2:10). Lo que en verdad nos da qué pensar es que Pedro y Judas estaban hablando de personas que estaban dentro de la iglesia (Judas 12; 2 Pedro 2:13-15).

Advertí al principio de este libro que sería difícil para algunos recibirlo porque con demasiada frecuencia vemos el reino de Dios a través de una mentalidad democrática. Esa es la razón por la cual se nos manda a renovarnos en el espíritu de nuestra mente (Efesios 4:23). Si la mentalidad del entrevistador radial fuese peculiar a él, probablemente no lo habría mencionado, pero esta mentalidad se halla en toda la Iglesia. Descubrí esto durante la presidencia de Bill Clinton.

DOS NEGATIVOS NO HACEN UNO POSITIVO

Cuando el presidente Clinton fue electo en 1992, estuve deprimido por tres días hasta que Dios trató conmigo. Él me mostró en términos convincentes que nadie llega al poder sin su conocimiento y los que están en autoridad has sido establecidos por él. Una vez que esto me fue revelado, comencé a enfocarme en la autoridad del hombre, no en su vida personal. Cuando hice esto, hallé que un amor genuino estaba creciendo en mi corazón por este líder y un deseo fuerte por verlo librado y andando en la verdad.

Creo que lo mismo pasó con el corazón de Juan el Bautista hacia Herodes. Aunque le habló de forma dura, con toda seguridad tenía el corazón de Dios para este líder corrupto. Es por eso que Jeremías lloró por aquellos a quienes les habló tan fuertemente. Hay unos que hablan con un corazón legalista y lleno de odio y otros que hablan la Palabra correctiva del Señor con corazones ardiendo de compasión.

Lo que enoja al Señor son aquellos que hallan faltas emitiendo juicios hipócritas. Yo presencié esto en muchas iglesias hacia el presidente Clinton. Antes de continuar, permítame reiterar que yo no vote por él en ninguna de sus dos elecciones, y estoy muy adolorido de lo que su comportamiento trajo a este país.

Mientras viajaba en 1992, con frecuencia los creyentes me animaban a ver a cierto hombre ultraconservador en la televisión. Él parecía tener mucho que decir sobre los líderes liberales de nuestra nación, especialmente el presidente su esposa. Escuché esos comentarios cada semana en diferentes ciudades. Esos fanáticos decían: «Tienes que escuchar a ese hombre. Él conoce claramente lo que está ocurriendo en Washington». Debido a mi confianza en ellos, pensé: *Debo ver a este hombre y escuchar lo que tiene que decir.* Yo no veo televisión con frecuencia, así que pasaron casi nueve meses hasta que finalmente lo vi.

Luego de regresar a mi hotel, después de un servicio en California, encendí el televisor, allí estaba él. Era muy chistoso y tenía una corbata muy graciosa. Enseguida comenzó a hablar del presidente Clinton. Entonces caí en cuentas: *Este es el hombre del cual todos me han estado hablando.* Me emocioné al poder escuchar a esta persona famosa. Me senté listo para ver y oír lo que iba a decir. Lo escuché por veinte minutos hablando mal del presidente, le hacía parecer como un imbécil. Los chistes eran buenos, y las palabras astutas, pero durante todo este tiempo sentía algo malo en mi estómago. Y pensé: *¿Por qué me siento mal? Todo lo que esta diciendo es verdad. Él ha logrado entender la mentalidad liberal de nuestro presidente.* Luego pregunté: «Señor, ¿por qué se siente así mi corazón?»

El Espíritu Santo de inmediato me respondió: *No maldecirás a un príncipe de tu pueblo* (Hechos 23:5).

Otra Escritura me vino a la mente: Exhorto ante todo a que se hagan rogativas, oraciones, peticiones, acciones de gracias, por todos los hombres; por los reyes y por todos los que están en eminencia, para que vivamos quieta y reposadamente en toda piedad y honestidad. Porque esto es bueno y agradable delante de Dios nuestro salvador (1 Timoteo 2:1-3). Caí en cuenta repentinamente. Dios nos ha mandado a honrar, orar, interceder y dar gracias por las personas en autoridad. También nos ordenó que no hablemos mal de ellos. Él no nos ha dicho que ridiculicemos, critiquemos, peleemos o nos burlemos de ellos. Aunque el comentarista de televisión estaba en lo correcto sobre mucho de lo que reportaba, ¡dos cosas negativas no hacen una positiva!

Yo no estaba tan enojado con ese hombre como con los creyentes que estaban tan emocionados con su mensaje. En cuanto a este comentarista, lo considero como alguien que no sabe lo que está haciendo. Lo que no pude comprender es cómo los creyentes podían proclamar su mensaje. ¿Cómo estaban ellos «honrando al rey»? Dios nos ha dicho qué debemos hacer como cristianos: orar, interceder y dar gracias. Pablo no sólo habló de la pena capital, la cual ocurre a los que andan en las varias manifestaciones de la iniquidad, «sino que también se complacen con los que las practican» (Romanos 1:32).

¿POR CUÁL LEY VIVIMOS?

Comencé a predicar lo que había ocurrido en ese cuarto de hotel por todos los Estados Unidos. Muchos vieron la luz y se arrepintieron; otros se enojaron conmigo. Argumentaban que el comentarista promovía el vivir rectamente y la libertad de expresión garantizada por nuestro gobierno. Eso es cierto; sin embargo, tenemos mandamientos que son mayores que ese comportamiento. ¿Vivimos bajo un gobierno democrático o por las leyes del reino de Dios? Simplemente por el hecho de que nuestro gobierno permita el uso del alcohol, ¿deben los creyentes tomarlo libremente?

Tenemos una ley superior. Un incrédulo en Roma escribió sobre los cristianos de la Iglesia del primer siglo: «Ellos pasan sus días sobre la tierra, pero son ciudadanos del cielo. Obedecen las leyes prescritas, y al mismo tiempo, las superan con sus propias vidas» (Carta a Diognetus, capítulo 5).

¿Qué beneficio hay en escuchar una calumnia? ¿Qué fruto nos deja? ¿No sería más efectivo tomar el tiempo que se gasta en mirar y difundir el mensaje de ese hombre y usarlo para interceder por nuestros líderes nacionales? ¿No dijo Dios que el fruto de un comportamiento obediente sería «para que vivamos quieta y reposadamente en toda piedad y honestidad»?

Conozco a un ministro que conoció al presidente Clinton y dijo: «Cualquier líder que legisla la muerte de niños inocentes sufrirá el juicio de Dios y se quemará en el infierno». Este ministro no se comportó diferente a como Juan el Bautista lo hizo con Herodes. Este mensajero de Dios habló con un corazón de ira justa y amor genuino por los niños aún no nacidos y por el presidente. Aunque respetaba la autoridad del funcionario, este ministro habló la verdad. Él nunca se burlaría del presidente. Cuando escuchamos a las personalidades de la televisión hablar mal de las autoridades, perdemos el corazón de Dios. Escuchar calumnias no producirán un fruto eterno.

UN CORAZÓN QUE HONRA LA AUTORIDAD

Un corazón que honra la autoridad debe influenciar nuestro comportamiento, porque honramos el designio del Señor. Pablo nos exhortó:

> «Porque los magistrados no están para infundir temor al que hace el bien, sino al malo. ¿Quieres, pues, no temer a la autoridad? Haz lo bueno, y tendrás alabanza de ella; porque es *servidor de Dios* para tu bien. Pero si haces lo malo, teme; porque no en vano lleva la espada, pues es *servidor de Dios*, vengador para castigar que hace lo malo. Por lo cual es necesario estarle sujetos, no solamente por razón del castigo, sino también por causa de la conciencia. Pues por esto pagáis también los tributos, porque son servidores de Dios que atienden continuamente a esto mismo. Pagad a todos lo que debéis: al que tributo tributo; al que impuesto, impuesto; al que respeto, respeto; al que honra, honra» (Romanos 13:3-7, énfasis del autor).

Dios llama a los que están en autoridad sus «siervos», y ellos son dignos de recibir honor y respeto. Hallo esto presente en mi corazón cada vez que veo a un policía, bombero, alcalde, concejal, gobernador, legislador estatal, juez, congresista u otra persona de cualquier rama gubernamental. Siento el respeto venir a mi corazón cuando voy a cualquier oficina del gobierno de la ciudad, estatal o federal. Ellos son los ministros de Dios para servirle a su pueblo.

He recibido varias multas por sobrepasar el límite de velocidad y cada vez le he dicho al oficial, después de recibir mi infracción: «Señor, erré y quiero agradecerle por hacer su trabajo y servirle a nuestra ciudad. Por favor, perdóneme por mi ofensa». Debería ver sus caras. Una vez el semblante del oficial cambió totalmente. Él había comenzado un poco duro, pero se ablandó cuando vio mi respeto por su autoridad. Pensé por un momento que no me iba a dar la multa, aunque esa no era mi intención. Tengo un amigo que pastorea en un estado en el que el gobernador fue deshonrado por el presentador de una estación radial «cristiana». Escuche su testimonio. Él estaba oración por su ciudad, preguntándole a Dios cómo realmente hacer la diferencia. En ese entonces su iglesia consistía de un pequeño cuerpo de creyentes. Dios puso en su corazón honrar a las autoridades civiles de su ciudad. Después de orar más, supo qué hacer. Él y sus líderes investigaron las necesidades mayores de la ciudad. Se enteraron que el departamento de bomberos necesitaba máscaras para permitir que los bomberos pudieran ver a las personas a través del humo, pero estas no habían sido incluidas en su presupuesto ese año. Las máscaras costaban veinticinco mil dólares cada una. Eso era mucho dinero para una iglesia de su tamaño.

El pastor compartió la visión con su iglesia y en una ofrenda levantaron toda la cantidad necesaria. Él y los líderes le presentaron el cheque a la ciudad. Luego me expresó lo siguiente: «John, te sorprendería la forma en que esto ha ministrado a los líderes de la ciudad. No podían creer que una iglesia hiciera tal acto de bondad. Estaban acostumbrados a que la gente se quejara por las necesidades del gobierno, no a que dieran tan generosamente».

Desde entonces la iglesia ha explotado en crecimiento. Cuando la congregación dedicó un nuevo edificio, muchos funcionarios de la ciudad asistieron, algunos todavía asisten. Compare el fruto de este pastor con el del presentador de radio.

He escuchado a un número de creyentes quejarse de los impuestos que pagan. Conozco gente en iglesias que han hallado maneras de no pagar impuestos. Afirman que ese es su derecho constitucional. Para ellos, argumento lo siguiente: «La exhortación de Dios sobrepasa su supuesto derecho constitucional. Dios dice 'paguen impuestos'». Luego le digo a esta gente: «¿Quién paga por las carreteras en las cuales manejan? ¿Quién paga por los policías, bomberos y concejales que le protegen?» He oído a los contadores decirme cómo hacen trampas los creyentes al declarar sus impuestos. Es muy triste. Yo le dije a nuestros contadores: «Yo no quiero ninguna área gris; no quiero hacer trampa». Pagar los impuestos es una oportunidad de darle al gobierno por sus servicios. ¡Nadie nos puede robar si decidimos dar! ¿Cuándo nos gozaremos los creyentes en esta verdad?

Si la iglesia se apropiara de esto, seríamos testigos más eficaces ante nuestra nación y el mundo. Debemos aprender a honrar — venerar, respetar; tratar con deferencia y sumisión y llevar a cabo los deberes relativos— a aquellos que están en autoridad. Al hacer esto honramos a nuestro Padre celestial. Cuando honramos al rey, mostramos nuestro temor del Señor.

IGUAL EN TODAS LAS ÁREAS DE AUTORIDAD

Como escribí en el capítulo anterior, el mandamiento a honrar al rey representa directamente a la autoridad civil; este consejo también se extiende a otras áreas de la autoridad delegada. Note las referencias a honrar en los siguientes versículos. En cuanto a la familia, Dios dice: «Honra a tu padre y a tu madre» (Efesios 6:2). Otra vez ordena: «la mujer respete a su marido» (Efesios 5:33). En cuanto a las autoridades sociales, leemos: «todos los que están bajo el yugo de esclavitud, tengan a sus amos por dignos de todo honor, para que no sea blasfemado el nombre de Dios y la doctrina» (1 Timoteo 6:1). En cuanto a la autoridad de la iglesia, se nos manda: «los ancianos que gobiernan bien, sean tenidos por dignos de doble honor, mayormente los que trabajan en predicar y enseñar» (1 Timoteo 5:17).

Como pastor de jóvenes, con demasiada frecuencia vi a chicos hablando de manera irrespetuosa a sus padres. No había respeto en esos jóvenes, mucho menos honra. Yo los corregía de inmediato si sus padres no lo hacían. Si supieran que sólo se están hiriendo a sí mismos, no se atreverían a hacerlo. Dios dice: «Maldito el que deshonra a su padre o a su madre. Y dirá todo el pueblo: amén» (Deuteronomio 27:16). La maldición de la cual hemos hablado en capítulos anteriores cae sobre aquellos que deshonran a sus padres. Por otro lado, Dios promete grandes bendiciones a los que los honran: «Honra a tu padre y a tu madre, que es el primer mandamiento con promesa; para que te vaya bien, y seas de larga vida sobre la tierra» (Efesios 6:2-3).

Dios en realidad les promete a los hijos dos bendiciones diferentes cuando honran a sus padres. Primero, les va bien. Una persona que no honra a sus padres no puede confiar en que le irá bien en la vida. Está bajo maldición. (Compartiré mi testimonio sobre esto en otro capítulo.)

La segunda promesa es una vida larga. ¡Qué beneficio tan grande por honrar a sus padres! Puede que usted piense: *Un momento. Yo he conocido niños que han honrado a sus padres, y sin embargo murieron jóvenes.* Sé con seguridad que la Palabra de Dios dice que este es el primer mandamiento con promesa. Nos metemos en problemas cuando permitimos que lo que vemos a nuestro alrededor niegue las promesas de Dios. Considere esto: Nuestro padre promete libertad total del temor a los suyos. En sus propias palabras: «Con justicia serás adornada, estarás lejos de opresión, porque no temerás» (Isaías 54:14). Sin embargo, muchos creyentes amados viven en temor. Si las promesas son automáticas, ¿por qué viven tantos bajo ese tormento? La respuesta a esta pregunta es la siguiente: Las promesas son recibidas mediante oración y ganadas por la buena batalla de la fe.

Isaac, el hijo de Abraham, es un buen ejemplo. Dios le hizo una promesa en cuanto a Isaac: «Confirmaré mi pacto con él como pacto perpetuo para sus descendientes después de él» (Génesis 17:19). Dios declaró la promesa, pero después de casarse descubrieron que Rebeca, su única esposa, era estéril. Para complicar las cosas, él mismo ni la había escogido; el Espíritu Santo se la escogió. Tal vez se pregunte: «¿Quiere decir que Dios escogió a una esposa estéril?» Sí. La promesa no era automática; debía ser apropiada. Vea lo que dice la Escritura: «Y oró Isaac a Jehová por su mujer, que era estéril; y lo aceptó Jehová y concibió Rebeca su mujer» (Génesis 25:21). Isaac tuvo que luchar para obtener la promesa clamando al Señor. Oró de acuerdo a la voluntad de Dios y recibió respuesta. Nosotros somos animados con las siguientes palabras: «Y esta es la confianza que tenemos en él, que si pedimos alguna cosa conforme a su voluntad, él nos oye. Y si sabemos que él nos oye en cualquier cosa que pidamos, sabemos que tenemos las peticiones que le hayamos hecho» (1 Juan 5:14-15). Dios dejó su voluntad en claro en el pacto. Si tenemos su promesa, sabemos que podemos orar de acuerdo a su voluntad.

Honrando a sus padres usted puede estar firme en sus dos promesas del pacto a través de la oración y recibir una vida buena, larga y fructífera. Fundamente su fe en el pacto de Dios, no en la vida de otros.

Tal vez tenga temor porque no ha honrado a sus padres. Es aquí cuando entra el arrepentimiento. Vaya a Dios en oración y a sus padres en persona, y pídales perdón. Comience a honrarles y confíe en las promesas de su pacto para ser manifestadas en su vida.

El mismo principio se aplica a los jefes, empleadores, maestros, etc. Si les honramos, nos irá bien y recibiremos nuestra recompensa del Señor. Pablo instruye a los empleados: «Y todo lo que hagáis, hacedlo de corazón, como para el Señor y no para los hombres; sabiendo que del Señor recibiréis la recompensa de la herencia, porque a Cristo el Señor servís. Mas el que hace injusticia, recibirá la injusticia que hiciere, porque no hay acepción de personas» (Colosenses 3:23-25).

El siguiente capítulo hablará de los grandes beneficios concedidos cuando recibimos a sus siervos en la iglesia y les damos doble honor. También veremos lo que nos perdemos cuando no reconocemos a aquellos a quienes Dios nos envía.

CAPÍTULO 10

DOBLE HONOR

Muchas veces Dios nos envía lo que necesitamos en un paquete que no queremos.

«**P**agar a todos lo que debéis» (Romanos 13:7). En este capítulo veremos que una de las razones principales por las cuales Dios nos instruye a dar honor a las autoridades que están sobre nosotros es por nuestro propio bien, no por el de ellos. Es emocionante notar que adherirse a este mandamiento de la Palabra de Dios nos trae una bendición. Vemos un ejemplo de esto en Primera de Samuel.

UN INSULTO CONVERTIDO EN BENDICIÓN

En los días en que los jueces gobernaban Israel había una mujer estéril llamada Ana. Estaba casada con Elcana, que había tomado una segunda esposa llamada Penina. Ana se sentía miserable porque su rival se burlaba de ella debido a su esterilidad. Muy probablemente Elcana tomó la segunda esposa debido a la esterilidad de la primera. Ana era amada y llenaba el corazón de su esposo, pero Penina llenaba su casa. Anualmente la familia viajaba para adorar en Silo. Allí especialmente, Penina provocaba a Ana hasta hacerla llorar. Ana no podía ser consolada, ni siquiera por su esposo.

En una visita particular a Silo, Ana no pudo más. De su angustia profunda, lloró delante del Señor e hizo un pacto: «Si me das un hijo, entonces lo daré devuelta a ti todos los días de su vida» (paráfrasis del autor).

Mientras ella oraba, Elí, el sumo sacerdote y juez de Israel, la observaba: «Solamente se movían sus labios, y su voz no se oía; y Elí la tuvo por ebria. Entonces le dijo Elí: ¿Hasta cuándo estarás ebria? Digiere tu vino» (1 Samuel 1:13-14).

¡Qué insulto! No sólo era insensible a su dolor, sino también espiritualmente, tanto que pensó que su clamor provenía de la ebriedad.

Había dejado la presencia de su adversario constante para hallar consuelo delante del Señor, sólo para ser juzgada por la mayor autoridad espiritual de su país como una mujer malvada. Ella venía cada año a Silo con sus manos vacías, sin ningún niño para presentar ante el Señor. Cada año se enfrentaba a las miradas, los comentarios y burlas de aquellos a su alrededor.

¿Cómo respondería usted si su pastor le acusara de hacer algo malo en el momento de su mayor dolor? Tal vez habría pensado: *¿Es este el pastor principal? ¿No sabe que estoy ayunando y clamando a Dios? ¡Qué imbécil espiritual e insensible! ¡Esta es la última vez que vengo aquí para adorar!*

Estos pensamientos fácilmente pueden haber producido un arranque como el siguiente: «¡Tú te llamas un hombre de Dios y no puedes reconocer a alguien que está en dolor! ¿No puedes reconocer a alguien en oración profunda? ¿Qué tipo de pastor eres? ¿Qué tipo de iglesia es esta? ¡No lo soportó más! ¡Voy a buscar otra con un pastor que sea sensible a mí y a las cosas de Dios!» Esta sería una respuesta común en nuestras iglesias hoy. Si no se le dice al pastor en su propia cara, se lo hace a sus espaldas ante los miembros de la congregación.

Pero observe la respuesta de Ana cuando fue severamente insultada: «No, Señor mío; yo soy una mujer atribulada de espíritu; no he bebido vino ni sidra, sino que he derramado mi alma delante de Jehová. No tengas a tu sierva por una mujer impía; porque por la magnitud de mis congojas y de mi aflicción he hablado hasta ahora» (vv. 15-16). Ella respondió con respeto y honra. Aunque sus acciones y evaluación no lo merecían, honró la posición de autoridad sobre su vida. Hasta le aseguró que no era impía.

En realidad el que tenía patrones de comportamiento excesivos en ese momento era Elí, y su juicio estaba sobre su cabeza. Ana no se enfocó en el comportamiento de él, sino en el suyo propio. Era una mujer que verdaderamente temía al Señor. Si había algo malo con el líder, Dios trataría con él. Cuánto necesitamos este tipo de verdadera sumisión y humildad hoy.

La respuesta del sacerdote a Ana cambió:

«Ve en paz, y el Dios de Israel te otorgue la petición que le has hecho. Y ella dijo: Halle tu sierva gracia delante de tus ojos. Y se fue la mujer por su camino, y comió, y no estuvo más triste» (vv. 17-18).

Su sumisión a él no disminuyó; ella lo honró como hombre de Dios e inclusive le agradeció su palabra de bendición.

Vea lo que ocurrió: «Y levantándose de mañana adoraron delante de Jehová, y volvieron y fueron a su casa en Ramá. Y Elcana se llegó a su mujer, y Jehová se acordó de ella. Aconteció que al cumplirse el tiempo, después de haber concebido Ana, dio a luz un hijo» (1 Samuel 1:19-20).

Dios usó a un sacerdote carnal e insensible para comunicar las palabras que producirían la concepción de una promesa. Dios abrió una matriz cerrada y vida salió de las tinieblas. El siguiente año ella tenía al pequeño Samuel en su seno. Este joven consagrado antes de su concepción traería avivamiento a Israel.

¿QUIÉN ES EL JUEZ?

De esto se deriva un gran principio: Cuando Dios coloca su autoridad en una persona, no importa su comportamiento privado o personal, todavía podemos recibir si vemos más allá de eso y le honramos como enviado de Dios. Jesús dejó claro que muchos recibirían algo de ministros corruptos, como ocurrió con Ana. Él dijo: «Muchos me dirán en aquel día: Señor, Señor, ¿no profetizamos en tu nombre, y en tu nombre echamos fuera demonios, y en tu nombre hicimos muchos milagros? Y entonces les declararé: Nunca os conocí; apartados de mí, hacedores de maldad» (Mateo 7:22-23).

Cuando leemos esta Escritura, con frecuencia nos enfocamos en los *muchos* que obraron milagros en el nombre de Jesús pero fueron rechazados. Esto es serio y nos da mucho qué pensar, pero veamos el otro lado: hubo personas que recibieron ministración de estos hacedores de iniquidad. Ellos recibieron porque habían tenido acceso a Dios a través de ellos, como Ana. Aquellos sobre los cuales Jesús habló eran similares a Elí, cuyo hogar Dios juzgó para siempre.

Yo he escrito este libro no para los ministros corruptos, sino para las personas bajo autoridad. La Escritura no deja duda de que hay autoridades corruptas y piadosas. Si las personas bajo autoridad toman sobre sí el yugo del juicio, ya no están más sometidas a la autoridad establecida, sino que se han elevado a sí mismos como jueces sobre sus líderes. Sus corazones se levantan en orgullo sobre aquellos que Dios colocó sobre ellos. Se han exaltado a sí mismos por encima de la ordenanza y el consejo de Dios. En esencia, sin saberlo, ellos le dicen a Dios: «No estás ejerciendo buen juicio, así que yo tengo que hacerlo».

Ana reconoció la autoridad sobre la vida de Elí y la honró. Él la juzgó e insultó, pero ella lo honró a él. Si ella se hubiera conducido por la vista y el oído natural, habría juzgado su comportamiento como cuestionable. Sin embargo, ella no vivió mediante el razonamiento natural, sino por el temor del Señor y la autoridad divina. Ella confió en Dios que juzga justamente.

Ana conoció lo que Jesús más tarde confirmó: «De cierto, de cierto os digo: el que recibe al que yo enviare, me recibe a mí; y el que me recibe a mí, recibe al que me envió» (Juan 13:20). Recuerde bien, Jesús envió a Judas equipado con poder para hacer milagros y echar fuera demonios. Sin embargo, Él sabía que Judas se revelaría como maligno: «No os he escogido yo a vosotros los doce y uno de vosotros es diablo» (Juan 6:70). Jesús lo conocía mediante el discernimiento hallado en el temor del Señor, aun antes de que su pecado fuera evidente. Judas llevó a cabo milagros y regresó regocijándose con los otros de que los demonios se sujetaran a él en el nombre Jesús (Marcos 6:7-13; Lucas 10:17). ¿Fue ministrada la gente por la mano de Judas? ¿Las mismas manos que habían robado del tesoro del ministerio? ¡Absolutamente!

CUÁNDO IRSE

Permítame establecer algo vital. Si se revela que una autoridad de la iglesia está en corrupción o pecado descarado, no debemos continuar bebiendo de su fuente profanada. Somos instruidos en términos muy claros a salir de allí. Si un líder está involucrado en adulterio, homosexualidad, extorsión, robo, herejía u otro pecado conocido por usted —o expuesto públicamente— y continúa sin arrepentirse, sálgase de su ministerio. La Escritura es clara en este asunto. No debemos aun comer con tal persona (1 Corintios 5:9-11). En el caso de Elí no era claro si Ana estaba completamente consciente del comportamiento corrupto de Elí y sus hijos. La gente que fue ministrada por Judas muy probablemente no estaba consciente de que era un ladrón y un traidor potencial.

Refiriéndose al liderazgo de la Iglesia, Pablo dijo: «Los pecados de algunos hombres se hacen patentes antes que ellos vengan a juicio, mas a otros se les descubren después» (1 Timoteo 5:24).

El asunto fundamental es este: si la vida de un líder es corrupta y el juicio de Dios no es evidente todavía, este le llegará en esta vida o en la venidera. Usted no tiene que juzgar o exponer públicamente algo de lo cual no está seguro. Demasiadas personas operan basados en la sospecha y con demasiada frecuencia no están en lo correcto en su evaluación causando un daño serio a sí mismos y a otros. Sus labios dejan saber lo que incorrectamente sospechan. Justifican sus percepciones como discernimiento espiritual. Le dificultan a otros recibir algo de líderes ordenados y muchos pierden lo que Dios deseaba darles. Es por eso que Dios nos amonesta: «Contra un anciano no admitas acusación sino con dos o tres testigos» (1 Timoteo 5:19). Un testigo es alguien que puede mostrar evidencia, no rumores.

Dios juzga todas las cosas en su propio tiempo y si juzga que es tiempo o que es necesario exponer públicamente el error de un líder no arrepentido, usted lo sabrá con seguridad, y será tiempo para salirse de su autoridad. Pablo declaró: «A los que persisten en pecar, repréndelos delante de todos, para que los demás también teman» (1 Timoteo 5:20). La advertencia: No participen de sus pecados y salgan de bajo de su autoridad a menos que verdaderamente se arrepientan. Yo serví una vez bajo un líder que en cierto momento manifestó un pecado flagrante. Yo no estaba allí cuando ocurrió, porque ya nos habíamos mudado a otro estado donde serviría como pastor de jóvenes. Dos años después de que me fuera, él se puso en pie ante el cuerpo de creyentes y expresó que se estaba divorciando de su esposa porque no quería vivir con ella más. Un poco después les comunicó sus planes de casarse con una mujer más joven. Su esposa era inocente de cualquier conducta sexual reprensible; él simplemente quería a la otra mujer.

A ese punto miles de personas dejaron su congregación. Lo hicieron con buenas razones. Los que se quedaron entraron en territorio peligroso pues la doctrina y la enseñanza se pervirtieron gradualmente según los propósitos del líder y su nueva esposa. Conozco a muchos que se fueron y prosperaron, claro, siempre y cuando rehusaran hablar contra ese pastor. Los que lo atacaron sufrieron.

David fue un ejemplo de un comportamiento apropiado. Aun después de haber sido arrojado de la presencia de un rey atormentado por demonios, honró a Saúl hasta el día de su muerte. David entendió que Saúl era el siervo ungido del Señor. Hasta el día de hoy procuró honrar a ese hombre, aunque tengo dolor por las consecuencias de sus decisiones. Aunque lo honre, no puedo considerar su doctrina o ministerio como sanos.

En otro tiempo recibí mucho de su ministerio. Me enteré luego que su comportamiento venía desde el período en que estuve bajo sus enseñanzas. Había algunas indicaciones vagas aunque nada abierto o manifiesto. Dios me había reprendido durante ese tiempo por una actitud crítica (que compartiré en el próximo capítulo); tal vez Dios estaba tratando de alcanzar a este hombre. En ese entonces no era asunto mío. Dios me había colocado bajo su autoridad, y no era mi lugar juzgar si era digno o no de ministrar. Tal como Ana recibió de Elí, muchas personas fueron también ministradas por este hombre en aquel entonces.

EL ORDEN DE LA AUTORIDAD ESPIRITUAL

Volvamos a las palabras de Jesús y veámoslas a través de un líder piadoso en vez de un hombre como Elí. Preste atención a sus palabras en el libro de Mateo:

> «El que a vosotros recibe, a mí me recibe; y el que me recibe a mí, recibe al que me envió. El que recibe a un profeta por cuanto es profeta, recompensa de profeta recibirá; y el que recibe a un justo por cuanto es justo, recompensa de justo recibirá. Y cualquiera que dé a uno de estos pequeñitos un vaso de agua fría solamente, por cuanto es discípulo, de cierto os digo que no perderá su recompensa» (Mateo 10:40-42).

Él estaba comunicando dos puntos en estos versículos. Primero y principal, hay un flujo de autoridad, comenzando con el Padre. Él es quien envió a Jesús y le dio toda autoridad. En las mismas palabras del Maestro: «Toda potestad me es dada en el cielo y en la tierra» (Mateo 28:18). Jesús es la cabeza de la Iglesia y el día vendrá cuando Él entregará el reino a su Padre, después de poner toda rebelión bajo sus pies (ver 1 Corintios 15:24-26).

A continuación en el orden de autoridad está el profeta. Los profetas son descritos inicialmente en las Escrituras como los portavoces del Señor (ver Éxodo 4:16; 7:1). Esto representa uno de los cinco dones ministeriales que le dio a la Iglesia cuando fue levantado de los muertos (ver Efesios 4:8-13) (Ellos son los portavoces de la iglesia.)

Cuando recibimos un don ministerial, recibimos del Señor lo que Él mismo da mediante esa posición de autoridad delegada.

Luego continuó con el hombre justo y no excluyó a los niños. He visto no creyentes bendecidos porque hicieron algo bueno aun por los creyentes más jóvenes. Aunque los no creyentes no servían al Señor, mostraron preocupación por el Señor de los creyentes. Cuando recibimos y bendecimos a los santos, en el fondo recibimos y bendecimos al Padre. Los discípulos, incluidos los bebés, se someten a los cinco ministerios con autoridad en la Iglesia bajo la cabeza de Cristo, que expresa la voluntad del Padre. Por tanto, el no creyente entra bajo la bendición del niño en Cristo, pues el menor en el reino tiene mayor autoridad espiritual que el perdido. De las palabras de Jesús vemos un orden de autoridad establecido.

LA RECOMPENSA DE RECIBIR LA AUTORIDAD ESPIRITUAL

El segundo punto comunicado en estos versículos radica en recibir a estos siervos como enviados por Dios y recibir la recompensa correspondiente. El ministerio de Jesús provee una ilustración.

Los ciudadanos de un lugar tenían una dificultad particular para recibir la ministración de Cristo, aunque predicaban la realidad del Mesías y sabían que por la Escritura era el tiempo de su venida. Jesús les dijo: «No hay profeta sin honra, sino en su propia tierra, y entre sus parientes, y en su casa. Y *no pudo* hacer allí ningún milagro, salvo que sanó a unos pocos enfermos, poniendo sobre ellos las manos» (Marcos 6:4-5, énfasis del autor).

Recibimos a alguien como enviado de Dios cuando honramos su posición. Dios le dijo al pueblo mediante Moisés: «Profeta les levantaré de en medio de sus hermanos, como tú» (Deuteronomio 18:18). Pero ellos no honraron a Jesús como portavoz del Padre o el Mesías.

¿Por qué no le recibieron? Porque Él no vino en la forma en que ellos querían que viniera. Sus expectativas fueron muy diferentes de quien Él era en verdad. Ellos habían leído en Isaías:

«Porque un niño nos es nacido, hijos nos es dado, y el principado sobre su hombro... Lo dilatado de su imperio y la paz no tendrán límite, sobre el trono de David y sobre su reino» (9:6-7).

De manera que esperaban el arribo de un rey conquistador que les libraría de la opresión romana y establecería su reino en Jerusalén. Pero en vez de eso Él vino como hijo de un carpintero acompañado de pecadores y publicanos. Ellos se dijeron entre sí: «¡Esta no es la forma en que queremos o esperamos al Mesías!»

Además, note que la Escritura también nos dice que Jesús «no pudo» hacer ningún milagro. No dice: «No los quería hacer», lo cual se referiría a su voluntad. La narración dice «no pudo», lo cual significa que fue restringido. Piense en esto. El Hijo de Dios, con el poder del Espíritu de Dios sin medida, ¡fue restringido! ¿Por qué? La respuesta tiene dos puntos: Él no había venido en la forma en que ellos lo querían, así que no lo recibieron ni le honraron; estaban demasiado familiarizados con Él. Observe sus palabras:

> «Y llegado el día de reposo, comenzó a enseñar en la sinagoga; y muchos, oyéndole, se admiraban, y decían: *¿De dónde tiene este estas cosas? ¿Y qué sabiduría es esta que le es dada, y estos milagros que por sus manos son hechos? ¿No es este el carpintero, hijo de María, hermano de Jacobo, de José, de Judas y de Simón? ¿No están también aquí con nosotros sus hermanas?* Y se escandalizaban de él. Mas Jesús les decía: No hay profeta sin honra sino en su propia tierra, y entre sus parientes, y en su casa» (Marcos 6:2-4, énfasis del autor).

¿Dónde no recibe honor el profeta? Con demasiada frecuencia en su propio hogar y entre los suyos. David encontró esta situación cuando regresó a casa a bendecir a su familia. Su victoria fue celebrada en las calles, pero despreciada bajo su techo. Mical se perdió la bendición que Dios había ordenado para ella. David tenía el poder de bendecir su hogar. ¡Cuánto más poder tenía Jesús para bendecir a los suyos! Aunque tenía un poder ilimitado para bendecir, no pudo hacer nada por ellos. (Ver 2 Samuel 6.)

Sólo los que tienen hambre son los que reciben la enseñanza; los que con corazones humildes y dispuestos para Dios pudieron ver la mano de Él sobre Jesús y recibir. Él era la Espada que dividía a su pueblo y hallaba los corazones de aquellos quienes verdaderamente seguían a Dios, y aquellos que sólo tenían la forma de piedad pero estaban cegados por sus corazones no sumisos. Como dijo Simeón a María, su madre: «He aquí, este está puesto para caída y para levantamiento de muchos en Israel, y para señal que será contradicha (y una espada traspasará tu misma alma), para que sean revelados los pensamientos de muchos corazones» (Lucas 2:34-35).

Juan 1:11-12 delinea estos dos grupos divididos: «A lo suyo vino, y los suyos no le recibieron. Mas a todos los que le recibieron, a los que creen en su nombre, les dio protesta de ser hechos hijos de Dios». Esto contiene una verdad fundamental para todos nosotros. *Muchas veces Dios nos envía lo que necesitamos en un paquete que no nos gusta.* Esta presentación manifiesta la verdadera condición de nuestro corazón, dejando al descubierto si estamos sometidos a su autoridad o si la resistimos. Jesús dijo: «Ni a mí me conocéis, ni a mi Padre; si a mí conocieseis también a mi Padre conoceríais» (Juan 8:19). ¡Los que conocen al Padre reconocen su autoridad manifiesta en aquellos a quienes Él envía! Esto no necesita ser explicado, enseñado ni probado.

Esto explica por qué un ministro puede ir a África y ver los ojos de los ciegos abiertos, los incapacitados caminar, los sordos oír y regresar a los Estados Unidos y sólo ver unos dolores de cabeza o dolores de espaldas sanados. Yo podría dar numerosos ejemplos. En África, el hombre o mujer es recibido como enviado de Dios, sin importar la apariencia o el paquete. Debido a que la persona es recibida y honrada de esta forma, la preciosa gente africana es bendecida por el poder de Dios y su presencia. En los Estados Unidos, si el paquete no es perfecto, no se le da honra. Esto es proporcional. Al grado en que usted reciba y honre al mensajero enviado por Dios en ese mismo grado recibirá de Dios a través de esa persona. Si la deshonra, esta será su recepción. Dé gran honra y la honra será su porción.

¿QUIERES SER MI AMIGO?

Cuando yo era pastor de jóvenes, tuve un encuentro interesante con un joven de quince años llamado «Timoteo». Antes que yo llegara al ministerio, Timoteo había estado involucrado en el grupo del pastor de jóvenes anterior. El pastor había edificado el grupo mediante actividades, salidas y deportes. Los problemas entre los jóvenes incluían insubordinación, embarazo de adolescentes y otros asuntos de carácter moral. Al pasar del tiempo el pastor principal tuvo que dejarle ir y yo fui llamado. El antiguo pastor de jóvenes se fue a unos cuantos kilómetros de distancia y comenzó su propia iglesia con un grupo de jovencitos. Timoteo era uno de los que no se fueron con él.

Aunque la mayoría de los jóvenes se quedaron, tuve que poner un nuevo fundamento. El Señor me instruyó a pasar los primeros seis meses haciendo nada más que predicando, orando y adorando. En esos meses no planeé ninguna actividad social. No es necesario decir, yo era un paquete que muchos no esperaban. Como resultado, la espada del Señor atravesó. Algunos se fueron, otros se quedaron por curiosidad y aun otros respondieron de forma entusiasta; muchos están en el ministerio hoy.

Yo había estado en esa posición por aproximadamente cuatro meses cuando hablé con Timoteo una noche después de un servicio. Él me preguntó sinceramente: «Pastor John, ¿quieres ser mi amigo? El pastor de jóvenes anterior era mi amigo». Yo no era su paquete deseado.

No debía tomar su pregunta a la ligera, por lo que pensé bien para saber cómo debía responder. La respuesta me vino rápidamente en forma de otra pregunta: «Timoteo, Jesús dijo: 'El que recibe un profeta por cuanto es profeta, recompensa de profeta recibirá' (Mateo 10:41). Bueno, esto se aplica a un pastor de jóvenes también. Si recibes a un pastor en el nombre de un pastor, recibirás una recompensa de pastor».

Y continué:

—Timoteo, tienes muchos amigos, ¿cierto?

—Sí, señor —respondió.

—Pero tienes solamente un pastor de jóvenes, ¿cierto?

—Sí, señor —volvió a responder.

Entonces le pregunté:

—¿Qué deseas tú: la recompensa de un amigo o la recompensa de un pastor de jóvenes? Porque en la forma en que me recibas es lo que recibirás de Dios.

Pareció como que si una luz se hubiera encendido en su mente. Y vi en sus ojos registrar la revelación, a lo que prontamente respondió:

—Yo deseo una recompensa de pastor de jóvenes. Entiendo lo que quieres decir.

A partir de entonces él floreció. Se mudó unos años después, pero todavía me busca cuando paso por su ciudad.

MI PROPIA EXPERIENCIA

Podría escribir todo un libro solamente hablando de este tema. Mi corazón se quebranta cuando veo la forma en que la gente deja de recibir de Dios porque no honra a sus siervos recibiendo de ellos. En el ministerio he visto esto numerosas veces. Aquellos más difíciles de alcanzar son los que no aprecian a los siervos de Dios. He hallado a este tipo de personas con frecuencia en iglesias y en escuelas cristianas en los Estados Unidos. Están tan llenos que sufren mareos del *bufé* de ministerios que reciben, por lo que soy simplemente un plato en su larga lista de opciones.

Es muy posible que la gente más fácil a la cual predicar sean aquellos que están en el servicio militar, que tienen un entendimiento de la autoridad. Los siguientes tal vez sean los prisioneros o la gente que vive en naciones en desarrollo puesto que están desesperados y hambrientos. Dios le habló a Ezequiel en términos similares:

> «Porque no eres enviado a pueblo de habla profunda ni de lengua difícil, sino a la casa de Israel ...Y si a ellos te enviara, ellos te oyeran. Mas la casa de Israel no te querrá oír, porque no me quiere oír a mí; porque toda la casa de Israel es dura de frente y obstinada de corazón» (Ezequiel 3:5-7).

Para Israel, Ezequiel era simplemente otro profeta, aunque más severo que los otros, que predicaban lo que la gente quería escuchar, de manera que no lo recibieron.

Dios me confundió un día con esta declaración: *Voy a enviarte a un lugar que no te recibirá.*

Yo pregunté: «Un momento. ¿Vas enviarme a lugares que de antemano sabes que no recibirán lo que tengo que decir? ¿Por qué?»

El Señor respondió: *Ellos nunca podrán decir que no les di una oportunidad.*

Yo he ido a esos lugares, y estando allí he pensado: *¿Por qué me invitaron?* Ellos actúan como si no me quisieran aquí. En otras ocasiones he ido a otros lugares donde —desde el momento en que me recogieron en el aeropuerto hasta que me llevaron de regreso— me encontré con gente emocionada que me tratan con bondad y honra, antes y después de los servicios. He sido recibido en mi cuarto de hotel con una cesta hermosa llena de frutas y refrigerios, preguntándome constantemente: «¿Necesita algo más?» Con frecuencia me siento como un disco rayado: «Estoy bien. Estoy bien». Al reflexionar veo que los mayores testimonios de vidas o iglesias cambiadas vienen de tales lugares. Al principio no me siento tan a gusto cuando soy tratado tan bien, o al aplaudir cuando me presentan. En esos momentos pienso: *Yo soy como ustedes. No hagan esto.* Pero pronto me doy cuenta que no se trata de mí.

Poco a poco, Dios me mostró: *Permíteles honrarte por el bien de ellos, no por el tuyo.* Esto se hizo más fácil cuándo me percaté de que no me estaban honrando a mí, sino al don de Dios en mi vida. Su respuesta positiva abrió los corazones para recibir de Cristo lo que Él tenía para darles a través de mí como su vaso. En vez de orgullo vi desarrollarse dentro de mí un sentido profundo de humildad y dependencia. Yo sabía que era su elección, no mi habilidad. Yo dirijo su honra hacia Dios y reconozco mi dependencia de Él de inmediato. Las personas que dan honra reciben fácilmente; los que no lo hacen son más difíciles de alcanzar.

DOBLE HONOR

Pablo instruyó: «Los ancianos que gobiernan bien, sean tenidos por dignos de doble honor, mayormente los que trabajan en predicar y enseñar» (1 Timoteo 5:17). Pablo dijo «doble honor», en otras palabras, honra doble que la que se le da a alguien en posición de autoridad secular.

Si esta Escritura es leída en su contexto, incluye la forma en que honramos financieramente a los ministros. Él continua: «Digno es el obrero de su salario» (v. 18). La Biblia en Lenguaje Sencillo lo deja muy claro: «Los líderes de la iglesia que hacen bien su trabajo merecen que se les pague el doble, especialmente los que anuncian y enseñan la buena noticia... Quien trabaja, merece que le paguen» (1 Timoteo 5:17-18).

Este principio nunca falla. Si los miembros de la iglesia cuidan de sus pastores y líderes que les sirven, los dueños de negocios y otros miembros prosperan y son bendecidos. Disfrutan de la economía del cielo. Pero si son tacaños, hallo a esta gente quejándose de robos y de cosas que les faltan, o de las malas condiciones de la economía de este mundo presente.

Entiendo que esta verdad ha sido abusada, especialmente por ministros en los Estados Unidos. Me duele cuando los ministros constantemente hablan de dinero y cosas materiales. Ellos tienen una verdad, pero han perdido la esencia del ministerio y se han desviado al camino de los asalariados. Así era como vivían los fariseos. Hacían que muchos no honraran principios en los cuales Dios deseaba que anduvieran porque vieron el abuso. Esto a su vez trae dolor a la gente bajo su cuidado, ya que necesitan la verdad presentada de forma saludable.

Yo vi este daño el primer año en que comencé a viajar. Estaba en una iglesia pequeña de poco más de cien miembros. La reunión fue buena y la gente muy preciosa. Nos quedamos con el pastor y su esposa y nos dimos cuenta que las cosas estaban apretadas. Ella trabajaba a tiempo completo como azafata y no podía ministrarle a la gente como deseaba. Y no quería renunciar y recibir un salario que pensaba que sería demasiado para la iglesia. Entendí su forma de pensar. El pastor y yo habíamos trabajado juntos en la iglesia que mencioné antes. Nuestro pastor allí era exagerado con enseñanzas sobre finanzas y ofrendas. Ambos éramos cuidadosos, no deseando hacer lo mismo, y sin saberlo nos estábamos yendo demasiado a la otra dirección. Sin embargo, Dios me estaba enseñando que los extremos en cualquier dirección no son buenos. Él deseaba un equilibrio verdadero.

Las reuniones habían comenzado un domingo por la mañana y continuaron hasta el miércoles por la noche. Las primeras tres fueron buenas, pero algo parecía restringir a la iglesia. El martes, durante todo el día, el Señor trató conmigo en mi corazón sobre este hombre y la forma en que las finanzas estaban siendo conducidas. No podía evitarlo, pero sin embargo me preguntaba que podría hacer yo.

Justo antes del servicio el pastor me dijo que quería que recibiera la ofrenda para nuestro ministerio esa noche. Sus palabras exactas al entregar el servicio fueron: «Te doy libertad en las ofrendas».

Yo estuve encantado. Reconocí que Dios había abierto esta puerta para que yo hiciera lo que me había indicado. Esa noche ministré sobre lo mismo que he estado escribiendo aquí. Leímos la Escritura en 1 Timoteo, y les dije que este pastor y su esposa necesitaban mejor cuidado financiero. Le dejé en claro a la iglesia que había llegado el tiempo en que no era correcto que ella tuviera que viajar cada tres o cuatro días para apoyar a su familia. Les dije cómo el pastor me había dado libertad para hablar de las ofrendas, pero que no las recibiríamos para nuestro ministerio. Queríamos que la ofrenda fuera para su pastor y su esposa. La gente se emocionó con esta oportunidad de bendecir a su pastor y respondió. ¡La ofrenda esa noche fue tres veces más grande que la mayor recibida hasta entonces! La esposa del pastor estaba llorando y él impresionado.

Usted se sorprendería si yo escribiera sobre todos los adelantos que ocurrieron en las próximas veinticuatro horas. Una pareja recibió un cheque de diez mil dólares el siguiente día; otra halló un sobre en su puerta con un cheque de mil quinientos dólares. Eso fue solo el comienzo. Para el próximo domingo por la mañana, los testimonios eran tan grandes y numerosos, que el pastor nunca predicó. Todo el servicio consistió de personas testificando lo que Dios había hecho en sus negocios o en sus vidas financieramente esa semana. El pastor más tarde me envió el casete del servicio no planeado.

La iglesia creció exponencialmente en los próximos dos años. Compraron un nuevo edificio y crecieron a quinientas personas. Estuvieron alrededor de cien personas por varios años. Este y varios otros ejemplos me han enseñado que Dios desea que honremos a aquellos que trabajan entre nosotros por nuestro propio bien. He estado en naciones en desarrollo y casi he llorado al ver la forma en que las iglesias me han tratado. Monetariamente puede que haya sido pequeña en comparación con los Estados Unidos, porque he recibido ofrendas mayores en algunas de las iglesia que fueron indiferentes en los Estados Unidos. Lo que más me ha tocado es el amor tras las ofrendas de esta gente agradecida. Es similar a la viuda que Jesús dijo que había dado más que el resto, aunque la cantidad que dio era la menor. Ella honró a Dios con su regalo. Estos preciosos santos honran y aprecian a los siervos que Dios les envía. Permita que esto penetre en su corazón. Busque honrar a los hombres y mujeres que trabajan entre ustedes en la Palabra de Dios.

AQUELLOS A QUIENES LOS LÍDERES ESTABLECEN

Veamos de nuevo las palabras de Jesús: «De cierto, de cierto os digo: el que recibe al que yo enviare, me recibe a mí» (Juan 13:20). En el Evangelio de Mateo, Jesús describe el orden de autoridad: el Padre envió a Jesús, y Jesús envía a los cinco tipos de ministros.

Si recibimos a sus ministros designados, lo recibimos a Él, y al recibirle a Él, recibimos al Padre.

El orden de autoridad no se detiene con los cinco tipos de ministros. Continúa con aquellos designados por los ministros. Nunca olvidaré lo que salió de mi boca mientras predicaba en el sur de los Estados Unidos. La iglesia tenía un buen pastor. Él ejercía su autoridad para proteger a la gente, y ellos le respetaban. Sin embargo, este respeto no continuaba hacia el resto del personal y los obreros. Yo observé a los que no honraban a las personas que él designaba, tales como los ujieres, secretarias, anfitriones y pastores asociados.

Yo ministraba en el servicio de forma profética. Cuando predico de esta forma, muchas veces escucho las palabras según salen de mi boca. Y señalé a un obrero de la iglesia y dije seriamente: «La forma en que traten a esta persona es como tratan al pastor. En la misma forma en que le tratan es la manera en que responden a Jesús».

Usted debió haber visto los ojos de algunos de los miembros de la iglesia. La luz de la revelación penetró y puso al descubierto sus actitudes. Era una iglesia saludable y la gente recibió la corrección gustosamente. Las palabras también me ministraron a mí. Cuando ministro en una iglesia o asisto a la mía, honro a aquellos a quienes el pastor designa, incluyendo a los ujieres, el personal, secretarias, pastores asociados y los ayudantes de estacionamiento. Ellos son designados por el pastor, quien a su vez ha sido designado por Cristo, quien ha sido designado por el Padre. Se trata de ver la autoridad de Dios en la gente que encontramos.

Un ejemplo bíblico excelente es la historia de Naamán, general del ejército sirio. Él tenía lepra y no tenía esperanza de cura. Su sierva hebrea le dijo que había un profeta en Israel que podía sanarle por el poder del Señor Dios de Israel.

El rey de Siria le dio permiso y envió a Naamán al rey de Israel, el cual le dirigió a la casa de Eliseo: «Y vino Naamán con sus caballos y con su carro, y se paró a las puertas de la casa de Eliseo. Entonces Eliseo le envió un mensajero, diciendo: Ve y lávate siete veces en el Jordán, y tu carne se te restaurará, y serás limpio» (2 Reyes 5:9-10).

Sus expectativas erradas casi le hicieron perder por su razonamiento lo que Dios deseaba proveerle. Él habría recibido a Eliseo con gusto si este hubiera salido, pero no a un simple siervo o empleado; después de todo, Naamán era un hombre importante. Se sintió insultado por la falta de contacto directo con Eliseo. Sin embargo, como general, debió haber entendido la autoridad delegada. La buena noticia es que su siervo le convenció de lo contrario y fue y se lavó siete veces en el río Jordán y fue sanado perfectamente. Esto ocurrió exactamente según el siervo empleado dijo. Después de todo, estaba bajo la autoridad del hombre de Dios.

Me entristezco cuando escucho de iglesias cuya asistencia baja cuando el pastor no está. Esta gente muestra una falta de entendimiento de la verdadera autoridad. Si los corazones están correctos, la gente recibirá con la misma eficacia de un pastor asociado o un ministro itinerante puesto que cada uno ha sido establecido por el pastor. El pastor está en representación de Cristo. Si entendemos la autoridad del reino, nos damos cuenta que no es un juego de personalidades, sino la autoridad investida en el hombre, la cual se traza hasta Cristo.

Como creyentes, debemos honrar a las autoridades civiles, los empleadores, maestros y otros que son designados. Debemos honrar a los padres o cónyuges, y al hacerlo, se nos promete una recompensa. Finalmente, demos doble honor a aquellos que sirven en el ministerio, especialmente a los que laboran en enseñar y ministrar la Palabra de Dios.

CAPÍTULO 11

OBEDIENCIA Y SUMISIÓN

Podemos obedecer y no necesariamente ser sumisos.

La sumisión posiblemente causa el mayor número de malos entendidos entre los creyentes. En los próximos tres capítulos hablaremos de asuntos difíciles. En los últimos diez años he enseñado sobre el estar bajo cobertura, y repetidamente escucho preguntas como estas:

¿Es la obediencia incondicional?
¿Qué tal si no estoy de acuerdo con las decisiones de mi líder?
¿Qué pasa si la autoridad está tomando malas decisiones?
¿Qué si la autoridad me pide hacer algo malo?
¿Cuándo paso la raya?

Estas son preguntas excelentes que deben ser respondidas si hemos de someternos a la autoridad confiadamente. Para empezar, veamos el libro de Hebreos:

«Obedeced a vuestros pastores, y sujetaos a ellos; porque ellos velan por vuestras almas, como quienes han de dar cuenta; para que lo hagan con alegría, y no quejándose, porque esto no es provechoso» (Hebreos 13:17).

El escritor nos exhortó específicamente a hacer dos cosas: (1) obedecer a aquellos que están sobre nosotros, y (2) ser sumisos a aquellos que rigen sobre nosotros. Estas son cosas diferentes, y es aquí donde muchos se confunden. Podemos obedecer y no necesariamente ser sumisos. Para explicar esto, permítame compartir un ejemplo personal.

NO ESTAMOS SIENDO ALIMENTADOS

Como mencioné en un capítulo anterior, trabajé en una iglesia grande en el sur de los Estados Unidos después de una corta carrera en mi campo de ingeniería. Serví allí cuatro años y medio como asistente personal al pastor. Esta era una posición maravillosa para aprender; el primer año con frecuencia me sentía abrumado de que Dios me permitiera servir de esta forma en su reino. Recuerdo que pensaba: *Yo debería pagarle a él por permitirme hacer esto.* Esta etapa de luna de miel duró cerca de un año antes de que comenzara a disiparse, a principio de forma sutil, hasta convertirse en un descenso acelerado.

Mientras más me acercaba, más fallas veía. La novedad y la emoción ya no funcionaban como camuflaje. Estaba enfrentando dificultades justificando algunas de las cosas que veía. En poco tiempo estas imágenes comenzaron a abrumarme. La mayor parte del tiempo estaba en desacuerdo con la forma en que las cosas se hacían, la manera en que los problemas se trataban y las decisiones tomadas.

Se hacían comentarios que no parecían diferentes a los más cortantes hechos en el mundo corporativo. Si las personas mencionadas eran empleados, yo sabía que era cuestión de tiempo antes de que fueran despedidos o forzados a irse por su propia cuenta. Con demasiada frecuencia eran reemplazados por aquellos a quienes yo consideraba como personas aduladoras y engañosas. La mayoría de las nuevas personas parecían estar entrando rápido en posiciones administrativas clave. Mi pastor parecía disfrutar estar rodeado de estas personas más que con las piadosas. Se reía a carcajadas de sus comentarios picarescos, pero actuaba desinteresado y distraído en la compañía de creyentes sinceros. Yo estaba desconcertado con su comportamiento, por lo que pronto me volví crítico.

Había otras discrepancias y me enfoqué en todas ellas. Este era un ministerio internacional, el cual era muy visible en los Estados Unidos. Todos los programas requerían mucho trabajo y dinero para mantener las máquinas trabajando. Teníamos un personal de más de doscientas cincuenta personas, y todo lo que teníamos era lo último y más moderno. Se trajeron consultores para ayudar a levantar más dinero para los programas existentes y para ideas futuras. Yo era responsable de servirles de anfitrión. A solas en la compañía de ellos, escuchaba discusiones de sus reuniones con mi pastor. Y me preguntaba a mí mismo: *¿Es este un negocio grande o un ministerio?* Mientras más escuchaba más pensaba: *Esto es engañoso. ¿Se preocupan estos hombres verdaderamente por la gente, o hacen esto simplemente por el dinero? ¿Por qué se rodea mi pastor de estos hombres?*

Durante todo ese tiempo, estuve rodeado de amigos que eran tan críticos como yo. Recuerdo específicamente una cena en la casa de una pareja. El esposo y yo reportábamos directamente al pastor y su esposa. Discutimos que ya no estábamos recibiendo bendición del ministerio. Recuerdo haber dicho: «En los últimos seis meses no he recibido nada de lo que ha sido predicado desde el púlpito». Todos estuvimos de acuerdo, excepto mi esposa, la cual se mantuvo en silencio.

Repetidamente yo escuchaba las siguientes palabras: «No estamos siendo *alimentados*». Estábamos de acuerdo en que nuestro tiempo de servicio en ese ministerio estaba llegando a su fin. Nos sentíamos muy espirituales respecto a todo el asunto y estábamos convencidos de que Dios estaba listo para enviarnos a los ministerios que Él había ordenado para nosotros. Había un sentido de confianza entre nosotros de que nuestros días estaban llegando a su fin en nuestras posiciones, y que estábamos a punto de ser promovidos.

EL PROBLEMA ERA YO

Días más tarde estando en oración, Dios en su misericordia trajo a mi mente el asunto que habíamos discutido en la casa de esa pareja. La frase «No estamos siendo alimentados» no me había llegado solamente esa noche, sino que continuaba en mis pensamientos fuertemente, aun estando sentado bajo la predicación de mi pastor cada servicio. Mientras meditaba en mi hambruna espiritual presente de *no estar siendo alimentado*, el Espíritu Santo me dijo firmemente: *El problema no es tu pastor. ¡El problema eres tú!*

Quedé sorprendido sin poder creerlo: ¿Me diría Dios esto a mí? En el pasado cuando experimenté este tipo de corrección, muchas veces dudaba por un momento y desafiaba la exactitud de lo que había escuchado. Mi mente preguntó: *¿Estás seguro que le estás hablando a la persona correcta?* (A medida que maduramos, este tipo de preguntas debe ocurrir con menos frecuencia porque llegamos a saber cuán poco *realmente* sabemos.)

Yo pregunté en voz alta: «¿Por qué soy yo el del problema?» El Señor respondió: *Tú sigues hablando de que no estás siendo alimentado. El libro de Isaías dice: «Si quisiereis y oyereis, comeréis el bien de la tierra; sino quisiereis y fuereis rebeldes, seréis consumidos a espada»* (1:19-20).

Conocía este pasaje muy bien y pensé: *Yo he sido bastante obediente.* Pero el Espíritu Santo continuó: *Tú obedeces todo lo que se te dice en este ministerio, pero yo no dije, «si oyereis, comeréis el bien de la tierra», yo dije «si quisiereis y oyereis...», y el querer tiene que ver con tu actitud. ¡Y tu actitud es muy mala!*

Entonces me recordó que cuando yo estaba en la escuela secundaria, antes de que naciera de nuevo, mi programa de televisión favorito los miércoles por la noche era *Baretta*. El día que se recogía la basura era el jueves y el camión venía muy temprano. La basura debía sacarse la noche anterior, esa era mi responsabilidad. Parecía que cada semana mi mamá venía justo en la parte más interesante del programa y preguntaba:

—Hijo, ¿ya sacaste la basura?

Mi respuesta era:

—Todavía no.

A lo que mi madre me increpaba:

—Quiero que te pares y saques la basura en este momento.

Y yo respondía:

—Sí, mamá —y lo hacía.

Cualquiera que observaba mi comportamiento, me podría felicitar por mi obediencia y estaría en lo correcto. Pero en mi mente me quejaba fuertemente: «No puedo creer que siempre me haga esto en medio de mi programa de televisión favorito. ¿Por qué no puede esperar diez minutos hasta que el programa termine?»

El Espíritu Santo me dijo: *Tú eras obediente, pero no estabas dispuesto. Tu actitud hacia tu madre no era correcta. La razón por la cual no estás siendo alimentado «comiendo del alimento de mi reino» en esta iglesia es porque aunque eres obediente, ¡no estás dispuesto!*

Me di cuenta cómo mi actitud hacia el pastor me había traído al punto de no recibir de Dios y me llevaba a un territorio peligroso. Hebreos 13:17 concluye con estas palabras: «Porque esto no os es provechoso».

Mis ojos fueron abiertos. Y me arrepentí de inmediato. El siguiente domingo asistí a la misma iglesia, me senté en la misma silla y escuché al mismo pastor enseñar la misma serie. Pero esa mañana todo era diferente. Los cielos se abrieron y quedé sorprendido por la revelación que Dios me dio a través de la enseñanza de mi pastor. Estuve sentado casi en lágrimas, preguntándome por qué me había perdido los seis meses anteriores debido a mi mala actitud hacia la autoridad que Dios había puesto sobre mí.

¡Cuando no somos sumisos a nuestras autoridades delegadas, resistimos a la autoridad de Dios porque estas son establecidas por él! Dios desea que disfrutemos y nos beneficiemos libremente del banquete que prepara para nosotros a través de aquellos a quienes Él nos provee.

La obediencia tiene que ver con nuestras *acciones* en respuesta a la autoridad. La sumisión tiene que ver con nuestra *actitud* hacia la autoridad. Es este punto el que la mayoría de nosotros no capta. Dios mira nuestras acciones externas y la actitud oculta de nuestros corazones. David le dijo estas palabras a su hijo Salomón cuando le transfería el trono: «Y tú, Salomón, hijo mío, reconoce al Dios de tu padre y sírvele con corazón perfecto y con *ánimo voluntario* porque Jehová escudriña los corazones de todos y entiende todo intento de los pensamientos» (1 Crónicas 28:9, énfasis del autor).

Por esta razón el escritor a los Hebreos nos exhortó no sólo a obedecer a los que están sobre nosotros, sino también a ser sumisos. Cuando Pablo dijo: «Sométase toda persona a las autoridades superiores», la obediencia estaba unida a una actitud dispuesta.

UNA ACTITUD SUMISA, PERO SIN OBEDIENCIA

Examinemos las palabras del escritor a los Hebreos en otra traducción: «Obedezcan a sus dirigentes y sométanse a ellos» (13:17 Dios Habla Hoy). Ya ilustré cómo podemos ser obedientes, pero no sumisos. Sin embargo, lo opuesto es cierto también. Podemos ser sumisos en nuestra actitud, pero no obedientes. Un buen ejemplo es la parábola que Jesús contó sobre dos hijos, discutida en el capítulo tres. El primero tuvo una actitud dispuesta: «Sí, Señor, yo iré y trabajaré en tu viña». Sin embargo, no obedeció. Jesús dejó claro que no hizo la voluntad de su padre, aunque mentalmente asintió a ella.

Este con frecuencia es el caso de las iglesias hoy en día. Tenemos grandes intenciones, asentimos, sonreímos y acordamos con la autoridad sobre nosotros: «¡Lo haré!» y luego no lo hacemos porque simplemente no es importante para nosotros. A esto lo llamo *rebelión amigable*. No se engañe: La rebelión amigable es igual de mortal que la rebelión descarada. Y no es honrada en el reino de Dios.

Las palabras fascinantes de Jesús a las iglesias en el libro de Apocalipsis lo confirman. Saludó a cada iglesia con: «Yo conozco tus obras» (Apocalipsis 2—3). Las iglesias tenían buenas intenciones y una de ellas decía de sí misma que estaba *viva*, pero Jesús dijo que debido a su desobediencia en sus obras, estaba *muerta*. Recuerde que es Él quien «pagará a cada uno conforme a lo que haya hecho» (Romanos 2:6). Las buenas intenciones no pasan el juicio de Dios. Sólo la fe, evidenciada por las obras de obediencia correspondientes, perdurarán.

¿DÓNDE PASAMOS LA LÍNEA?

De nuevo, el mandamiento de Dios dice: «Obedecer a vuestros pastores, y sujetaos a ellos». Como lo dije previamente, la gente con frecuencia me pregunta con toda sinceridad: «¿Dónde pasamos la línea? ¿Espera Dios que obedezcamos a las autoridades, sin importar lo que nos pidan hacer? ¿Qué tal si me piden hacer algo que es pecado?» La Biblia enseña la sumisión incondicional a las autoridades, pero no enseña la obediencia incondicional Recuerde, la sumisión tiene que ver con la actitud y la obediencia tiene que ver con el cumplimiento de lo que nos dicen.

La única vez, y quiero enfatizar la *única* excepción, en la cual no debemos obedecer a las autoridades es cuando nos piden hacer algo que contradice directamente lo que Dios ha declarado en su Palabra. En otras palabras, estamos exentos de obedecer sólo cuando los líderes nos piden que pequemos. Sin embargo, aun en esos casos debemos mantener una actitud humilde y sumisa.

Nabucodonosor, rey de Babilonia, era un hombre brutal y destruyó a muchos descendientes de Israel y su tierra. Sin embargo Dios lo llamó su siervo (Jeremías 25:9; 27:5-7), confirmando así que Dios es quien le da la autoridad al hombre. Este rey llevó al remanente del pueblo de Dios cautivo a Babilonia. Entre ellos estaban Daniel, Sadrac, Mesac y Abeg-nego.

El rey emitió un decreto que requería que todo el mundo se arrodillara y adorara a una imagen de oro al escuchar el sonido de instrumentos musicales. El decreto tenía consecuencia para los que se rehusaran. Serían lanzados al horno de fuego. Los hombres hebreos temían a Dios más que al horno y no obedecieron este decreto, porque este violaba directamente el segundo mandamiento que Dios había dado a través de Moisés, registrado en la Torá. Ellos desobedecieron el estatuto de los hombres para obedecer el mandamiento de Dios.

Era sólo cuestión de tiempo para que su desobediencia llegara a los oídos del rey Nabucodonosor. Este se enfureció con Sadrac, Mesac y Abeg-nego, y los hizo traer ante él para interrogarlos. Escuche la respuesta de ellos: «No es necesario que te respondamos sobre este asunto. He aquí nuestro Dios a quien servimos puede librarnos del horno de fuego ardiendo; y de tu mano, oh rey, nos librará. Y si no, sepas, oh rey, que no serviremos a tus dioses, ni tampoco adoraremos la estatua que has levantado» (Daniel 3:16-18).

Ellos estuvieron firmes en la obediencia al mandamiento de Dios, y le hablaron al rey con respeto. Y se dirigieron a él diciendo «oh rey»; no le dijeron: «¡Imbécil, nunca haremos lo que nos pides!» Hablar de esta forma irrespetuosa habría sido rebelión. Debemos someternos a la autoridad, aun cuando debemos desobedecer su mandamiento.

Esto es señalado por Pedro en sus instrucciones a las esposas: «Asimismo vosotras, mujeres, estad sujetas a vuestros maridos; para que también los que no creen a la palabra, sean ganados sin palabra por la conducta de sus esposas, considerando vuestra conducta casta y *respetuosa*» (1 Pedro 3:1-2, énfasis del autor). La esposa debe obedecer (Tito 2:5) y honrar a su esposo con una actitud sumisa. Pedro mostró el paralelo que hay entre el comportamiento y la sumisión. Estos son combinados también con un estilo de vida de pureza y respeto. La esposa es amonestada a mantener una actitud de *respeto* hacia la posición de autoridad de su esposo, aun si él no es creyente. No se le requeriría a ella obedecer de manera incondicional si su esposo le pide pecar, pero está llamada a someterse y honrar incondicionalmente su posición de autoridad.

Un posible ejemplo sería la esposa creyente que responde el teléfono, pero su esposo no desea hablar con la persona y la instruye diciendo: «Dile que no estoy aquí».

Una respuesta apropiada sería: «Cariño, no voy a mentir. ¿Deseas que le diga que no estás disponible?» Así mantiene su respeto por su posición de autoridad, pero no obedece a su solicitud de mentir.

Pedro continuó diciendo:

> «Vuestro atavío no sea el externo de peinados ostentosos, de adornos de oro o de vestidos lujosos, sino el interno, el del corazón, en el incorruptible ornato de un espíritu afable y apacible, que es de grande estima delante de Dios. Porque así también se ataviaban en otro tiempo aquellas santas mujeres que esperaban en Dios, estando sujetas a sus maridos; como Sara obedecía a Abraham, llamándole señor; de la cual vosotras habéis venido a ser hijas, si hacéis el bien, sin temer ninguna amenaza» (1 Pedro 3:3-6)

El respeto de Sara fue evidente en la manera en que honraba a Abraham como su señor y obedeciéndole. *Señor* refleja su actitud sumisa, y la obediencia muestra que ella no dio lugar al miedo. El miedo es un amo terrible. El miedo dice: «No puedo confiar en Dios para someterme a mi esposo o cualquier otra autoridad. ¡Debo protegerme a mí misma!» Recordemos que fue Dios, y no un hombre sediento de poder, quien dijo que debíamos someternos. A medida que le obedecemos, su protección nos cubre.

LA PERVERSIÓN DEL MANDAMIENTO

Me aflige escuchar historias de mujeres que tomaron el mandamiento a la sumisión incondicional y lo aplicaron también a la obediencia incondicional. He escuchado de casos tan perversos como esposos creyentes que demandaron de sus esposas que vieran videos pornográficos con ellos para proveerles emoción sexual, a lo que ellas accedieron porque pensaron que no tenían ningún recurso espiritual. Sé de esposos que han demandado de sus esposas que sean deshonestas por ellos, y ellas lo hicieron. He oído de esposos que les prohibieron a sus esposas asistir a los servicios de la iglesia, y ellas han dejado de asistir. Estas directrices no deben ser obedecidas porque son una violación a las Escrituras.

Vayamos más allá. Sé de casos de esposos que les pegan a sus hijos o esposas, y estas cubren el abuso. En otras instancias, aun niños han sido maltratados sexualmente y las esposas no han hecho nada. Esta es una violación de las premisas sobre las cuales Dios establece la autoridad, y las mujeres en estas situaciones deben entender que Dios no desea que no hagan nada. Si un esposo se está comportando de formas que amenaza la vida de la esposa, esta debe separarse a sí misma y a sus hijos de él y no regresar hasta que esté segura de que ha habido un arrepentimiento completo.

Aun David, guerrero y hombre poderoso, no se la pasaba en el lugar en que Saúl lanzaba sus jabalinas. Él se fue y vivió en el desierto, pero nunca perdió su actitud de respeto hacia la autoridad de Saúl. La sumisión de David a la autoridad de Saúl no cesó. Aunque huyó de la presencia de Saúl, esperó un verdadero arrepentimiento o el juicio justo de Dios.

DIOS BENDICE A LOS QUE NO OBEDECEN MANDAMIENTOS A PECAR

Hay otro caso en que la autoridad fue desobedecida. El faraón demandó a las parteras hebreas que mataran a los niños nacidos a las mujeres hebreas. Sin embargo, la Biblia dice: «Pero las parteras temían a Dios, y no hicieron como les mandó el rey de Egipto, sino que preservaron la vida a los niños» (Éxodo 1:17). Dios quedó tan complacido con su comportamiento que la Escritura dice: «Y por haber las parteras temido a Dios, él prosperó sus familias» (v. 21). El Señor las recompensó por desobedecer el mandamiento a pecar.

El Sanedrín les mandó a los discípulos «que en ninguna manera hablasen ni enseñasen en el nombre de Jesús. Mas Pedro y Juan respondieron diciendo: Juzgad si es justo delante de Dios obedecer a vosotros antes que a Dios; porque no podemos dejar de decir lo que hemos visto y oído» (Hechos 4:18-20). ¿Cómo podían obedecer a estos líderes cuando Jesús les había dicho: «Id por todo el mundo y predicad el evangelio a toda criatura» (Marcos 16:15)? ¡No podían! El Sanedrín les ordenó hacer algo en contra del mandamiento de Jesús, así que respetuosamente se rehusaron. Escuche lo que la Escritura registra como resultado de su decisión: «Y con gran poder los apóstoles daban testimonio de la resurrección del Señor Jesús, y abundante gracia era sobre todos ellos» (Hechos 4:33). Su temor de Dios produjo gran bendición y poder.

También vemos la actitud de respeto o sumisión de los discípulos en la respuesta de Pablo al mismo Sanedrín. Cuando fue llevado ante ellos, sus primeras palabras de defensa fueron: «Varones hermanos, yo con toda buena conciencia he vivido delante de Dios hasta el día de hoy» (Hechos 23:1). Al escuchar estas palabras, el sumo sacerdote Ananías mandó a los que estaban junto a Pablo que le golpearan en la boca. Pablo entonces dijo: «¡Dios te golpeará a ti, pared blanquea-da!» Luego leemos: «Los que estaban presentes dijeron: ¿al Sumo Sacerdote de Dios injurias? Pablo dijo: No sabía, hermanos, que era el sumo sacerdote; porque escrito está: No maldecirás a un príncipe de tu pueblo» (Hechos 23:4-5).

Al enterarse de que Ananías era un hombre en autoridad, Pablo se arrepintió de su actitud y sus palabras. Los discípulos no obedecieron los mandamientos que contradecían a las Escrituras, pero mantuvie-ron una actitud sumisa, porque sabían que «no hay autoridad sino de parte de Dios, y las que hay por Dios han sido establecidas».

LA DECISIÓN DE DANIEL DE OBEDECER A UNA LEY SUPERIOR

En el tiempo de Daniel se aprobó una ley de que quienquiera que hiciera petición a cualquier Dios u hombre fuera del rey sería echado al foso de los leones. Los gobernadores envidiosos la pro-movieron para destruir a Daniel. Los líderes corruptos engañaron al rey Darío para que firmara la ley. Daniel ni siquiera consideró obedecerla; escogió obedecer a Dios. Él se adhirió al plan del sal-mista: «Tarde y mañana y a mediodía oraré y clamaré, y él oirá mi voz» (Salmo 55:17).

Lea las acciones de Daniel: «Cuando Daniel supo que el edicto había sido firmado, entró en su casa, y abiertas las ventanas de su cámara que daban a Jerusalén, se arrodillaba tres veces al día, y oraba y daba gracias delante de su Dios, como lo solía hacer antes» (Daniel 6:10).

La desobediencia de Daniel fue reportada al rey, quien se vio for-zado a arrojarlo al foso de los leones. Sin embargo, la actitud sumisa del joven nunca titubeó, aun enfrentando la injusticia. Dios lo libró y cerró la boca de los leones hambrientos mientras dormía a salvo. Cuando el rey vio lo que había ocurrido, hizo que los que habían planeado esto contra Daniel fuesen arrojados a los leones, los cuales los devoraron.

NO SIEMPRE EL FINAL ES PLACENTERO

Dios salva a sus santos, pero esto no ocurre siempre. Leemos en Hebreos:

> «Mas otros fueron atormentados, no aceptando el rescate, a fin de obtener mejor resurrección. Otros experimentaron vituperios y azotes, y a más de esto prisiones y cárceles. Fueron apedreados, aserrados, puestos a prueba, muertos a filo de espada; anduvieron de acá para allá cubiertos de pieles de ovejas y de cabras, pobres, angustiados, maltratados; de los cuales el mundo no era digno» (11:35-38).

Estos hombres y mujeres recibieron un trato duro e injusto de parte de líderes.

Tertuliano, que fue un maestro en la iglesia naciente y vivió del 140 al 230 d.C., les recordó a los líderes y ciudadanos romanos que su persecución sólo fortalecería la causa del cristianismo. Él escribió: «Lo más que nos corten, lo más que crecemos en número. La sangre de los cristianos es una semilla» (*Apología*, capítulo 50).

Permítame repetir las palabras de este romano desconocido que describió a los creyentes perseguidos,

> Ellos viven en sus propios países simplemente como viajeros. Están en la carne, pero no viven según la carne. Pasan sus días en la tierra, pero son ciudadanos del cielo. Obedecen las leyes prescritas, y al mismo tiempo, las superan en la manera en que viven. Los que los odian no pueden dar razón alguna para su odio (*Carta a Diognetus*, capítulo 5).

Ellos obedecieron y se sometieron, y sobrepasaron la simple obediencia con su comportamiento respetuoso o sumiso. De nuevo, como vimos en la exhortación de Pedro, el comportamiento de esos creyentes hacia los líderes injustos les desconcertaba y hacía que algunos fueran alcanzados para el Señor.

QUE NO HAYA ÁREAS GRISES

Sea la autoridad civil, familiar, eclesiástica o social, Dios nos instruye que nuestra actitud debe ser sumisa y que debemos obedecer en acción, a menos que la autoridad nos pida hacer lo que la Escritura *claramente* ve como pecado. Permítame enfatizar la palabra *claramente*. En los casos ya indicados los creyentes no obedecieron cuando se les mandó negar a Cristo, matar, adorar a otros dioses o subvertir directamente un mandamiento de Jesús. Estas no fueron áreas grises o decisiones que tuvieron que tomar.

El siguiente es un ejemplo de un área gris que he escuchado de personas que trabajan en ministerios: «Mi pastor me dijo que no aconsejara ni orara por personas durante horas de oficina, pero eso no es amar a Dios, y no andar en amor es pecado, así que tengo que hacerlo». Esto es algo que debe ser decidido por las personas en autoridad. Es su interpretación. El pastor no les está pidiendo que quebranten la Palabra de Dios. Además, ellos están recibiendo paga para escribir, archivar, procesar datos o realizar otro tipo de labor, no para orar.

En esencia estas personas, debido a la insubordinación, terminan robando. Si realmente tienen corazón para orar por otros, deben pedir permiso al pastor para llamar en su propio tiempo a los que necesitan oración o después de las horas de trabajo. Si el pastor aun no se siente bien con esta idea, puede sentir que los empleados no están apropiadamente entrenados para aconsejar a otros que llamen al ministerio solicitando ayuda. Si el pastor ha tomado una mala decisión con esta política, él responderá a Dios por eso, pero no es la decisión de quienes están bajo su autoridad. Esto es simplemente un ejemplo de cientos de otros, pero el punto es el mismo: Debemos desobedecer la autoridad sólo cuando hay una clara violación de la Palabra.

Usted puede aun preguntar: «¿Qué tal si la autoridad sobre mi vida me pide hacer algo con lo cual no estoy de acuerdo? ¿Y qué si mi autoridad me dice que haga algo que claramente no es sabio?

¿Qué tal si la autoridad me dice que haga lo opuesto a lo que Dios me mostró en oración?» Le daré respuestas bíblicas a estas preguntas en el próximo capítulo.

CAPÍTULO 12

¿Y QUÉ SI LA AUTORIDAD ME DICE QUE... ?

Lo que buscamos es una revelación de la autoridad, lo cual es una revelación de Dios mismo, porque Él y su autoridad son inseparables.

Todos conocemos personas insatisfechas con los líderes que están sobre ellos. Se quejan de las técnicas ineficaces y las decisiones no sabias y cómo afectan sus vidas de modo negativo. Se quejan de que los líderes les prometen ciertas cosas, pero aún esperan que sucedan. De hecho, las cosas parecen estar yendo al revés. Están seguros de que su pastor ha perdido la dirección y ahora razonan que su autoridad está lejos de la de Dios. Este razonamiento abre las puertas a la queja, la cual se manifiesta en un comportamiento insubordinado. Es sólo cuestión de tiempo antes de que coqueteen con el engaño y sean alejados de la autoridad que Dios colocó sobre ellos para crecimiento y protección.

¡ESTÁBAMOS MEJOR SIN TI!

Los hijos de Israel siguieron este patrón. Hubo un tiempo en que consideraban el liderazgo de Moisés como ineficaz y aun en detrimento de ellos. Sin embargo, eso no comenzó así. Cuando Moisés llegó a la escena después de su viaje por el desierto, se encontró con los líderes de Israel antes de ver al faraón. Él les contó cómo el Señor le había enviado a liberarles y sacarles «de aquella tierra a una tierra buena y ancha, a tierra que fluye leche y miel» (Éxodo 3:8). Cuando escucharon estas noticias maravillosas, creyeron a Moisés y adoraron a Dios. Tenían un gozo abrumador al ver al líder prometido de Dios que los sacaría de su esclavitud.

Moisés salió de esa reunión, fue al faraón y proclamó el mensaje exacto que Dios le había dado en la montaña: «Jehová el Dios de Israel dice así: Deja ir a mi pueblo» (Éxodo 5:1).

El faraón respondió: «¿Quién es el Señor, para que yo obedezca su voz y deje ir a Israel? Yo no conozco al Señor, ni tampoco dejaré ir a Israel. ¿Por qué detienes el trabajo de la gente? Así que el mismo día el faraón aumentó su aflicción. Él declaró enojosamente a sus cuadrilleros, 'Ahora llénalos de más trabajo. ¡Ponlos a sudar!'» (vv. 2-9, adaptado por el autor).

Ya no se les proveería la paja para la cantidad abrumadora de ladrillos que los israelitas debían producir cada día. Debían buscarla de noche y trabajar de día. El número total de ladrillos no disminuiría, aunque la paja dejaría de ser provista.

Los israelitas se esparcían por toda la tierra buscando paja. Los amos eran brutales. Respaldados por sus látigos, ordenaban con dureza: «¡Cumplan con su cuota diaria de ladrillos, tal como lo hacían antes!»

Golpeaban a los capataces israelitas a cargo de los equipos de trabajo. «¿Por qué no han cumplido con sus cuotas ayer ni hoy?», exigían.

Así que los capataces israelitas fueron al faraón y le rogaron: «No nos trates así», imploraron. «No se nos da paja pero aun se nos pide hacer la misma cantidad de ladrillos que antes. Somos golpeados por algo que no es nuestra culpa. Es culpa de tus amos encargados por hacer tales demandas no razonables».

Pero el faraón contestó: «¡Ustedes son unos flojos! Obviamente no tienen suficiente qué hacer. Si lo tuvieran, no estarían diciendo: 'Vayamos y ofrezcamos sacrificios al Señor'. ¡Ahora, váyanse a trabajar! No se les dará ninguna paja, pero aún tendrán que producir la cuota regular de ladrillos».

Como el faraón no disminuyó sus demandas, los capataces israelitas pudieron ver que estaban en serios problemas. Al salir de la corte de faraón se encontraron con Moisés y Aarón, que estaban esperando fuera por ellos.

«*Que el Señor les juzgue* por meternos en esta terrible situación con el faraón y sus oficiales. ¡Ustedes les han dado una excusa para matarnos!» (Éxodo 5:13-21, adaptado por el autor).

El pueblo de Israel ahora estaba enojado con el liderazgo de Moisés. Su predicación y sus palabras les habían traído aflicción y problemas. Comenzaron a separar la autoridad de él de la autoridad divina como se evidencia al desear el juicio de Dios sobre ellos.

Era culpa de Moisés. Si él nos hubiera dejado solos, el faraón no nos habría tratado tan severamente. Ellos no pudieron ver que Dios, no el diablo, ni un líder confundido, orquestó esos acontecimientos. Nada ocurría fuera de su plan o conocimiento previo. Él Señor mandó a Moisés a hablar al faraón. ¡Dios, no el diablo ni aun Moisés, endurecieron el corazón del faraón! Esto es claro al leer varios pasajes: «Jehová había endurecido el corazón de faraón, y no envió a los hijos de Israel fuera de su país» (Éxodo 11:10; ver también 9:12; 10:1, 20, 27). Cuanto más se endurecía el corazón del faraón, más miserable era la vida para los descendientes de Abraham.

Luego de mucha tribulación, los israelitas fueron liberados de Egipto, sólo para vagar por el desierto. Sin agua y con las provisiones de comida acabándose comenzaron de nuevo a pensar: ¿No les había prometido Moisés libertad y abundancia? «Una tierra buena y amplia, una tierra que fluye leche y miel». Grande era, pero muy lejos de ser buena, sin leche o miel a la vista. ¿Esta era su idea de libertad y provisión? ¿Realmente fue enviado por Dios? Después de tres días, Moisés les llevó a un lugar llamado Mara, donde hallaron agua. Tal vez pensaron: *Muy bien, quizás las cosas van a empezar a cambiar.* Sin embargo, pronto descubrieron que no podían tomar del agua porque estaba mala. No lo podían creer, y un grito de incredulidad se levantó de los seguidores. Su crítica se hizo más aguda al murmurar unos con otros contra Moisés. El descontento se difundió rampante como un cáncer que infecta a la toda la congregación. Tal vez Moisés sólo sabía cómo sacar a la gente, pero no cómo llevarlos a la tierra.

La gente se quejó ante Moisés y Aarón: «Ojalá hubiéramos muerto por mano de Jehová en la tierra de Egipto, cuando nos sentábamos a las ollas de carne, cuando comíamos pan hasta saciarnos; pues nos habéis sacado a este desierto para matar de hambre a toda esta multitud» (Éxodo 16:3).

Ya no aguantaban más. Las habilidades de liderazgo de Moisés eran inútiles en muchas maneras. ¿No era la vida mejor para ellos antes de estar bajo su autoridad? Todo lo que conocieron era una tensión y dificultades tremendas de su predicación en Egipto. ¿Cuándo terminaría esto? Escapaban de una dificultad sólo para entrar a la próxima. Su líder prometió una tierra que fluía leche y miel, pero sólo habían visto tierra seca, culebras y escorpiones en el desierto. Su líder debe haberse perdido en el camino, o tal vez era un hombre malo. Por lo menos, bajo faraón tenían comida. Moisés parecía tener la intención de torturarlos y hacerles morir de hambre. ¡La vida era mejor en Egipto! Su queja aumentó al punto que se dijeron unos a otros: «Designemos un capitán, y volvámonos a Egipto» (Números 14:4).

Pero escuche la palabra que Moisés les dio a los que estaban hastiados con el líder designado por Dios: «Jehová ha oído vuestras murmuraciones con que habéis murmurado contra él; porque nosotros, ¿qué somos? Vuestras murmuraciones no son contra nosotros sino contra Jehová» (Éxodo 16:8).

Aquellos hombres y mujeres pensaban que su insubordinación era contra Moisés y que no estaba conectada de ninguna forma a Dios. Pensaban que habían tenido éxito en separar ambos aspectos. Vivían por su razonamiento y no por el principio de la obediencia. Las personas que andan en el razonamiento limitado producido por la vista y las circunstancias se hallan en el camino de la necedad. No cumplirán con su destino, mientras que aquellos que reconocen y obedecen la autoridad entran en las promesas, tal como Josué y Caleb lo hicieron.

¿QUÉ PASA SI DISCIERNO...?

Puede que usted se considere más sabio que los hijos de Israel que juzgaban por lo que era obvio y los efectos inmediatos de las decisiones de su líder. Puede que piense que usted es más espiritual, como Josué. Usted ha discernido que Moisés estaba en lo correcto y nunca respondió como lo hicieron los hijos del Israel; es posible que fuera como Josué.

Puede que eso sea verdad, pero debemos tener cuidado antes de asumir tales cosas. Los fariseos insistían: «Si hubiésemos vivido en los días de nuestros padres, no hubiéramos sido sus cómplices en la sangre de los profetas» (Mateo 23:30), sin embargo Jesús dijo que ellos tenían el mismo espíritu que sus antepasados. Siempre es fácil discernir el bien del mal cuando el asunto ya ha ocurrido y se han escrito los libros. Lo que separaba a Josué del resto de las personas de su generación no era su discernimiento, sino su habilidad de reconocer y someterse a la verdadera autoridad. De allí fue que surgió el verdadero discernimiento.

Escucho tonos de desaprobación en las voces de muchos que afirman tener discernimiento, pero tienen corazones insubordinados. Mientras escribía este libro, recibí una carta en las últimas veinticuatro horas por la cual tuve que tratar con una pareja con la actitud de «nos someteremos siempre y cuando estemos de acuerdo», y que tiene la «capacidad de discernir». Las personas que piensan así creen erróneamente tener una verdadera excusa para no someterse.

¿QUIÉN LO PUSO EN ESA POSICIÓN?

Puede que usted pregunte: «¿Qué ocurre si discierno que mi líder no está tomando una buena decisión? ¿Debo aún obedecerle, sabiendo que se está dirigiendo al fracaso? Al recordar mis años de servicio, pienso en las muchas veces que sentí esta frustración. «¡Están tomando una mala decisión! ¡No están viendo a Dios! Han sido influenciados negativamente. ¡No puedo someterme a esto!» Pero con mucha frecuencia, mi corazón no quebrantado estaba manifestando su independencia.

Serví como asistente administrativo a mi pastor por un año, al fin del cual estaba cuestionando muchas decisiones. Yo veía sus órdenes sobre mi escritorio antes de que fueran distribuidas a los jefes de departamentos. Muchas veces pensé que sus decisiones no eran sabias y murmuré en mi corazón contra ellas. Un día el Espíritu me habló: *Te tengo una pregunta.*

La experiencia me ha enseñado, que cuando Dios me hace una pregunta, está a punto de exponer mi supuesta sabiduría. Yo respondí: «¿Sí, Señor?»

¿Te puse a ti en la posición de pastor o lo puse a él?

Yo dije: «Tú lo pusiste en esa posición».

El Señor me dijo: *Eso es correcto. Por tanto, yo le mostraré cosas que no necesito mostrarte a ti, y muchas veces no te diré a ti la sabiduría de sus decisiones a propósito, para ver si le sigues como me sigues a mí.*

Por lo general meses después, la sabiduría de la decisión del pastor salía a la luz. Yo lo veía, me daba cuenta de ello, y admitía una vez más que me había desviado por mi razonamiento, exaltando mi razonamiento por encima del principio de la obediencia. Este mismo proceso causa divisiones en iglesias, hogares y negocios. Dios no limitó nuestra sumisión a las autoridades a los tiempos en que veamos su sabiduría, estemos de acuerdo con ellos, o nos guste lo que nos dicen. Simplemente dijo: «¡Obedece!»

Más tarde el Señor me habló al corazón: *John, si deseara que cada creyente obtuviera toda su información, sabiduría y dirección sólo de la comunión y oración conmigo, entonces nunca habría instituido autoridades en la iglesia. Yo las coloque en la iglesia con la intención de que mis hijos no obtuvieran todo lo que necesitan simplemente por su vida de oración. Tendrán que aprender a reconocer y escuchar mi voz a través de sus líderes también.*

No es nuestra responsabilidad juzgar las decisiones de los líderes ni los resultados tras las decisiones. El que puso a esa persona en autoridad lo hará. Si se les hubiera permitido a los israelitas juzgar las decisiones de Moisés, este habría perdido y ellos hubieran regresado a Egipto.

Los líderes y nosotros seremos juzgados. Los líderes por sus decisiones, sus juicios serán más severos que el nuestro. Por esa razón Jesús advirtió: «Porque a todo aquel a quien se haya dado mucho, mucho se le demandará; y al que mucho se le haya confiado, más se le pedirá» (Lucas 12:48). Y Santiago también nos advierte: «Hermanos míos, no os hagáis maestros muchos de vosotros, sabiendo que recibiremos mayor condenación» (3:1).

Por el otro lado, nuestro juicio se relacionará con nuestra sumisión, porque la autoridad es de Dios. Resistir a la autoridad delegada es resistir la autoridad de Dios. No debemos tomar sobre nosotros la presión de discernir de antemano si los líderes están en lo correcto o no. Tampoco debemos juzgar después del hecho. Esta no es nuestra carga, sino la de Dios. Sólo Él conoce y puede cambiar los corazones según su deseo.

EL CORAZÓN DEL LÍDER ESTÁ EN LAS MANOS DE DIOS

Regresando al testimonio que di en el capítulo 2, cuando mi pastor anunció la cancelación de las células en hogares de la iglesia, no solo creí que estaba errado, sino que también pensé que estaba influenciado a tomar esta decisión contra mí. Había otra dinámica que yo no había mencionado que tenía que ver con mi superior, el administrador. Yo no le caía bien y él estaba preparando las razones para que me despidieran.

Para llevar a cabo eso, construyó una pared de separación entre el pastor principal y yo, dándonos a cada uno reportes negativos del otro. La mayoría fueron mentiras. Además de eso, inició una campaña de mensajes a todo el personal que específicamente me tenían a mí como víctima. Los empleados le decían a mi esposa, que también era parte del personal: «¿Por qué tu esposo no pone su nombre en esos mensajes?» Yo sabía lo que él estaba haciendo, pero mis manos estaban atadas.

Cuando el pastor principal canceló las células, lo vi como otro ataque contra mí debido a las mentiras y las sospechas sembradas por ese administrador. Yo estaba seguro de que estaba «discerniendo» bien. Por eso me sentí justificado y menos dispuesto a ceder a la autoridad del pastor principal. Después de todo él había sido mal encaminado y estaba tomando una mala decisión, razonaba yo. ¿Cómo podría Dios querer que ocho meses de trabajo duro fueran echados a la basura con el potencial de la salvación de muchas personas? Por todas estas razones desafié al pastor principal duramente por veinte minutos en esa reunión. Y me fui sintiéndome justo y justificado; sólo para ser reprendido por el Espíritu Santo cuando llegara a casa. Entonces caí en cuenta: yo estaba tratando, no con la autoridad de un hombre, sino con la autoridad de Dios.

Poco después el Señor trajo un pasaje a mi corazón. Este brindó claridad a situaciones similares y dirección en medio de la dificultad:

«Como los repartimientos de las aguas, así está el corazón del rey en las manos de Jehová; a todo lo que quiere lo inclina» (Proverbios 21:1).

El rey representa a la persona en autoridad sobre usted. Si él es piadoso o no, su corazón aun está en las manos del Señor. El versículo no dice: «El corazón del rey bueno está en las manos del Señor». No importa cómo haya sido influenciado; su corazón aun continúa en las manos del Señor. Por eso es que no dice: «Siempre y cuando el rey no haya sido influenciado negativamente, su corazón puede ser inclinado por el Señor».

¿QUÉ OCURRE SI SABEMOS QUE ES UNA MALA DECISIÓN?

¿Qué pasa si no actuamos por discernimiento, sino que sabemos con seguridad que la autoridad está tomando una mala decisión? ¿Qué tal si tenemos una evidencia concreta de que el líder está influenciado por un reporte maligno? ¿Tenemos algún recurso? ¿No podemos hacer nada para ayudar a nuestro líder? La respuesta es sí. Ester es un buen ejemplo de esa situación. Los hijos de Abraham estaban cautivos bajo el reinado Persa. Un plan maligno fue concebido por el malvado Amán, que influyó al rey persa Asuero para que firmara un decreto para matar a todos los judíos. El rey mismo estableció el día.

La reina Ester era descendiente de Abraham, pero no había revelado esto según la dirección de su tío Mardoqueo. Sin embargo, Mardoqueo fue a Ester y le pidió que fuera ante el rey en favor de su pueblo. Él entendía que si hacía esto, ella podía morir. Ella tenía todo que perder y nada que ganar; ella era la reina y su secreto estaba a salvo.

Ester tomó la decisión de apelar al rey. Después de ayunar tres días, se acercó al trono del rey Asuero, y Dios hizo que el rey la mirara favorablemente. Este le preguntó cuál era su solicitud y ella le pidió que asistiera a un banquete que daría para el rey y Amán. Él consintió y junto con Amán fueron donde ella para el banquete.

Más tarde, esa noche, el rey no podía dormir. Así que ordenó a sus siervos que le leyeran las crónicas. Al leerla recordó que Mardoqueo el judío había salvado su vida y aun no había sido recompensado. El rey estaba contemplando la forma en la que debía honrarlo y consultó a Amán. Amán se imaginó erróneamente que el rey se refería a él y diseñó un plan elaborado para honrar al hombre no identificado. El rey entonces reveló que era Mardoqueo e hizo que Amán honrara a Mardoqueo en su lugar, para humillación de Amán. Dios estaba preparando el corazón del rey para las palabras que Ester diría en el banquete. Una vez que Ester tuvo al rey y a Amán juntos en otro banquete, el rey le preguntó de nuevo cuál era su solicitud:

«Oh, rey, si he hallado gracia en tus ojos, y si al rey place, séame dada mi vida por mi petición, y mi pueblo por mi demanda. Porque hemos sido vendidos, yo y mi pueblo, para ser destruidos, para ser muertos y exterminados. Si para siervos y siervas fuéramos vendidos, me callaría; pero nuestra muerte sería para el rey un daño irreparable» (Ester 7:3-4).

Hay dos cosas que debemos notar. Primero, el rey había tomado una decisión obviamente terrible y mal informada, sin embargo ella aún le habló con respeto, manteniendo un corazón sumiso. Segundo, habló con sabiduría y con gran humildad y a la luz de su bondad, no la de ella. Ella hizo su petición, pero le permitió a él tomar la decisión final. Ella no dijo: «Tú, esposo estúpido, has escuchado a un asesino. ¿No te das cuenta de todo lo que perderás por este decreto que has dado?» Ella contó con una cosa: que Dios inclinaría su corazón. El Señor cambió al rey, y este ahorcó al malvado Amán. Los judíos fueron preservados de la muerte.

Ester tenía evidencia concreta, no simplemente discernimiento, de que su líder no tenía información verdadera. Ella fue a él en humildad e hizo su presentación de tal forma que el rey quedó en posición de tomar la decisión. Ella no lo humilló, forzó ni manipuló. Simplemente confió en el poder del Espíritu Santo para dirigir el corazón de su señor.

EL NO CONOCER TODOS LOS HECHOS

Vemos esto en la Escritura no solo cuando un líder es influenciado erróneamente, sino también si toma una decisión antes de conocer todos los hechos o antes de escuchar todo el asunto. Tenemos un ejemplo en David y el rey Saúl. El gigante filisteo desafió al ejército de Dios repetidamente por cuarenta días. Retó a Israel a enviar a un guerrero a pelear, para que el asunto fuese resuelto con una pelea. David vio a todos los soldados asustados sin poder responder a las amenazas del gigante. Dios puso en su corazón ir a pelear. Pero el rey Saúl lo vio y dijo: «De ninguna manera. ¡Tú eres simplemente un niño y cuando pierdas, todos tendremos que servir a este ejército» (paráfrasis del autor).

Cuando David escuchó eso, argumentó, sino que le rogó.

«Tu siervo era pastor de las ovejas de su padre; y cuando venía un león, o un oso, y tomaba algún cordero de la manada, salía yo tras él, y lo veía, y lo libraba de su boca, y si se levantaba contra mí, yo le echaba mano de la quijada, y lo veía y lo mataba. Fuese león, fuese oso, tu siervo lo mataba; y este filisteo incircunciso será como uno de ellos, porque ha provocado al ejército del Dios viviente... Jehová que me ha librado de las garras del león y de las manos del oso, él también me librará de la mano de este filisteo» (1 Samuel 17:34-37).

David tenía respeto cuando presentó esta información ante la autoridad. Él presentó lo que sabía que el rey no tenía en su decisión inicial. Después de eso, David confió en la habilidad de Dios para inclinar el corazón del líder. Confió que lo que Dios le había colocado en su corazón ocurriría a través de la decisión del rey. Permaneciendo humilde y sumiso, mantuvo a Dios activamente involucrado. El Señor inclinó el corazón de Saúl y este dijo: «Ve, y Jehová esté contigo» (1 Samuel 17:34-37).

LA VERDADERA INTERCESIÓN

Otro ejemplo bíblico de hablar a un líder después de que este tomara su decisión es Abigail. Ella estaba casada con un hombre rico y malo llamado Nabal. David necesitaba comida porque Saúl continuaba amenazando su vida. David le envió una petición a Nabal solicitando provisiones; él sabía que era un tiempo de fiesta y que habría comida en abundancia. David había previamente protegido a los siervos de Nabal y nunca había tomado nada de él.

Nabal no sólo negó la petición de David, sino que lo insultó también. El comportamiento de Nabal enojó mucho a David, que juntó cuatrocientos de sus hombres y fue a tomar venganza. Él iba a destruir a Nabal y todo lo que le pertenecía.

Esto llegó a oídos de Abigail, la esposa de Nabal, que se apresuró a preparar un presente de pan, vino, carne, granos, pasas e higos. Ella entonces fue en dirección a David para interceptarlo con sus hombres. Cuando los vio, desmontó y cayó en el suelo sobre su rostro ante David. Luego hizo su petición:

«Señor mío, sobre mí sea el pecado; mas te ruego que permitas que tu sierva hable a tus oídos, y escucha las palabras de tu sierva. No haga caso ahora mi señor de ese hombre perverso, de Nabal; porque conforme a su nombre, así es. Él se llama Nabal, y la insensatez está con él; mas yo tu sierva no vi a los jóvenes que tú enviaste. Ahora pues, señor mío, vive Jehová, y vive tu alma, que Jehová te ha impedido el venir a derramar sangre y vengarte por tu propia mano. Sean, pues, como Nabal tus enemigos, y todos los que procuran mal contra mi señor. Y ahora este presente que tu sierva ha traído a mi señor, sea dado a los hombres que siguen a mi señor. Y yo te ruego que perdones a tu sierva esta ofensa; pues Jehová de cierto hará casa estable a mi señor, por cuanto mi señor pelea las batallas de Jehová, y mal no se ha hallado en ti en tus días… y cuando Jehová haga bien a mi señor, acuérdate de tu sierva» (1 Samuel 25:24-31).

Permítame presentar punto por punto todo lo que esta mujer hizo por su esposo, por su hogar y por David:

Le habló a David con gran respeto, presentándose a sí misma repetidas veces como su sierva.
Le dio David y sus hombres un regalo generoso, reflejando el cuidado y aprecio por su bienestar.
Intercedió por su hogar tomando la responsabilidad sobre sí.
Ella lo llamó «pecado».
Le señaló a David con temor y temblor que si derramaba sangre, eso sería pecado.
Le recordó a David que Dios tomaría venganza y cumpliría las promesas hechas a él.
Le pidió a David que la recordara cuando fuese promovido.

Usted puede preguntarse: «¿Por qué honró esta mujer a su esposo?» Ella lo salvó de la muerte, su esposo había pecado contra esos hombres y contra el ungido del Señor. Justificar ese comportamiento le habría dado a David más razón para tomar venganza. Ella habría añadido leña a su fuego y le hubiera animado a su perdición. ¿De qué servía la honra superficial que terminaría en la muerte de su propio esposo?

Para deshonrar verdaderamente a Nabal habría bastado con decir: «Yo me voy de aquí y dejó que mi esposo reciba lo que merece porque es un imbécil». O si hubiera ido a David y dicho: «Mira, yo no tengo nada que ver con esto. Yo te hubiera dado lo que necesitas. Cuando escuché lo que mi esposo hizo, vine con comida para ti y tus hombres, pero sigue adelante con tus planes de matarlo, él es un imbécil y un sinvergüenza. Se merece lo que le vas a hacer». Esas acciones habrían deshonrado a su esposo.

Interceder por una persona no significa que usted ignora la transgresión; al contrario, la reconoce. Luego usted se coloca entre la persona y el juicio. Y dice, en esencia: «Yo sé que se merece el juicio, pero pido misericordia. Lo tomo sobre mí y me pongo en su lugar».

Eso es exactamente lo que hizo Abigail. David vino para traer juicio y Abigail vino para solicitar misericordia. En sus propias palabras: «Y yo te ruego que perdones a tu sierva esta ofensa».

Habló así para prevenir a David de cometer el pecado de tomar venganza por sí mismo. La Palabra de Dios manda: «No te vengarás, ni guardaras rencor a los hijos de tu pueblo» (Levítico 19:18). Ella buscó misericordia y se paró en la brecha, y busco justicia para David.

Abigail no estaba chismeando con los vecinos o con sus amigas: «Sabes que estoy casada con un sinvergüenza. Él es el perdedor más grande que jamás he conocido». Tampoco le habló a David sobre su esposo con odio, enojo, disgusto, falta de respeto o venganza. Ella habló para salvar vidas. Vea lo que su intercesión logró:

> «Y dijo David a Abigail: Bendito sea Jehová Dios de Israel, que te envió para que hoy me encontrases. Y bendito sea tu razonamiento, y bendita tú, que me has estorbado hoy de ir a derramar sangre, y a vengarme por mi propia mano. Porque vive Jehová Dios de Israel que me ha defendido de hacerte mal, que si no te hubieras dado prisa en venir a mi encuentro, de aquí a mañana no le hubiera quedado con vida a Nabal ni un varón. Y recibió David de su mano lo que le había traído, y le dijo: Sube en paz a tu casa, y mira que he oído tu voz, y te he tenido respeto» (1 Samuel 25:32-35).

Cuando Abigail regresó a su casa, su esposo estaba celebrando una fiesta para sí mismo. No tenía idea de lo que casi iba a ocurrir. Ella decidió no decirle nada esa noche. La mañana siguiente le contó cómo había salvado su vida. El corazón de él quedó pasmado al escucharlo. Diez días después el Señor le quitó la vida a Nabal. No fue por la mano de David o de Abigail, sino por la mano de Dios que la venganza fue tomada sobre el hombre inicuo.

POR CAUSA DE LA PERSONA EN AUTORIDAD

Moisés se halló a sí mismo en una posición en que se sintió obligado a cuestionar una decisión de la Autoridad, ¡la de Dios! Eso ocurrió más de una vez. Veamos la primera historia. Israel pecó haciendo un becerro de oro y adorándolo. Dios estaba tan enojado, que le dijo a Moisés que los mataría a todos y haría una nación de Moisés. Vea la petición del Libertador:

«Entonces Moisés oró en presencia de Jehová su Dios, y dijo: Oh Jehová, ¿por qué se encenderá tu furor contra tu pueblo, que tú sacaste de la tierra de Egipto con gran poder y con mano fuerte? ¿Por qué han de hablar los egipcios, diciendo: Para mal los sacó, para matarlos en los montes, y para raerlos de sobre la faz de la tierra? Vuélvete del ardor de tu ira, y arrepiéntete de este mal contra tu pueblo. Acuérdate de Abraham, de Isaac y de Israel tus siervos, a los cuales has jurado por ti mismo, y les has dicho: Yo multiplicaré vuestra descendencia como las estrellas del cielo; y daré a vuestra descendencia toda esta tierra de que he hablado, y la tomarán por heredad para siempre» (Éxodo 32:11-13).

Hay varias cosas que señalar aquí. Primero, Moisés habló en sumisión total y con temor y temblor. Segundo, rogó apasionadamente o le pidió a Dios; nunca le dio mandamientos. Tercero, habló en lugar de Dios, primero y principal, y no en lugar de la gente. En esencia, Moisés estaba comunicando: «¿Y qué con tu reputación que has forjado por cuatrocientos años? Tu nombre es ahora conocido en toda la tierra, pero lo mancharás si no terminas lo que comenzaste». Como Moisés lo hizo principalmente por amor al Señor, pudo desafiar la decisión de Dios. Su motivo no era para sí mismo sino para los demás.

Debemos preguntarnos a nosotros mismos antes de hacerle una petición a un líder: «¿Para quién es esto principalmente?» Aun cuando Moisés le recordó a Dios su promesa a Abraham, aun eso era principalmente por amor al Señor. Él le recordó a Dios la importancia de su palabra. Moisés tenía el enfoque correcto porque su corazón era justo. Él era el siervo de Dios, así que pensó primeramente en el Señor antes que en sí mismo o en los hijos de Israel. Esta fue la respuesta de Dios: «Entonces Jehová se arrepintió del mal que dijo que había de hacer a su pueblo» (Éxodo 32:14).

¡Dios se arrepintió! La decisión fue revertida. Quisiera traer otro punto importante. Moisés le pudo hablar de forma tan directa a Dios porque él había probado vez tras vez su lealtad. Para aplicar este principio a nuestros días, hay miembros de nuestro personal que han probado su fidelidad a Lisa y a mí por muchos años. Tienen gran favor y la capacidad de hacernos peticiones más rápido que otros que acaban de empezar a trabajar para nosotros. El derecho de hablarle a la vida de un líder debe ser ganado. Esto se lleva a cabo a través de la lealtad, la integridad y la fidelidad. No todo el mundo tiene la capacidad de hablarle a la vida de un líder de esta manera.

Otro punto significativo es que Moisés no habló sobre la decisión de Dios a otros, le habló a Dios sobre su decisión. El Señor estaba repetidas veces enojado con los hijos de Israel debido a sus constantes murmuraciones en desacuerdo con sus caminos entre ellos mismos. ¡Esto también se llama queja! Y Dios la odia. Este comportamiento es muy peligroso y debe evitarse a toda costa. Cuando murmuramos entre nosotros y nos quejamos contra la decisión hecha por nuestras autoridades, estamos sembrando disensión y rebelión. Veremos en otro capítulo que esto trae un juicio cierto.

Tengo un acuerdo con la gente que trabaja para mí. Si tomo una decisión que ellos creen que no está bien informada, pueden hablar conmigo una vez, o si surge nueva información que pueda ayudar en la decisión, deben volver a hablarme. Una vez que me hayan hablado, es importante que hayan pensado cuidadosamente y que lo presenten de tal forma que me ayude a ver lo que desean comunicarme. Con frecuencia he cambiado una decisión cuando he visto nueva información. Sin embargo, si me hablan y yo permanezco con la misma decisión, entonces seguimos adelante en acuerdo. Si seguimos adelante en unidad, y yo estoy equivocado, Dios aún nos protege. Él me protegerá y a los que están bajo mi cuidado si hemos actuado en integridad de corazón. David dijo: «Integridad y rectitud me guarden, porque en ti he esperado» (Salmo 25:21).

¿QUÉ PASA SI ES CONTRARIO A LO QUE DIOS ME MUESTRA?

Usted aún podría preguntarse: «¿Qué ocurre si la autoridad me dice lo opuesto a lo que siento que debo hacer en oración?» Esta es una buena pregunta y debe ser tratada. Para responder, permítame regresar al ejemplo que di en el segundo capítulo. Antes de comenzar el programa de «fiestas», busqué fervientemente al Señor en oración, estaba seguro que Él me había instruido a hacerlo. Hasta el día de hoy, aún creo firmemente que Él me dijo que hiciera las células porque todo el episodio era una prueba para mí, a ver si obedecía a la autoridad que había colocado sobre mí.

La Escritura está llena de ejemplos de Dios probando a su pueblo. Cuando le dijo a Abraham que ofreciera a Isaac como un holocausto, la Escritura específicamente dice: «Probó Dios a Abraham» (Génesis 22:1). El Señor nunca tuvo la intención de que Abraham matara a su hijo, pero permitió que Abraham fuera a la montaña por tres días y no lo detuvo hasta que levantó el cuchillo. Dios vio la fidelidad firme de Abraham en sus acciones de obediencia. ¿Ve hoy día Dios lo mismo en nosotros?

El apóstol Pablo le dijo en su primera carta a la iglesia de los corintios que hicieran algo que alteró en la segunda. Una vez habiendo cambiado sus órdenes a la iglesia, hizo esta tremenda declaración:

> «Porque también para este fin os escribí, para tener la prueba de si vosotros sois obedientes en todo» (2 Corintios 2:9).

Pablo les dio órdenes con un propósito: ver si se someterían a su autoridad. Tengo un amigo muy sabio que ha sido pastor por años. Él me dijo que la manera en que halla la insubordinación entre sus obreros es dándoles órdenes que no tienen sentido. Él me dijo: «John, pronto escucho las quejas de los rebeldes. Trato con ellos, luego cambio las órdenes a las operaciones normales».

Pablo dio el mandamiento para ver si seguirían sus órdenes en *todo*. La palabra clave es *todo*. Su mandamiento era difícil, lo cual en sí mismo tenía un propósito también. El propósito: si ellos seguían sus órdenes, podrían seguir cualquier orden.

Eso es exactamente lo que Dios hizo con Abraham. Encontró lo más difícil para que Abraham se sometiera: debía entregar lo que era más importante en su vida, la promesa por la cual había esperado por veinticinco años. Eso no era la obra de Abraham; más bien, algo que Dios le había prometido en oración. Hubiera sido más fácil para Abraham ponerse a sí mismo sobre el altar, pero Dios quería lo más importante. ¡Si Abraham era obediente en ese aspecto, sería obediente en todo!

Mi pastor principal me dijo que entregara lo que era más difícil. Yo había trabajado en eso por meses y todo el mundo lo sabía. Para mí eso parecía tener la promesa de almas perdidas viniendo al reino. Era mi clave para ver si yo sería un ministro de jóvenes exitoso. Mi reputación estaba en juego porque yo le había contado a todo el mundo que era la voluntad de Dios. Yo había escuchado que debía seguir adelante con el programa en oración. No sabía que era una prueba, y con frecuencia las pruebas de Dios nunca son reconocidas hasta después del hecho, puesto que siempre exponen nuestros corazones.

Mis fiestas podrían haber traído a muchas almas al reino, pero Dios estaba más interesado en que su autoridad fuese manifestada en nuestros corazones que en que nuestros métodos llevaran a cabo su obra. Él es Dios; Él tiene muchos otras ideas buenas para alcanzar a los perdidos. Lo que no puede ser hecho de manera diferente es el principio de sumisión en el corazón de un hombre, pues aparte de eso el hombre no puede entrar al reino, no hay otra alternativa para un corazón no sumiso.

Debemos establecer un principio crítico y difícil en nuestros corazones. Una vez que Dios delega su autoridad a los hombres, no pasa por encima de ella. La única excepción ocurre cuando un líder directamente quebranta la Palabra escrita o las leyes de Dios. Dios mismo no pasa por encima de la autoridad delegada que establece. No podemos ignorar la autoridad delegada y declararnos a nosotros mismos sujetos sólo a Dios. Moisés habló de este principio a los líderes de las tribus de Israel:

«Esto es lo que Jehová ha mandado… Mas la mujer, cuando hiciere voto a Jehová y se ligare con obligación en casa de su padre, en su juventud; si su padre oyere su voto, y la obligación con que ligó su alma y su padre callare a ello, todos los votos de ella serán firmes, y toda obligación con que hubiere ligado su alma, firme será. *Mas si su padre le vedare el día que oyere todos sus votos y sus obligaciones con que ella hubiere ligado su alma, no serán firmes; y Jehová la perdonará, por cuanto su padre se lo vedó»* (Números 30:1-5, énfasis del autor).

Moisés reforzó aun más este principio aplicándolo a una esposa y su esposo. Dios, la autoridad suprema o directa, valida aquello a lo cual la autoridad delegada ha consentido. También anula lo que la autoridad delegada ha cancelado. El Señor respeta a su autoridad delegada. Como la mujer joven está bajo autoridad de su padre, y la esposa bajo la autoridad de su esposo, Dios trata con el padre o el esposo, pero deja libre a la mujer.

Este principio es hallado en general en el consejo de todas las Escrituras, no simplemente en la unidad familiar, sino en otras áreas de la autoridad delegada también. De nuevo, quiero enfatizar, la excepción ocurre cuando la autoridad nos diga que hagamos algo que contradiga directamente los mandamientos de Dios. Me da dolor cuando escucho a personas en el ministerio decir: «Mi pastor me dijo que no hiciera esto, pero él no está oyendo la voz de Dios, así que lo voy a hacer, aunque de forma indirecta». Lo que usted crea que haya escuchado en oración no importa; se está revelando contra la autoridad de Dios si va en contra de las órdenes de las autoridades en su vida.

Los ejemplos que podría dar no tienen fin. He descubierto que cuando el conocimiento revelado es marcado en nuestros corazones, muchas preguntas son respondidas y muchos problemas resueltos. Este no puede ser un libro exhaustivo de ejemplos y explicaciones. Lo que buscamos es una revelación de la autoridad, lo cual es una revelación de Dios mismo, porque Él y su autoridad son inseparables. Como le animé en la introducción, ore a Dios, y pídale que afirme el principio de la sumisión piadosa en su corazón al leer esto. Si no, terminará con más preguntas que cuando empezamos.

En el próximo capítulo descubriremos cómo manejar el trato injusto y cómo responder a la autoridad que nos trata mal. Veremos que Dios tiene un plan glorioso para nosotros en estas situaciones.

CAPÍTULO 13

TRATO INJUSTO

Ser quebrantado no significa ser débil. Tiene que ver con la sumisión a la autoridad.

N uestro Padre Dios tiene cierta meta que cumplir en cada uno de nosotros. Permítame advertirle. Puede que no sea placentero, popular o sin dolor, pero es lo mejor para nosotros. Su deseo es quebrantarnos. La Escritura deja esto en claro:

> «Porque no quieres sacrificio que yo lo daría; no quieres holocausto. Los sacrificios de Dios son el espíritu quebrantado; al corazón contrito y humillado no desprecias tú, oh Dios» (Salmo 51:16-17).

> «Cercano está Jehová a los quebrantados de corazón; y salva a los contritos de espíritu» (Salmo 34:18).

Un requisito para la intimidad con el Señor es un corazón contrito. Aunque el proceso no es placentero, la cercanía de su presencia supera en gran medida las dificultades involucradas. David aprendió eso de joven. Usted puede ver su corazón contrito y lo que esto implica a través de sus salmos. Esto no se obtiene a través de una vida sacrificial u ofrendas, sino de la obediencia.

EL QUEBRANTAMIENTO TIENE QUE VER CON LA AUTORIDAD

Permítame ilustrar esto. Un caballo de guerra no es apto para el servicio hasta que su voluntad es quebrantada. Aunque sea más fuerte rápido y dotado que los otros caballos de los establos, no puede servir hasta que sea quebrantado. Permanecerá en el establo mientras que caballos menos dotados van a la guerra. Ser quebrantado no significa ser débil. Tiene que ver con la sumisión a la autoridad. En el caso del caballo, su amo es el jinete. Si el caballo es exitosamente quebrantado y entrenado, puede confiar en él en cualquier circunstancia. En el calor de la batalla cuando las balas o las flechas vuelan, no se retraerá. Aunque las espadas y las hachas pasen a su alrededor, no se retirará. Mientras que las armas son levantadas y los cañones son disparados, no se desviará del deseo de su amor. Permanecerá en sumisión firme a su amo, sin importar quién sea. Dejará pasar cualquier intento de protegerse o beneficiarse a sí mismo para cumplir con las órdenes del jinete.

Este proceso de quebrantamiento es llevado a cabo de forma única en cada persona de acuerdo con la prescripción del Señor mismo. Él es el único que sabe cuando el proceso está verdaderamente terminado y usted está preparado para la forma de servicio que Él desea producir con su vida. Cada nivel nuevo trae otra ronda de quebrantamiento.

Recuerdo bien los procesos anteriores por los cuales pasé. Con demasiada frecuencia creí firmemente que estaba listo y equipado para el próximo nivel de servicio, mucho antes de que en realidad lo estuviera. Con confianza declaraba: «Estoy totalmente sometido a tu autoridad. Sé que estoy listo para el ministerio al cual me has llamado». Pero los creyentes maduros a mi alrededor sabían que yo estaba lejos de ser quebrantado. Con seguridad, entraría a otra ronda pateando, retorciéndome y peleando por mis derechos.

¿Y QUÉ CON LOS LÍDERES DUROS?

Como los caballos, nuestro proceso de quebrantamiento tiene que ver con nuestra respuesta a la autoridad. Dios adapta el proceso perfecto para cada uno de nosotros, esto siempre involucra alguna forma de liderazgo. Por esta razón Pedro escribió:

«Por causa del Señor someteos a toda institución humana... Criados, estad sujetos con todo respeto a vuestros amos; no solamente a los buenos y afables, sino también a los difíciles de soportar» (1 Pedro 2:13, 18).

Pongamos esto en terminología moderna. Los siervos pueden ser identificados como empleados, estudiantes, miembros de iglesias o civiles. Los amos pueden ser empleadores, maestros, líderes de iglesias o gubernamentales. La mayoría de nosotros ha tenido líderes buenos y afables, y los amamos. Es fácil someterse a ellos. ¡Sin embargo, Dios nos manda a ser sumisos no sólo a los buenos y afables, sino también a los difíciles de soportar!

La palabra griega traducida «difíciles de soportar» es *skolios*. El *Diccionario Griego de Thayer* la define como: «torcido, perverso, maligno, injusto y atrevido». El *Diccionario de Vine* la define como relacionada con «amos tiránicos o injustos». ¿Nos está diciendo el Señor que nos sometamos a estos tipos de líderes?

Consultemos otras traducciones de la Biblia. La versión Dios Habla Hoy dice: «No solamente a los buenos y comprensivos sino también a los malos». La Biblia de las Américas declara: «No sólo a los que son buenos y afables, sino también a los que son insoportables». La Nueva Versión Internacional afirma: «No sólo a los buenos y comprensivos sino también a los insoportables». No podemos ignorar este mandamiento, así que busquemos la sabiduría de Dios en él.

En realidad las palabras de Pedro se ponen más difíciles antes que fáciles. Él continúa: «Dios bendice a los que, por ser fieles a él, sufren injustamente y soportan el *sufrimiento*» (1 Pedro 2:19, énfasis del autor).

Recuerdo un incidente que ocurrió con mi esposa y uno de mis hijos mayores. Él sintió que su hermano había recibido más que él y que el trato era injusto. Así que protestó:

—Mamá, eso no es justo.

Mi esposa claramente respondió:

—¡Hijo, la vida no es justa!

Él la miro como queriendo decir: «¿Cómo puedes decir eso? Eres mi mamá».

Lisa le preguntó:

—¿Fue justo que Jesús tomara nuestro castigo y muriera en la cruz cuando no hizo nada malo?

Los ojos de mi hijo reconocieron la sabiduría y permaneció en silencio.

EL EJEMPLO PERSONAL DE CRISTO

Pedro continuó diciendo: «Pues para esto *fuisteis llamados*». Cuando predico acerca de esta Escritura, por lo general le pido a la gente que levanten su mirada, y les digo con entusiasmo: «Digan todos estas palabras: '¡Este es mi llamado!'» Siempre estamos hablando de nuestro llamado en la vida. Bueno, este es uno de ellos. Escuche lo que Pedro dijo: «Pues para esto fuisteis llamados; porque también Cristo padeció por nosotros, dejándonos ejemplo, para que sigáis sus pisadas» (1 Pedro 2:21).

¿Cómo sufrió Él? Pedro lo explicó en el versículo anterior: un trato injusto de las autoridades delegadas. A veces, Dios nos coloca en situaciones en las que recibimos trato injusto por parte de las autoridades, como hizo con David, José, Daniel, los apóstoles y otros. Nuestro llamado es tratarlo correctamente y Jesús nos dejó su ejemplo de cómo hacerlo.

Tal vez se pregunte: «¿Qué bien trae sufrir trato injusto por parte de los líderes?» La idea va contra nuestra mente natural pues su lógica parece absurda. Sin embargo, la sabiduría de Dios moldea al corazón sumiso a través de este tipo de trato en tres modos. Primero, crea espacio para el juicio justo de Dios. Segundo, desarrolla en nosotros el carácter de Cristo. Tercero, nuestra sumisión bajo este trato glorifica a Dios.

Pablo dijo lo siguiente como prefacio a su discusión sobre la sumisión a las autoridades gobernantes: «No os venguéis vosotros mismos, amados míos, sino dejad lugar a la ira de Dios; porque escrito está: Mía es la venganza, yo pagaré» (Romanos 12:19). La defensa, corrección, vindicación u otro tipo apropiado de respuesta debe proceder de la mano de Dios, no del hombre. A la persona que se vindica a sí misma le falta la humildad de Cristo.

Nadie sobre la tierra posee más autoridad que Jesús, y sin embargo nunca se defendió a sí mismo ante las autoridades. Vayamos a la situación exacta a la que Pedro se refiere, la cual fue Jesús en su juicio: «Y los principales sacerdotes le acusaban mucho» (Marcos 15:3).

Imagínese una corte en la cual todo lo que dicen los testigos será usado oficialmente contra Jesús. Los hombres que testificaban eran los líderes religiosos y políticos de su nación. Eran hombres de influencia cuyas palabras tenían gran peso, pero no había nada de verdad en lo que decían. Solo pronunciaban puras mentiras, sin embargo Jesús se quedó en silencio ante sus acusadores y no se defendió a sí mismo. «Otra vez le preguntó Pilato, diciendo: ¿Nada respondes? Mira de cuántas cosas te acusan. Mas Jesús ni aun con eso respondió; de modo que Pilato se maravillaba» (Marcos 15:4-5).

Pilato era juez en la silla más elevada de la nación. Él vio a muchos hombres bajo juicio y los vio defenderse a sí mismos para evitar la condena. Si eran declarados culpables, serían llevados a la cárcel, exiliados o ejecutados. No había una corte superior a la cual apelar. Él nunca había visto un hombre acusado quedarse en silencio. Pilato sabía que los líderes habían entregado a Jesús para ser juzgado por envidia, y querían el castigo más severo: muerte por crucifixión. Él también sabía que Jesús no era quien ellos decían. Sin embargo, Jesús rehusó defenderse a sí mismo. Su comportamiento causó que el gobernador se maravillará de su compostura.

¿Por qué no se defendió Jesús a sí mismo? La razón: para permanecer bajo el juicio de su Padre y así bajo su protección. Pedro dijo: «Quien cuando le maldecían, no respondía con maldición; cuando padecía, no amenazaba, sino encomendaba la causa al que juzga justamente» (1 Pedro 2:23).

Cuando rehusamos defendernos a nosotros mismos, nos cubrimos bajo la mano de la gracia y el juicio de Dios. No hay un lugar más seguro: «¿Quién acusará a los escogidos de Dios? Dios es el que justifica» (Romanos 8:33).

En contraste, los que se defienden a sí mismos entran bajo la jurisdicción de sus acusadores y del juicio de ellos invalidando así la intervención divina. Recuerdo una situación en la cual me defendí a mí mismo ante un superior. Dios después de eso me mostró una breve visión de mi corazón. Vi al Señor de pie junto a mí con sus manos detrás de su espalda. Él se negaba a traerme la ayuda que necesitaba. Una vez que dejé de justificarme a mí mismo, comenzó a obrar por mí.

Cristo nunca perdió de vista a su juez final, aun cuando estuvo ante la autoridad delegada. Recuerde, el corazón del rey está en las manos del Señor. Al rehusar defenderse a sí mismo, permaneció bajo la defensa de Dios durante todo el proceso. El momento en que usted se justifica y se defiende a sí mismo, se rinde a su acusador como juez. Usted entrega su derecho espiritual de protección, porque Él se levanta sobre usted en la esfera del espíritu cuando usted da respuesta a su crítica. Su influencia es elevada por su autodefensa. Al intentar probar su inocencia, usted queda a misericordia de su acusador. Por esta razón Jesús nos exhortó:

> «Ponte de acuerdo con tu adversario pronto, entre tanto que estás con él en el camino, no sea que el adversario te entregue al juez y el juez al alguacil, y seas echado en la cárcel. De cierto te digo que no saldrás de allí, hasta que pagues el último cuadrante» (Mateo 5:25-26).

Según esta parábola, se le obligará pagar lo que su acusador demanda como restitución. Cuanto mayor sea la ofensa que tenga contra usted, menor misericordia le extenderá. Él le quitará hasta el último centavo de su deuda, sea justo o no.

LA FE DE UN NIÑO

Cuando nuestro hijo mayor, Addison, estaba en tercer grado, compartió durante una cena con Lisa y conmigo un problema que tenía en la escuela. Sentía que uno de sus instructores tenía algo contra él. Addison sentía que no le caía bien al maestro y que este lo culpaba cuando los estudiantes hablaban o hacían desorden en clase. Esto estuvo ocurriendo por cierto tiempo y el maestro había enviado una nota a casa para ser colocada en el registro en su contra. Addison es muy concienzudo y pensar en tener un reporte negativo era demasiado para él. A medida que compartía su frustración y temores, comenzó a llorar.

Le aseguramos que creíamos lo mejor de él y le pedimos que nos contara los detalles. Él dijo quejándose: «Me culpan por todo. Aun si hay más de una persona involucrada, yo cargo con toda la culpa. Me culpan de cosas que no he hecho. Como hoy, dos muchachos junto a mí se estaban riendo y carcajeando y yo estaba en silencio. El maestro se volteó y me gritó». Sus labios temblaban por la injusticia. Para un niño de nueve años era una crisis sin esperanza.

Los otros maestros de Addison reportaban que su conducta era excelente, así que sabíamos que esta era una situación aislada. Mientras Lisa trataba de calmarlo, le pregunté:

—¿Qué le dijiste cuando te corrigió hoy?

Addison respondió:

—Le dije: «¡No era yo quien estaba hablando, eran esos dos muchachos!»

Y le pregunté:

—¿Es esta la forma en que respondes generalmente cuando te corrige?

Addison respondió:

—¡Sí, si sé que no he hecho nada!

Yo lo mire:

—Bueno, hijo, aquí es donde está el problema. Tú te justificas ante tu autoridad y cuando te defiendes a ti mismo, Dios no lo hace.

Compartí con él las Escrituras presentadas en este capítulo. Para ayudarle a entender aun más, compartí con él la siguiente prueba que experimenté con el administrador que mencioné en el capítulo anterior.

UN JEFE DETERMINADO A HACER DAÑO

Este hombre tenía un hijo en nuestro grupo de jóvenes. Yo había estado predicando mensajes fuertes sobre la santidad, la oración y el señorío. Muchos jóvenes estaban siendo transformados. En un punto, este joven vino a mi esposa llorando y le preguntó cómo era posible vivir una vida pura y santa cuando había tanto comportamiento impío en su casa. Luego explicó los detalles, lo cual me ayudó a entender por qué su padre estaba en mi contra.

Unos meses después, cuatro jóvenes diferentes me dijeron que estaban tristes porque me iban a despedir. Descubrí que esta información venía del hijo de ese hombre; me dijo que lo había escuchado de su padre.

Yo fui a su padre y lo admitió, pero culpó al pastor principal, diciendo que su intención era despedirme. Pasaron varias semanas y la situación empeoró. Mi familia estaba bajo tensión constante con la duda si íbamos a continuar o ser despedidos. Habíamos comprado una casa, mi esposa estaba embarazada y no teníamos dinero ni ninguna parte a dónde ir. Yo no quería enviar currículos buscando trabajo. Creía que Dios me había llevado allí y me iba a quedar sin un plan alternativo. Mi esposa estaba nerviosa y preocupada y me animaba a hacer algo: «Mi amor, sé que te van a despedir. Todo el mundo me lo está diciendo».

Ella estaba en lo correcto. El pastor principal finalmente acordó despedirme. En un servicio, un domingo por la mañana, anunció que grandes cambios vendrían al grupo de jóvenes. Yo todavía no había hablado con él. Tenía una reunión pendiente con él y el administrador al día siguiente. Dios me dijo que no me defendiera.

Cuando entré a la oficina del pastor principal, al día siguiente, él estaba solo. Me dijo: «John, Dios te envió aquí. No te voy a dejar ir». Había cambiado su decisión. Sentí alivio, Dios me había protegido en el último momento. El pastor dijo entonces: «¿Por qué desea el administrador que seas despedido?» Yo respondí que no sabía, y a solicitud suya acordé hacer todo lo posible por preservar la paz.

Poco tiempo después de la reunión recibí evidencia escrita de una decisión que este administrador había tomado, la cual exponía sus motivos. Yo estaba listo para llevársela al pastor principal. Deseaba que supiera lo que estaba ocurriendo detrás de sus espaldas. Oré por unos cuarenta y cinco minutos, tratando de superar el sentimiento de incomodidad que tenía. Y argüía en mi mente: «Dios, este hombre ha sido deshonesto. Él debe ser expuesto. Es una fuerza destructiva en este ministerio. ¡Debo decirle al pastor principal quién es él realmente!» Y además justifiqué mis intenciones de exponerlo: «Todo lo que estoy reportando son hechos documentados. No es emocional. Si alguien no lo detiene, su comportamiento corrupto se infiltrará a toda la iglesia».

Finalmente frustrado dije: «Dios, tú realmente no quieres que exponga a este hombre, ¿cierto?» Cuando dije eso, la paz de Dios llenó mi corazón. Sonreí sorprendido. Sabía que Dios no quería que hiciera algo, así que vote la evidencia. Más tarde, cuando pude ver la situación objetivamente, me di cuenta que realmente deseaba defenderme y vengarme más que proteger a nadie. Por mi razonamiento me engañé al creer que mis motivos eran puros. Mi información era correcta, pero mis motivos eran impuros.

El tiempo pasó y un día, mientras oraba fuera de la iglesia antes de las horas de oficina, este hombre llegó. Dios me dijo que me humillara ante él. Inmediatamente me puse a la defensiva: «No, Señor, él necesita venir a mí. Él es quien ha causado todo el problema». Y continué orando, pero Dios estaba en silencio. Después de veinte minutos, de nuevo el Señor insistió en que fuera de inmediato a él y me humillara a mí mismo. Yo sabía que era Dios. Llamé al hombre y fui a su oficina. Sin embargo, lo que dije, y como lo dije, fue muy diferente de lo que hubiera sido antes de que Dios tratara conmigo. Con toda sinceridad le pedí perdón. Le dije que había sido critico y lo había juzgado. Él se suavizó y hablamos por un rato. A partir de ese día sus ataques contra mí cesaron.

Seis meses después, mientras estaba fuera de la ciudad, todo lo malo que hizo fue expuesto al pastor principal. Lo que estaba haciendo fue mucho peor de lo que yo sabía. Fue despedido de inmediato. El juicio llegó, pero no por mi mano. Lo que trató de hacerme a mí le ocurrió a él. Sin embargo, cuando ocurrió, yo no me sentí feliz. Me entristecí por él y su familia. Y entendí su dolor; pasé por lo mismo a manos de él. Como yo lo había perdonado seis meses antes, lo amaba y no le deseaba esta circunstancia.

Asistí a esa iglesia por los siguientes once años y con frecuencia se me pedía que ministrara. La vergüenza que ese hombre trajo a mi nombre fue quitada y remplazada con honra. Al mirar atrás me doy cuenta que crecí durante ese tiempo de dificultad y luego Dios me promovió ante la misma gente que había escuchado tantos falsos rumores. Tal como el Padre exaltó altamente a Jesús —por su obediencia, su disponibilidad y su disposición a no defenderse a sí mismo—, honra a sus hijos que siguen el ejemplo que Él nos dejó.

EL ESTUDIANTE DEL AÑO

Después de compartir las Escrituras y este incidente con Addison, dije: «Hijo, tienes una decisión que tomar. Puedes continuar defendiéndote y permanecer bajo el juicio de tu maestro o puedes darte cuenta que no has respondido a sus acusaciones en forma piadosa. Luego ve a tu maestro, humíllate a ti mismo, y pide perdón por tu falta de respeto y por resistir su autoridad, y Dios se involucrará».

Addison preguntó:

—¿Y qué hago después cuando se me culpe de algo que no hice?

—Deja que Dios te defienda. ¿Te ha resultado defenderte a ti mismo?

Addison respondió:

—No, quiero que Dios me defienda.

Al día siguiente fue a su maestro y se humilló a sí mismo. Le pidió que lo perdonara por desafiarle al ser corregido.

El maestro le perdonó y la siguiente semana Addison fue honrado como el estudiante de la semana en esa clase. Nunca tuvo otro problema. Terminó el año recibiendo del maestro el mayor honor en la ceremonia de premiación.

Si un niño de nueve años puede humillarse a sí mismo y poner a prueba la Palabra de Dios en una crisis, ¿cuánto más debemos hacerlo nosotros? Creo que esto ilustra por qué Jesús dijo: «Así que, cualquiera que se humille como este niño, ese es el mayor en el reino de los cielos» (Mateo 18:4).

EL ENCUENTRO DE DAVID CON UNA AUTORIDAD NO RAZONABLE

Addison aprendió lo mismo que David, hijo de Isaí. Dios es el Juez justo y si dejamos en sus manos el trato injusto de alguien en autoridad, Él siempre juzgará correctamente. Al hablar de David, debemos recordar que Dios, no el diablo, colocó a David bajo el líder no razonable y eventualmente cruel que era Saúl.

Todo comenzó aun antes de que se conocieran cuando Samuel, el profeta principal de Israel, ungió a David como el próximo rey sobre el pueblo de Dios. David debe haber quedado abrumado de entusiasmo, pensando: *Este es el hombre que ungió al rey actual. ¡Voy a ser rey!*

Saúl había desobedecido a Dios y estaba siendo atormentado por un mal espíritu. Su único alivio venía de alguien que tocara el arpa. Sus asistentes comenzaron a buscar a un joven que pudiera sentarse en su presencia y ministrarle. Uno de los siervos del rey sugirió a David, el hijo de Isaí. El rey Saúl envió por él y solicitó que viniera al palacio a ministrarle. David debe haber pensado, *Dios ya está comenzando a cumplir su promesa a través del profeta.* Él se dijo a sí mismo: *Esta debe ser mi entrada.*

El tiempo pasó y se le pidió que llevara refrigerios a sus hermanos mayores, que estaban en guerra contra los filisteos. Al llegar a la línea de batalla vio al gigante filisteo, Goliat, burlarse del ejército de Dios y se enteró de las burlas que habían ocurrido ya por cuarenta días. Se enteró que el rey había ofrecido la mano de su hija en matrimonio al hombre que venciera al gigante. David fue ante el rey y solicitó permiso para pelear. Mató a Goliat y se ganó a la hija de Saúl. Así se ganó el favor de Saúl y se comprometió para ser yerno del rey.

Jonatán, el hijo mayor de Saúl, hizo un pacto de amistad eterna con David. Todo lo que Saúl le dio a David a hacer, la mano de Dios estaba sobre él, y prosperaba. El rey le pidió que se sentara a la mesa con sus propios hijos. Todo iba bien, David estaba muy emocionado. Vivía en el palacio, comía a la mesa del rey, se casó con su hija, era amigo de Jonatán y tenía éxito en todas sus campañas. Aun se estaba ganando el favor del pueblo. Podía ver la profecía cumpliéndose ante sus ojos. Saúl favorecía a David sobre todos sus otros siervos y le hizo su portador de armas. Saúl llegó a ser un padre para David, que estaba seguro de que Saúl le entrenaría, y un día, con gran honor le pondría sobre el trono. David se regocijaba en la bondad y fidelidad de Dios.

UN CAMBIO ABRUPTO

Pero en un día todo cambio. Saúl y David regresaban de batalla, lado a lado, cuando las mujeres de todas las ciudades de Israel salieron danzando y cantando: «Saúl mató sus miles, y David a sus diez miles». Esto enfureció a Saúl y desde ese día despreció a David. Saúl comenzó a arrojarle lanzas a David y a conspirar para matarlo. La Biblia dice que Saúl odiaba a David porque sabía que Dios estaba con él. Saúl sabía que Dios se había apartado de él. David se vio forzado a huir por su vida. Sin ningún lugar adónde ir huyó al desierto. «¿Qué está ocurriendo?» David pensó: «La promesa se estaba cumpliendo y ahora todo está destrozado. El hombre que me estaba entrenando y que es mi líder está tratando de matarme. ¿Qué puedo hacer? Saúl, es el siervo ungido de Dios. Con él contra mí ¿qué chance tengo ahora? Él es el rey, el hombre de Dios, sobre la nación de Dios. ¿Por qué está Dios permitiendo esto?»

Ahora Saúl persigue a David por todo el desierto, de cueva en cueva, acompañado de tres mil de los mejores guerreros de Israel, con un propósito, destruirlo. En este punto la promesa era simplemente una sombra mientras David huía para sobrevivir. Ya no vivía en el palacio ni comía a la mesa del rey. Ya no montaba al lado del rey sino que era perseguido por los hombres con los cuales una vez peleó. No habría camas suaves, ni siervos que le atendieran, ni halagos en la corte real. Su esposa había sido dada a otro.

¿Cómo podría el líder bajo el cual Dios le había colocado estar haciendo eso? Con mucha seguridad David luchaba con pensamientos de enojo, desánimo y desilusión. *¿Por qué no hace Dios nada sobre esto? ¿Se preocupa Dios por mí? ¿Qué tal con sus promesas? ¿Por qué pondría él su mano sobre un hombre tan cruel para guiar a su congregación, el pueblo de su pacto?*

Saúl estaba tan determinado a matar al joven, a cualquier costo, que su locura aumentó. Había sacerdotes en la ciudad de Nob que le proveyeron a David techo, comida y la espada de Goliat. Ellos no sabían que David estaba huyendo de Saúl y pensaban que estaba en una misión para el rey. Así que consultaron al Señor por él y le enviaron en su camino.

Cuando Saúl se enteró, se enfureció más. Y mató a ochenta y cinco sacerdotes inocentes del Señor pasando a toda la ciudad de Nob por la espada; a cada hombre, mujer, niño infante y animal. Llevó a cabo el juicio contra ellos, los inocentes, que debió haber hecho contra los amalecitas. Ver la lección de Dios para escoger a tal líder resultó ser casi imposible de razonar. Saúl era un asesino. ¿Cómo pudo Dios alguna vez poner su Espíritu sobre tal hombre?

Muchos dicen que Saúl fue a quien el pueblo eligió, mientras que David fue el elegido de Dios. Esta declaración errónea es enseñada por personas que no pueden imaginar que Dios coloque a un hombre severo en liderazgo. Es cierto que la gente quería un rey; sin embargo, Dios escogió tanto a Saúl, como a David. Dios dijo: «Me pesa haber puesto por rey a Saúl» (1 Samuel 15:11).

En cierto punto Saúl se enteró de que David estaba en el desierto de En-gadi, y fue a buscarlo con tres mil guerreros. Durante su viaje, descansaron en una cueva en la cual David se estaba escondiendo. Después que Saúl y sus soldados se desvistieron para bañarse, la Escritura nos dice que los hombres de David le dijeron: «He aquí el día de que te dijo Jehová: He aquí que entregó a tu enemigo en tu mano y harás con él como te pareciere».

Luego David fue sin ser notado y cortó la esquina del manto de Saúl. Entonces se sintió mal en su conciencia por haber hecho eso:

«Jehová me guarde de hacer tal cosa contra mi señor, el ungido de Jehová, que yo extienda mi mano contra él; porque es el ungido de Jehová. Así reprimió David a sus hombres con palabras, y no les permitió que se levantasen contra Saúl. Y Saúl, saliendo de la cueva, siguió su camino» (1 Samuel 24:4-7). Hablando de su conciencia, la versión Reina Valera dice que «se turbó el corazón de David». Él todavía era sensible en su corazón hacia el líder que le había producido tanto dolor en su vida. Obviamente había resistido y llevado a sumisión los pensamientos de enojo, temor y frustración.

Como ya había cortado la orilla del manto del rey, decidió usarlo para probarle su inocencia a Saúl. Desde cierta distancia David se inclinó al suelo y le dijo a Saúl en alta voz: «*¡Padre mío*, mira la orilla de tu manto en mi mano; porque yo corté la orilla de tu manto, y no te maté. Conoce, pues, y *ve que no hay mal ni traición en mi mano*, ni he pecado contra ti; sin embargo tú andas a caza de mi vida para quitarla» (1 Samuel 24:11, énfasis del autor).

A David le preocupaba que Saúl creyera que él estaba en rebelión y que era malo. David debió haber buscado en su corazón: «¿Qué he hecho mal? ¿Cómo se volvió el corazón de Saúl contra mí tan rápido?» Era por eso que él le dijo: «Alguien me urgió a que te matara … Pero en eso yo corté la orilla de tu manto, y no te maté a ti. Entérate y ve que no hay ni maldad ni rebelión en mi mano». Él no podía creer que Saúl pensara esto por sí mismo. Alguien debió haber envenenado su corazón contra David, así que quería probar su lealtad a Saúl. Pensó que si podía, Saúl le restauraría a su favor, sería bondadoso hacia él y la profecía sería cumplida.

Aquellos que han sido rechazados por un padre o un líder tienden a poner toda la culpa sobre sí mismos. Son prisioneros de pensamientos atormentadores: *¿Qué hice?* y, *¿Permaneció puro mi corazón?* Llevan la carga de tratar constantemente de probar su inocencia ante sus líderes. Creen que si pudieran demostrar su lealtad y su valor, serían aceptados. Pero cuanto más tratan, más rechazados que se sienten.

Saúl reconoció la bondad de David cuando vio que este pudo haberlo matado y no lo hizo, así que el rey y sus hombres se fueron. David debió haber pensado: *El rey me restaurará. Ahora la profecía se cumplirá. Con seguridad ahora ve mi corazón y me tratará mejor. Será un líder bueno y afable.* Pero estaba muy lejos de la realidad.

ÉL ESTÁ DETERMINADO A DESTRUIRME

Sólo luego de un breve tiempo, unos hombres le reportaron a Saúl que David estaba en las colinas de Haquila. Saúl le persiguió de nuevo con los mismos tres mil soldados. De nuevo buscó la destrucción de David. Estoy seguro que la persecución implacable de Saúl dejó a David devastado. Él se dio cuenta que no era un malentendido, sino que Saúl estaba intencionalmente, sin provocación, buscando la vida de David.

Saúl conocía su corazón pero aun así marchó contra él. David se dio cuenta que lo que había deseado todo ese tiempo no era verdad: se dio cuenta que estaba tratando con un líder maligno. ¿Cómo podía Dios colocar su unción sobre tal hombre?

David, junto con Abisai, el hermano menor de Joab, un joven sediento de sangre, entraron secretamente al campamento de Saúl. Dios les había dado a todos un sueño profundo. Los dos hombres pasaron sigilosamente por todo el ejército hacía donde Saúl estaba durmiendo. Abisai le rogó a David: «Hoy ha entregado Dios a tu enemigo en tu mano; ahora, pues, déjame que le hiera con la lanza, y lo enclavaré en la tierra de un golpe, y no le daré segundo golpe» (1 Samuel 26:8).

Abisai tenía muchas razones buenas por las cuales David debía ordenarle que matara a Saúl. Primero y principal. Saúl había matado a ochenta y cinco sacerdotes inocentes, sus esposas e hijos, ¡a sangre fría! La nación estaba en peligro bajo el liderazgo de tal hombre descabellado. Hoy día muchos razonan de la misma forma, especialmente con los líderes de la iglesia, sólo que los líderes no han hecho cosas tan malas.

Segundo, Dios había ungido a David como el próximo rey de Israel por la palabra de Samuel. ¡Era tiempo de que David reclamara su herencia! ¿Quería él morir y nunca cumplir la profecía? He oído este razonamiento muchas veces de personas desilusionadas que trabajan en la iglesia.

Tercero, ¿no estaba Saúl buscando matar a David y sus hombres con tres mil soldados? Era hora de matar o ser matado. Con seguridad sería en defensa propia. Abisai sabía que cualquier tribunal justificaría sus acciones. Desde luego, este razonamiento no sería contrariado hoy. Lo adoptaríamos sin pensarlo siquiera.

Cuarto, ¿no fue Dios quien trajo un sueño tan profundo al ejército para que ellos pudieran ir a Saúl a fin de llevar a cabo su voluntad de librar a la nación de tal líder malvado? Ellos tuvieron sus oportunidades y puede que nunca más la tuviesen de nuevo. ¡Era hora de cumplir la profecía! ¿Cuántas directivas de iglesias o personal han pensado esto cuando su líder está vulnerable? Ellos piensan: *Dios le ha puesto en el lugar en que ahora podemos quitarle el liderazgo.* Este razonamiento solamente expone sus corazones insubordinados.

Todas estas razones parecían buenas. Tenían sentido y David estaba recibiendo el ánimo de otro hermano leal. De manera que si David hubiese tenido sólo un poco de rebelión en su corazón, habría razonado para permitirle a su asistente pasar a Saúl por la espada, y se habría sentido totalmente justificado. Sin embargo, escuche la respuesta de David: «No le mates; porque ¿quién extenderá su mano contra el ungido de Jehová y será inocente?» (1 Samuel 26:9). Para ponerlo en términos de hoy: «No lo toques con espada o acciones porque ¿quién puede atacar a su líder y ser inocente?»

David no lo iba a matar, aunque Saúl había matado a gente inocente y quería matarlo a él. David no tomaría venganza por sí mismo; la dejó en las manos de Dios. Hubiera sido más fácil terminar con todo de una vez; más fácil para David y para el pueblo de Israel. Él sabía que la nación era como ovejas sin verdadero pastor. Sabía que una persona malvada los estaba violando persiguiendo sus propios deseos egoístas. Era difícil no defenderse a sí mismo, ¡pero probablemente era más difícil no librar al pueblo que él amaba de un rey malvado!

David tomó la decisión, aunque sabía que el único consuelo de Saúl era destruirlo a él. David había probado su pureza de corazón cuando no mató a Saúl la primera vez. Tampoco lo haría ahora. Saúl era el ungido del Señor. Era el siervo de Dios, y David dejó a Saúl en las manos de Dios para que le juzgase.

David fue sabio cuando escogió dejar que Dios juzgara a Saúl. Usted puede preguntar: «¿A quién usó Dios para juzgar a Saúl, su siervo?» La respuesta: a los filisteos. El Señor muchas veces usa a hombres no salvos o instituciones del mundo para traer juicio a sus líderes en la iglesia. Saúl cayó en batalla junto con sus hijos. Cuando David escuchó la noticia, no lo celebró. ¡Se lamentó!

De hecho, David ejecutó al hombre que dijo que había matado a Saúl, aun cuando no lo había hecho. El hombre tenía la esperanza de que esas noticias le ganarían el favor de David, pero el efecto fue lo opuesto. David respondió: «¿Cómo no tuvisteis temor de extender tu mano para matar al ungido de Jehová?» Después de la ejecución, David le dijo al hombre muerto: «Tu sangre sea sobre tu cabeza, pues tu misma boca atestiguó contra ti, diciendo: Yo maté al ungido de Jehová» (2 Samuel 1:16).

David entonces compuso una canción para que el pueblo de Judá la cantase en honor a Saúl y sus hijos. Y le ordenó a la gente que no lo proclamaran en las calles de las ciudades filisteas para que el enemigo no se regocijara. Proclamó que no hubiese lluvia o cosechas en el lugar en que Saúl fue asesinado. Y llamó a todo Israel a llorar por Saúl. Ese no era el corazón de un hombre que buscaba venganza, que ya no honraba a su líder. No, tal hombre hubiera dicho: «¡Él recibió lo que merecía!»

David fue aun más allá. No mató al resto de la descendencia de la casa de Saúl; más bien, le mostró misericordia. Les dio tierra y comida y le otorgó a uno de sus descendientes una silla a la mesa del rey. ¿Es esto lo que haría un hombre feliz de que su líder cayera en juicio? Los que son rebeldes en su corazón se regocijan cuando sus líderes espirituales caen. Ellos piensan: *Recibieron lo que merecían*. Casi siempre ayudan calumniando o haciendo comentarios dañinos para empujarlos aun más en su castigo. Ellos no tienen el corazón que tenía David. No tienen un corazón en pos del corazón de Dios.

EN POSICIÓN DE SER BENDECIDOS

Debemos tener siempre presente que es para bien que Dios nos pasa a través de tratos injustos de la mano de las personas en autoridad. Él usa eso para prepararnos para una bendición. Pedro continúa su exhortación: «No devolviendo mal por mal, ni maldición por maldición, sino por el contrario, bendiciendo, *sabiendo que fuisteis llamados para que heredaseis bendición*» (1 Pedro 3:9, énfasis del autor).

La bendición puede no consistir de cosas naturales, aunque muchas veces sí lo es; más bien, viene en áreas más importantes, como un carácter como el de Cristo, un avance en el reino, o recompensas eternas. Cuando nos sometemos a la autoridad de Dios, nada malo puede ocurrirle a nuestro bienestar espiritual. Pedro dejó esto en claro preguntando: «¿Y quién es aquel que os podrá hacer daño, si vosotros seguís el bien?» (1 Pedro 3:13). El contexto de esta declaración implica seguir el ejemplo personal de Cristo.

En cuanto al carácter en semejanza a Cristo, Pedro nos amonesta: «Porque también Cristo padeció una sola vez por los pecados, el justo por los injustos ... Puesto que Cristo ha padecido por nosotros en la carne, vosotros también armaos del mismo pensamiento; pues quien ha padecido en la carne, terminó con el pecado» (1 Pedro 3:18; 4:1).

Pedro nos instruyó a armarnos de los mismos sufrimientos que Cristo experimentó, los cuales en el contexto de su epístola son un trato injusto por parte de las autoridades. ¿Puede imaginarse a un ejército yendo a la batalla sin armas? Sería una locura. Sin embargo, muchos creyentes no se arman para sufrir un trato injusto. Cuando son asaltados, se quedan estupefactos, confundidos o sorprendidos. *Reaccionan* en su propio razonamiento en vez de *actuar*, basados en los principios de la autoridad.

Permítame darle otro ejemplo de alguien que estaba armado. Un punto crucial del entrenamiento de pilotos de aerolíneas es el uso de simuladores de vuelo. En estos simuladores los pilotos confrontan casi todo tipo de emergencia de vuelo que podrían experimentar. En la seguridad de este ambiente, ellos mejoran sus habilidades de respuesta hasta que pueden enfrentarlas con éxito. Esta preparación les arma para las emergencias. Si algo ocurre en un vuelo real, los pilotos no entran en pánico; responden asistidos y guiados por su entrenamiento intensivo. Aunque los pasajeros pueden entrar en pánico y estar asustados o histéricos, los pilotos permanecen calmados y en control total. Los investigadores que revisan las grabaciones de las cajas negras de accidentes aéreos se sorprenden de lo calmado que permanecen los pilotos. Por lo general no hay pánico en sus voces aun hasta el momento del impacto. ¡Están armados!

Este libro puede servir como un manual de entrenamiento de vuelo. La Palabra de Dios dentro de este mensaje le arma o le prepara a usted para las curvas que la vida nos lanza en cuanto a la autoridad. Si responde correctamente, experimentará bendición. Pedro nos dijo que los que siguen el ejemplo de Cristo y su sufrimiento han cesado del pecado. ¡Qué gran verdad! En otras palabras, los que manejan correctamente el trato injusto de manos de las autoridades llegan a un lugar de madurez espiritual.

Hay aun una promesa mayor. Pablo dijo:

> «Palabra fiel es esta: Si somos muertos con él, también viviremos con él; si sufrimos, también reinaremos con él» (2 Timoteo 2:11-12).

Se promete autoridad espiritual a los que sufren con Cristo. Cuanto mayor sea la dificultad que usted enfrente, mayor será la autoridad que Dios le confiará. De nuevo, usted puede ver que Dios le está preparando para una bendición cuando encuentra a alguien en autoridad que no es razonable. Pero ¿responderá correctamente y recibirá la bendición, o tendrá resentimientos y amargura? La decisión es suya. ¡Escoja el camino de los vencedores, el cual es la vida!

CAPÍTULO 14

EL JUICIO CAUSADO A SÍ MISMO

*Los que honran a la autoridad andan en gran autoridad
y el respeto los sigue.*

No todo el mundo responde al liderazgo como David. Con demasiada frecuencia nos deleitamos en ver los defectos de nuestras autoridades y luego nos sentimos justificados por no ejercitar ninguna restricción. Pero nuestra respuesta a los pecados de otros, especialmente de los líderes, es uno de los principales indicadores de nuestra madurez espiritual. Siendo este el caso, Dios con frecuencia usa las faltas y los errores de las autoridades sobre nuestras vidas para exponer la condición verdadera de nuestros corazones. Vemos cómo esto ocurrió con uno de los hijos de Noé.

CORRECTO, PERO ERRADO

Después del diluvio, Noé comenzó a cultivar la tierra, y plantó una viña. Un día después de beber mucho, se retiró a su tienda, y en su ebriedad se quitó la ropa y se durmió desnudo.

Cam, el menor de sus hijos, entró a la tienda donde Noé dormía, vio su desnudez, salió y les dijo a sus dos hermanos, Sem y Jafet. Le contó sólo a la «familia». Tal vez diría: «¡Muchachos, papá está borracho y desnudo». O quizá aun peor, invitó a sus hermanos a ver a su líder espiritual desnudo.

Cuando Sem y Jafet escucharon la historia, tomaron la ropa, la pusieron sobre sus hombros y caminaron de espalda entrando en la tienda, miraban hacia otro lado a la vez que cubrieron la desnudez de su padre. Una vez que Noé despertó de su ebriedad, se enteró de lo que Cam había hecho. Escuche lo que Noé proclamó:

«Maldito sea Canaán; siervo de siervos será a sus hermanos.
Dijo más: Bendito por Jehová mi Dios sea Sem, y sea Canaán
su siervo. Engrandezca Dios a Jafet, y habite en las tiendas
de Sem, y sea Canaán su siervo» (Génesis 9:25-27).

Previamente discutimos las consecuencias de la desobediencia a la
autoridad de Dios. Los que se revelan entran bajo maldición. Cam
aprendió esta verdad en forma dura. Él deshonró y, por tanto, mostró falta de respeto por la autoridad delegada de Dios sobre Noé, lo
cual trajo una maldición a las generaciones de Cam. Es interesante
ver que la transgresión de Cam produjo consecuencias severas sobre
él, mientras que la embriaguez de Noé no trajo ninguna que haya
sido registrada.

La falta moral de Noé llegó a ser una prueba para sus tres hijos,
revelando el corazón de cada uno a su vez. Uno era rebelde y necio,
y dos eran honorables y llenos de misericordia. Noé no dio el mejor
ejemplo con su embriaguez, pero era Dios quien debía tratar con su
comportamiento, no los que estaban bajo él. Dos de sus hijos enten-
dieron esto y continuaron honrándolo. Uno se tomó las cosas en sus
propias manos para deshonrarlo y avergonzar a su padre, y trajo
sobre su cabeza la misma maldición que pensó estaba destinada a
su padre.

Sem y Jafet ni siquiera querían mirar la falta de su padre. No querían observar o permitirle a otros (sus esposas e hijos) que vieran
su condición, así que lo cubrieron. Debido a que mantuvieron la
reverencia por la posición de su padre, protegieron su posición y sus
corazones. Sin embargo, Cam se burló y desacreditó a su padre en
un posible intento por desacreditar su habilidad de dirigir. Esto le
proveyó a Cam una excusa para desobedecer a su padre cuando lo
deseara. Esto es cierto con cualquier persona cuando la insubordinación habita en su corazón. Descalificando a la autoridad, se siente
libre de la sumisión. En su corazón decide no restringirse.

En el «salón de la fama de Dios» (Hebreos 11), este se jacta de
la fe de Noé y su obediencia, pero no hayamos a Cam incluido allí.
¿No estaba Cam en lo correcto? ¿No se había embriagado Noé y
quedado desnudo? Sí, Cam estaba cien por cien correcto en lo que
había reportado, pero sin embargo erró en principio. El razonamiento justifica sus acciones; sólo repitió lo que había visto; simplemente

estaba siendo «sincero». Sin embargo los principios de obediencia y reverencia dicen otra cosa. Sem y Jafet honraron a su padre y fueron bendecidos.

Muchos, como Cam, tienen razón en lo que reportan sobre los líderes, pero sin embargo están errados a los ojos de Dios. Deshonran a otra persona pero pierden su bendición. Viven en la necedad de su propio entendimiento y razonamiento. No tienen el corazón de David, Sem y Jafet. Cuando la caída de Saúl se completó, David se lamentó y proclamó:

> «*No lo anunciéis en Gat, ni deis las nuevas en las plazas de Ascalón*; para que no se alegren las hijas de los filisteos, para que no salten de gozo las hijas de los incircuncisos… Saúl y Jonatán, amados y queridos; inseparables en su vida, tampoco en su muerte fueron separados; más ligeros eran que águilas, más fuertes que leones. *Hijas de Israel, llorad por Saúl,* quien os vestía de escarlata con deleites, quien adornaba vuestras ropas con ornamentos de oro» (2 Samuel 1:20, 23-24, énfasis del autor).

David sufrió grandemente de la mano de su líder. El entendimiento natural y el razonamiento carnal le habrían animado a regocijarse y proclamar victoria. Pero de nuevo probó que vivía según los principios de la autoridad, y su ejemplo le comunicó esto a los hombres bajo su autoridad. Como resultado, llegó a ser un gran líder en el reino. Los que honran a la autoridad andan en gran autoridad y el respeto les sigue. Ellos atraen la bendición de Dios. Aquellos que se burlan de la autoridad, o que la estiman con ligereza, siembran una cosecha de falta de respeto y hacen que el juicio los siga.

EL JUICIO CAUSADO SOBRE SÍ MISMO

Examinemos de nuevo nuestro texto fundamental sobre la autoridad delegada:

> «Sométase toda persona a las autoridades superiores; porque no hay autoridad sino de parte de Dios, y las que hay, por Dios han sido establecidas. De modo que quien se opone

a la autoridad, a lo establecido por Dios resiste; y los que resisten, acarrean condenación para sí mismos» (Romanos 13:1-2).

El juicio viene a quienes resisten la autoridad. Si usted toca a la autoridad, está tocando a Dios. Trabajé para dos ministerios internacionales antes de comenzar el nuestro. Vi el juicio consistente como resultado de resistir a la autoridad. Este vino de muchas formas, pero nunca falló en llegar. Era especialmente evidente cuando despedían a los empleados. No importa cuán irrazonable fuera el líder o las circunstancias, si criticaban o hablaban mal del líder, si bebían de la amargura, terminaban en mayores dificultades. Para algunos, eran las finanzas; para otros, el trabajo; para otros, la salud; para otros, problemas con sus hijos; y algunos sufrieron problemas maritales. La lista es larga, pero la línea de las dificultades inusuales pasó a través de la vida de cada persona que no honró a sus líderes espirituales.

Vi a muchos que fueron maltratados cuando los despidieron, pero mantuvieron un espíritu dulce. Rehusaron hablar en contra de su antiguo empleador o escuchar a otros que lo hicieran; en vez de eso, los bendijeron y los honraron cuando el tema surgía. Ellos sabían que Dios era su Fuente y que proveería para ellos, cuidaría de ellos y a su vez los promovería. Los vi entrar en posiciones mejores de las que tuvieron en nuestro ministerio. Me he encontrado con algunos doce años después y aún están bendecidos.

¿Cómo mantiene uno un espíritu dulce? Jesús nos dio el secreto: «Pero yo os digo: amad a vuestros enemigos, bendecid a los que os maldicen, haced bien a los que os aborrecen, y orad por los que os ultrajan y os persiguen» (Mateo 5:44). Él nos dijo que debíamos orar por aquellos que con rencor nos usan o nos abusan. Cuando hacemos esto, nuestros corazones son sanados y no se vuelven críticos ni hastiados.

EL TENER DONES FRENTE A LA AUTORIDAD

He aprendido con las Escrituras y he visto confirmado en las experiencias de la vida, que aquellos que hablan contra la autoridad traen un juicio cierto sobre sí mismos. Consideren a María y Aarón: «María y Aarón hablaron contra Moisés a causa de la mujer cusita que había tomado» (Números 12:1).

Primero, discutamos quiénes eran María y Aarón. María era la hermana de Moisés. Permítame también señalar, que era su hermana mayor. Dios la llamó profetisa (ver Éxodo 15:20). Aarón era el hermano mayor de Moisés así como el sumo sacerdote. Así que estamos hablando de dos personas con posiciones significativas de liderazgo y en autoridad.

Ellos criticaron a Moisés por casarse con una mujer cusita, una nativa o habitante de la tierra antigua de Cus, identificada por la mayoría de los eruditos como Etiopía, un país al noreste de África. La mujer no era descendiente de Abraham; estaba fuera de ese pacto.

María y Aarón creían que Moisés había pecado o por lo menos había tomado una mala decisión al casarse con esa mujer africana, especialmente porque él era líder. ¿Estaban ellos en lo correcto? Parece serlo si nos vamos a la letra de la ley. Dios había expresado su deseo de que los hijos de Israel se casaran entre ellos mismos. Les advirtió que las esposas extranjeras desviarían sus corazones a los dioses extraños. Este mandamiento se dio en Deuteronomio. El que Moisés se haya casado con una extranjera parecía una contradicción. Probablemente razonaron que su influencia era demasiado visible y grande para comportarse de esa forma. (Note: Nuestro mandamiento hoy día es que no debemos estar unidos en yugo desigual con los incrédulos. Ya no se trata de la línea natural, sino de la espiritual. Ver Gálatas 3:28. Es perfectamente correcto que dos personas de orígenes étnicos diferentes se casen, según el Nuevo Testamento.)

De manera que María y Aarón estaban acertados en su evaluación, pero sin embargo errados como Cam. Moisés era su líder. Criticarlo estaba fuera de orden. Cual hermano y hermana mayores, podrían haberlo discutido como un asunto familiar con él, pero hablar entre ellos o discutir su comportamiento en la congregación era definitivamente un pecado.

¿Qué les dio pie para hablar contra su líder? La respuesta se halla en el próximo versículo: «Y dijeron: ¿solamente por Moisés ha hablado Jehová? ¿No ha hablado también por nosotros. Y lo oyó Jehová» (Números 12:2).

¿Había Dios hablado mediante ellos? Absolutamente sí. Dios se refirió a Aarón como el portavoz o profeta de Moisés. Aarón habló el mensaje de Dios a faraón. María fue usada para cantar un salmo profético que aún tenemos en las Escrituras. Definitivamente tenían dones espirituales. Sin embargo, su error fue ver sus dones o habilidades espirituales por encima de la autoridad. Razonaron que como Moisés había pecado, ellos no lo habían hecho —todos habían sido usados por el Señor de gran forma— y Moisés ya no calificaba como autoridad sobre ellos. Permitieron que sus dones espirituales los elevaran sobre la autoridad que Dios había colocado sobre ellos.

En cuanto a la aplicación en el Nuevo Testamento, Pablo dice: «Hay diversidad de dones, pero el espíritu es el mismo» (1 Corintios 12:4). Este y otros versículos identifican al encargado de los dones como el Espíritu Santo. Algunos de los dones son la capacidad de dirigir, la capacidad de enseñar, la gracia para dar, profecía, dones de sanidad, discernimiento de espíritus y milagros (1 Corintios 12:712; Romanos 12:6-8).

Pablo continúa: «Y hay diversidad de ministerios, pero el Señor es el mismo» (1 Corintios 12:4-5). La palabra griega para «ministerios» es *diakonia*. Según el *Diccionario Griego de Thayer*, esta palabra es usada para describir «el oficio de los apóstoles y su administración, de los profetas, evangelistas, ancianos, etc.» En términos sencillos, esta palabra es usada para describir los cinco oficios de autoridad espiritual dentro de la iglesia. De esta Escritura vemos que el Señor, Cristo, está sobre estos oficios. Otro pasaje lo confirma. Cuando Jesús fue levantado de los muertos, Pablo escribió: «Y él mismo constituyó a unos, apóstoles; a otros, profetas; a otros, evangelistas; a otros, pastores y maestros, a fin de perfeccionar a los santos para la obra del ministerio, para la edificación del cuerpo de Cristo» (Efesios 4:11-12).

La autoridad del reino fluye hacia abajo a través de estos oficios, no los dones, pues toda autoridad fue dada a Jesús por el Padre después de su resurrección (Mateo 28:18). Jesús a su vez dio estos cinco ministerios según son designados en el pasaje de Efesios. Por tanto, su autoridad fluye a través de esos ministerios. Debemos mantener en mente el hecho de que una persona puede ser más dotada que su pastor, sin embargo el pastor que está en este oficio de autoridad está sobre la persona dotada.

Un pastor asistente que trabajaba en cierta iglesia era muy dotado para predicar y profetizar. Sus clases se llenaban pues el don de Dios en su vida era evidente. Dirigía la oración una vez a la semana y sus sesiones eran muy asistidas.

En la misma medida en que veía que era más popular, más libre se sentía para criticar las políticas establecidas por la iglesia y por el pastor principal. Decía que las políticas del pastor principal restringían el movimiento del Espíritu Santo e informaba su opinión a los que estaban a su alrededor. Su actitud crítica influyó a otro pastor asistente. Después de algún tiempo, ellos dirigían juntos el servicio de oración. Una noche el pastor principal se sentó en las últimas sillas durante la oración y vio que los pastores asistentes conducían el servicio exactamente en la forma en que les había dicho que no lo hicieran. En vez de interceder por la iglesia, la ciudad y los perdidos, ellos estaban conduciendo a la gente en otras formas de orar y reprendiéndoles si sentían que no lo estaban haciendo bien. La gente estaba confundida.

Ambos hombres eran ministros dotados, sin embargo no estaban sumisos a la autoridad de la iglesia. La seriedad de su ofensa fue cubierta por el hecho de que el Señor les estaba usando en enseñar y ministrar a su pueblo. Si este es nuestro estándar de aprobación, podemos caer fácilmente en rebelión, tal como lo hicieron María y Aarón. La unción de Dios es para el pueblo de Dios; nunca para validar los comentarios o estilo de vida del ministro.

CÓMO APRENDER SUMISIÓN DEL JUICIO

«Y aquel varón Moisés era muy manso, más que todos los hombres que había sobre la tierra. Luego dijo Jehová a Moisés, a Aarón y a María: Salid vosotros tres al tabernáculo de reunión y salieron ellos tres» (Números 12:3-4).

A través de este versículo, vemos uno de los requisitos divinos en cuanto a carácter para sus líderes: la humildad. Moisés era el hombre más humilde en toda la tierra. Pero esa no era la descripción de María y Aarón acerca de él. Su razonamiento habría sido más o menos así: *Se ha puesto demasiado engreído.*

El Señor los llamó a los tres al tabernáculo. Otras traducciones usan la frase *de repente*. El juicio con frecuencia viene sin advertencia. Al salir los tres, es muy posible que María le dijera a Aarón:

«Prepárate, Moisés cometió un error casándose con esa mujer extranjera. Dios te va a hacer líder ahora porque tú has sido muy recto en tu comportamiento». Este tipo de razonamiento ocurre cuando somos receptivos al engaño resistiendo la autoridad.

Por supuesto, lo que ocurrió en realidad fue muy diferente. Dios llamó a Aarón y María adelante. Les recordó que Él le había confiado a Moisés toda su casa, y que hablaba con él cara a cara o directamente, no por figuras. Luego Dios hizo esta pregunta: «¿Por qué, pues, no tuvisteis temor de hablar contra mi siervo Moisés?» (v. 8). Cuando criticamos a la autoridad, mostramos falta de temor a Dios. Escuche lo que pasó: «Entonces la ira de Jehová se encendió contra ellos; y se fue. Y la nube se apartó del tabernáculo, y he aquí que María estaba leprosa como la nieve» (Números 12:9-10).

Por resistir a la autoridad traemos juicio sobre nosotros mismos. Este juicio puede incluir que Dios quite su presencia junto con alguna forma de calamidad. Regresando a esos dos pastores de los cuales hablé, no pasó mucho tiempo antes que ambos dejaran la iglesia. Uno fue despedido; el otro renunció antes que lo despidieran. Uno comenzó su propia iglesia muy cerca y batalló con una congregación muy pequeña que nunca creció más allá de cien personas. Como asociado, tenía más de seiscientas personas bajo su cuidado. Poco tiempo después de su salida, experimentó una tragedia familiar. El otro asociado dejó la ciudad y disfrutó un poco de éxito en el ministerio, pero se sentía aislado y no confiaba en casi nadie.

Una vez que el juicio vino, Aarón de inmediato se pronunció en arrepentimiento propio y de María. Dios los perdonó, pero según el mandamiento divino, María aun debía permanecer aislada de la congregación por siete días. Hay muchas preguntas respecto a por qué María fue castigada, y no Aarón. Una razón puede ser que María fue más fuerte en su ataque verbal que Aarón. Otra idea es que era menos común que María hablara de esa forma como mujer, ya que no tenía una posición tan importante. Otra razón puede ser que Aarón, el sumo sacerdote, debía permanecer en su posición con la unción sobre él. Cualquiera que sea la razón, este incidente muestra cuán en serio ve Dios este asunto.

El juicio por resistir la autoridad espiritual es con frecuencia una oportunidad para aprender y crecer. Después de un incidente así, la gente que se arrepiente con frecuencia llegan a ser los más fieles en la iglesia. La resistencia no siempre proviene de un corazón malo; con frecuencia es cometida por ignorancia. Una vez que viene el entendimiento, el arrepentimiento sigue de inmediato. A veces esto puede tomar tiempo debido a que algunas personas tienen un nivel de tolerancia por el dolor que resulta de dar coces contra el aguijón.

Es cierto que María nunca olvidó su tiempo de humillación. Y no lo repitió, porque nunca más se insubordinó. Sin embargo, no todos son como María y Aarón ni aprenden de su ejemplo. Otros en la misma congregación más tarde se levantaron contra la autoridad establecida por Dios. No se arrepintieron y recibieron un juicio eterno.

¿POR QUÉ SE EXALTAN A SÍ MISMOS?

Tres hombres en la congregación —Coré, descendiente de Leví, y Datán y Abiram, descendientes de Rubén— reunieron doscientos cincuenta líderes de la congregación, hombres de renombre, contra Moisés y Aarón y dijeron: «¡Basta ya vosotros! Porque toda la congregación, todos ellos son santos, y en medio de ellos está Jehová; ¿por qué, pues, os levantáis vosotros sobre la congregación de Jehová?» (Números 16:3).

En términos simples, estos hombres que estaban en liderazgo bajo Moisés y Aarón dijeron: «Escuchen, ¿por qué se exaltan a sí mismos como líderes sobre nosotros? Todos somos del pueblo de Dios, y podemos obedecerle sin necesidad de que ustedes nos ordenen». ¿Ha escuchado esto antes? Si no en esas palabras exactas, definitivamente el mensaje es con frecuencia demostrado por el comportamiento o las palabras sutiles, pero es el mismo Espíritu. Usted puede escuchar: «Todos somos iguales», o «Todos somos hermanos y hermanas», o «Todos tenemos el Espíritu Santo; ¿por qué debemos someternos a su liderazgo». Estas personas están convencidas de que pueden escuchar al Señor tan bien como cualquier otro.

Mi entendimiento es que un movimiento dentro de la iglesia —llamado discipulado— se escapó de control en los años setenta y la sumisión a los líderes fue tanta que perdieron el equilibrio. La gente preguntaba a sus pastores si podían salir de vacaciones, comprar un carro específico o hacer otra compra grande, o casarse con cierta persona. Yo no estaba involucrado, así que no sé exactamente cuán lejos llegó, pero algunos que sí lo estaban dicen que resultó en algo antibíblico.

Este movimiento y otros abusos de liderazgo causaron una reacción en dirección opuesta. Debido a que la autoridad espiritual había abusado, la gente optó por despreciarla. Esto produjo unos agentes libres extremos y vagabundos espirituales corriendo de iglesia en iglesia, convención a convención y conduciendo sus propias reuniones de oración, dando inicio a sus propias congregaciones, con frecuencia porque no podían hallar a un pastor lo suficientemente perfecto al cual someterse. Esta mentalidad contribuyó al poder secreto de la iniquidad de la cual Pablo advirtió ocurriría en nuestros días.

Los hombres que se levantaron contra Moisés habían estado bajo la autoridad abusiva del faraón. Entonces llegó Moisés, entró en sus vidas y su autoridad parecía extrema también, pero en un sentido diferente. A veces les trajo mayores dificultades que las que habían conocido con el faraón. Tal vez razonaron que estaban fuera de Egipto y que el faraón estaba fuera del esquema, por lo que Moisés estaba sirviendo a sus propios propósitos y cada persona estaba por sí misma. Esos hombres se cansaron de la autoridad. Ahora era cada cual por sí mismo. Después de todo, eran el pueblo de Dios y la autoridad significaba dificultades, de manera que se juntaron varios y atacaron a Moisés.

He visto este escenario con demasiada frecuencia en mis viajes. Hombres de negocio, grupos de oración intercesora, juntas consultoras u otros grupos dentro de la iglesia atacando a los pastores. Todos ellos oyen mensajes de parte de Dios y el pastor está fuera de foco. Si sólo supieran a cuál espíritu pertenecen.

LA AUTORIDAD ESPIRITUAL ES DESIGNADA

Como ya he dicho, con mucha frecuencia las personas de los países occidentales tienen dificultades con los principios del reino. Vivimos en una sociedad democrática de libre mercado, la cual difiere grandemente de un reino. Un reino tiene un rey, por derecho de nacimiento, y un liderazgo designado. La democracia elige a sus gobernantes. En este sistema de libre mercado el liderazgo está disponible a determinados individuos con dinero, habilidad, influencia o talento. Pero ese no es el estilo en el reino de Dios, en el cual los líderes son designados.

Cristo designa los ministerios de servicio. Nadie puede colocar a un ser humano en estas posiciones de autoridad excepto el Señor, que lo hace por el Espíritu de Dios. Cuando asumimos una posición de autoridad sin la designación de Dios, nos exaltamos a nosotros mismos. Esto incluye a aquellos llamados, pero que aún no han sido designados. Pablo advierte: «Digo, pues, por la gracia que me es dada, a cada cual que está entre vosotros, que no tenga más alto concepto de sí el que el que debe tener» (Romanos 12:3).

El escritor a los hebreos afirmó la importancia de no asumir una posición de liderazgo espiritual: «Y nadie toma para sí esta honra». Los versículos precedentes dejan bien claro que la persona debe ser designada. El escritor a los hebreos continúa: «así tampoco Cristo se glorificó a sí mismo haciéndose sumo sacerdote» (Hebreos 5:4-5). Aun Jesús no asumió su posición de liderazgo; el Padre lo designó.

Escuche a Pablo describirse a sí mismo: «Pablo, siervo de Jesucristo, llamado a ser apóstol, apartado para el evangelio de Dios» (Romanos 1:1). Él mencionó *llamado*, y luego *apartado*. *Apartado* es otro término para *designado*. Pablo fue llamado como apóstol desde la fundación del mundo, aunque no fue colocado en ese ministerio en el momento que fue salvo. Hubo un período de prueba en el cual se sometió a los líderes de la iglesia en Antioquía. Esta prueba duró años, y de su propia experiencia escribió estas instrucciones para los líderes: «Y estos también se han sometidos a prueba primero, y entonces ejercen el diaconado» (1 Timoteo 3:10).

La vida de Pablo estableció un patrón bíblico para nuestros días. Una vez que pasó la prueba de la fidelidad en el ministerio de ayuda, fue promovido al ministerio de maestro (2 Timoteo 1:11; Hechos 13:1). El orden divino del Señor para los ministerios y posiciones de servicio se revela en la Escritura: «Y a unos puso Dios en la iglesia, primeramente apóstoles, luego profetas, lo tercero maestros… los que ayudan» (1 Corintios 12:28).

Pablo sería probado no sólo en el área de ayuda sino en el ministerio de enseñanza también. El patrón divino de separación para sus siervos a un ministerio mayor es hallado de nuevo cuando Pablo es promovido de maestro a apóstol: «Había entonces en la iglesia que estaba en Antioquía, profetas y maestros; Bernabé, Simón el que se llamaba Niger, Lucio de Cirene, Manaén el que se había criado junto con Herodes el Tetrarca, y Saulo» (Hechos 13:1). Saulo, luego llamado Pablo, se encuentra entre los maestros y profetas en la iglesia de Antioquía. Sabemos por 1 Timoteo 2:11 que no era uno de los profetas, sino un maestro. Continuamos leyendo, y aprendemos que «ministrando éstos al Señor, y ayunando, dijo el Espíritu Santo: Apartadme a Bernabé y a Saulo para la obra a que los he llamado» (Hechos 13:2).

El Espíritu Santo habló: «Apartadme». El tiempo había llegado. No era una semana antes ni después, ¡era ya! Y el Señor determinó tanto el tiempo como las personas a ser separadas. Por años Pablo desconocía que había un llamado apostólico sobre su vida. Esto fue revelado tres días después de su encuentro en el camino a Damasco (Hechos 9:15). Ahora Cristo había separado a quien había llamado muchos años antes. Pablo sirvió fielmente sin promoverse a sí mismo.

El Señor usó el liderazgo establecido de la iglesia en la cual Pablo había laborado fielmente. Los ancianos fueron designados de la misma forma. Continuando, leemos: «Entonces, habiendo ayunado y orado, les impusieron las manos y los despidieron. Ellos, entonces, enviados por el Espíritu Santo, descendieron» (Hechos 13:3-4).

Note que ellos «los despidieron». El liderazgo establecido envió a Pablo y a Bernabé. Vea luego el siguiente versículo: «ellos, entonces enviados por el Espíritu Santo». Jesús designó y separó a Pablo y Bernabé por el Espíritu Santo a través del liderazgo establecido. El punto esencial es que Cristo lo hizo a través del canal apropiado de autoridad.

Cristo no usó el grupo de oración intercesora profético de Antioquía, ni tampoco envió a Pablo y Bernabé a una reunión profética al otro lado de la ciudad a otra iglesia a la cual Pablo no estaba sujeto. No usó a un individuo en la congregación con dones espirituales para establecerlos en liderazgo.

El Señor empleó la autoridad que había establecido a través de la iglesia en Antioquía. Es por eso que Dios advirtió: «No impongas con ligereza las manos a ninguno» (1 Timoteo 5:22). Los líderes supervisan la fidelidad de los que sirven en la iglesia, de manera que cuando Dios habla a sus corazones para designar a alguien, tienen confianza de que está siendo designado por el Señor. Este es el método del Señor para poner gente en posiciones de liderazgo en la iglesia del Nuevo Testamento.

EL LLAMADO PREMATURO

Moisés fue llamado, él lo sabía temprano en su vida.

> «Cuando cumplió cuarenta años, le vino al corazón visitar a sus hermanos, los hijos de Israel. Y al ver a uno que era maltratado, lo defendió, e hiriendo al egipcio, vengó al oprimido. Pero él pensaba que sus hermanos comprendían que Dios les daría libertad por mano suya; mas ellos no lo entendieron así. Y al día siguiente, se presentó a unos de ellos que reñían, y los ponía en paz, diciendo: Varones, hermanos sois, ¿por qué os maltratáis el uno al otro? Entonces el que maltrataba a su prójimo le rechazó, diciendo: ¿Quién te ha puesto por gobernante y juez sobre nosotros?» (Hechos 7:23-27).

La gente a la cual iba a liderar no reconoció su autoridad. Alguien usó casi las mismas palabras que emplearon más tarde Coré, Datán y Abiram: «¿Quién te ha puesto por gobernante sobre nosotros?» Pero no sufrieron ninguna consecuencia, porque Moisés aún no había sido designado. Aunque el llamado había entrado a su corazón, la autoridad de Dios aún no estaba sobre él.

Creo que una de las razones de que la gente rechazó a Moisés tan intensamente más tarde en el desierto es que, podían ver la autoridad de Dios sobre él, pero no les gustaba. Eso explica las palabras de Dios cuando le dijo al pueblo que realmente lo estaban rechazando a Él y no a Moisés. Con frecuencia hoy es igual. Las personas que de veras tienen autoridad de Dios a menudo son rechazadas porque la mayoría de la gente lucha contra la autoridad divina.

LA AUTODESIGNACIÓN, ENGAÑOSA Y PELIGROSA

Cuando Coré, Datán y Abiram se opusieron a Moisés, este ya había sido designado, y la manifestación de su autoridad fue evidente a todos. Pero estos eran hombres que se habían designado a sí mismos, justos en su propia opinión y orgullosos. Su razonamiento era una forma de rebelión engañosa y peligrosa. Era engañosa en el sentido de que creían que estaban sirviendo a Dios a través de su rebelión. Los doscientos cincuenta líderes se habían convencido a sí mismos de que estaban simplemente oponiéndose a Moisés y a Aarón; no tenían la menor idea de que su resistencia se extendía hasta Dios, porque ellos deseaban servirle. Hubo un punto en el cual se desviaron del camino, y perdiendo de vista la autoridad sobre Moisés les dio ocasión para levantarse contra él. Esto era peligroso porque con frecuencia es acompañado por el mayor juicio de todos. Es semejante a la caída de Lucifer.

Al escuchar las palabras de estos hombres, Moisés reconoció el espíritu tras ellas y cayó postrado sobre su rostro. Él no argumentó con ellos. Los que son ordenados por Dios tienen el corazón de Dios y no pelean para probar su posición. Moisés conocía a Dios íntimamente y por tanto sabía que le confirmaría su liderazgo. Moisés dijo:

«¿Os es poco que el Dios de Israel os haya apartado de la congregación de Israel, acercándoos a él para que ministréis en el servicio del tabernáculo de Jehová, y estéis delante de la congregación para ministrarles, y que te hizo acercar a ti, y a todos tus hermanos los hijos de Leví contigo? ¿Procuráis también el sacerdocio? Por tanto, tú y todo tu séquito sois los que os juntáis contra Jehová» (Números 16:9-11).

Ellos querían más de lo que se les había delegado y se hallaron a sí mismos inesperadamente reunidos contra el Señor. Buscaban un nivel de autoridad que Dios no les dio. Moisés les repitió: «Esto os baste, hijos de Leví» (Números 16:7).

Una vez que fue claro que estos hombres no cederían en su testarudez, el Señor instruyó a Moisés: «Dile a la gente que se aparte de las tiendas de Coré, Datán y Abiram». Así que Moisés se levantó y corrió a las tiendas de Datán y Abiram seguido por los líderes israelitas sumisos. «¡Rápido!», le dijo al pueblo, «apártense de las tiendas de estos hombres malvados, y no toquen nada de lo que pertenece a ellos. Si lo hacen serán destruidos por el pecado de ellos». Así que todo el pueblo se apartó de las tiendas de Coré, Datán y Abiram. Luego Datán y Abiram salieron y estuvieron en pie a la entrada de sus tiendas con sus esposas e hijos y sus pequeños.

Y Moisés dijo: «En esto conoceréis que Jehová me ha enviado para que hiciese todas estas cosas y que no las hice de mi propia voluntad.

Si como mueren todos los hombres murieren estos, o si ellos al ser visitados siguen la suerte de todos los hombres, Jehová no me envió. Mas si Jehová hiciere algo nuevo, y la tierra abriere su boca y los tragare con todas sus cosas, y descendieren vivos al Seol, entonces conoceréis que estos hombres irritaron a Jehová».

Apenas acababa de decir las palabras cuando la tierra de pronto se abrió debajo de ellos. La tierra se abrió y se tragó a los hombres, junto con sus familias y los seguidores que estaban con ellos, y todo lo que les pertenecía. Así que bajaron vivos a la tumba, junto con sus pertenencias. La tierra se cerró sobre ellos, y todos perecieron. Todo el pueblo de Israel huyó al escuchar sus gritos, temiendo que la tierra se los tragara también. Luego salió fuego de la presencia del Señor y quemó a los doscientos cincuenta hombres que estaban ofreciendo incienso (Números 16:24-35).

El juicio severo sobre estos hombres nos deja con dos puntos sobre los cuales pensar. Primero, realmente creían que estaban sirviendo a Dios cuando, en realidad, se estaban oponiendo a Él. Segundo, en el Nuevo Testamento, Judas advirtió que habría personas similares en la Iglesia en los últimos días, que «no obstante, de la misma manera también estos soñadores mancillan la carne, rechazan la autoridad y blasfeman de las potestades superiores» (v. 8). Entonces Judas declara: «¡Ay de ellos! Porque han seguido el camino de Caín… y perecieron en la contradicción de Coré» (v. 11).

LA REBELIÓN ES CONTAGIOSA

Este capítulo tiene dos incidentes separados de rebelión. El primero tuvo que ver con Coré, Datán y Abiram con los doscientos cincuenta líderes. El segundo ocurrió el día siguiente cuando toda la congregación se levantó contra Moisés y Aarón. Se quejaron contra ellos, diciendo: «Vosotros habéis dado muerte al pueblo de Jehová» (Números 16:41). Se entiende que tuvieran miedo por lo que había pasado el día anterior, pero erraban al estar enojados y culpar a Moisés. La influencia de la rebelión de esos hombres era tan persuasiva que aun después de testificar cómo la tierra se los tragó, la congregación no entendió el mensaje de cuán mortal es la rebelión. Esto da mucho qué pensar, y he visto incidentes similares del poder de esta influencia en nuestro día.

Cuando la congregación se levantó contra Moisés y Aarón, Dios se enojó mucho, Él quería destruirlos a todos. Pero Moisés y Aarón intercedieron por el pueblo. Como resultado, la nación fue salvada; ¡sin embargo, una plaga salió de la presencia del Señor la cual mató a 14,700 personas! ¡Eso es mucho más de los que murieron el día anterior!

Pueblo de Dios, permítanme advertirles: La rebelión es contagiosa y mortal. La Biblia no dice que a Dios *no le gusta*. La Escritura aclara que la odia, su opinión de ella es mucho más severa que el desagrado. A Lucifer no se le pidió que se fuera del cielo cuando se reveló; fue lanzado tan rápido como un relámpago cae del cielo a la tierra (Lucas 10:18). La asociación con una persona rebelde es desear la muerte. Por esta razón las palabras finales de Pablo de exhortación a la iglesia en Roma fueron:

«Mas os ruego, hermanos, que os fijéis en los que causan divisiones y tropiezos en contra de la doctrina que vosotros habéis aprendido, y que os apartéis de ellos. Porque tales personas no sirven a nuestro Señor Jesucristo, sino a sus propios vientres, y con suaves palabras y lisonjas engañan los corazones de los ingenuos» (Romanos 16:17-18).

Sus palabras finales también son las mías para este capítulo. Admito, este mensaje tal vez no le emocione mucho, pero puede salvar su vida. Recuerde, esta es una inyección de verdad. Esto no es placentero, pero su protección supera lo desagradable de su aplicación. Mi oración es que usted vea el amor de Dios en este mensaje. Él le trae su Palabra de advertencia para su protección.

CAPÍTULO 15

MISCELÁNEAS

Cuando somos verdaderamente salvos y buscamos la voluntad de Dios, reconocemos la autoridad legítima en la iglesia.

En capítulos anteriores gran parte de nuestro enfoque fue en autoridades eclesiásticas o civiles. Pero como dije antes, la mayoría de los principios incluyen todas las categorías de autoridad. En este capítulo discutiremos instrucciones específicas dadas en la Palabra de Dios en cuanto a las diferentes áreas de autoridad, especialmente la familia. La mayoría son pertinentes sólo a su categoría y, por tanto, deben ser tratadas por separado. Sería fácil escribir todo un libro basado en el tema que discutiremos en este capítulo. Sin embargo, si aplicamos los principios que hemos aprendido, podemos extenderlos a lo que discutiremos en este capítulo, de modo que el libro se escriba en nuestros corazones. También examinaremos algunas instrucciones generales, en este capítulo, las cuales no son lo suficientemente exclusivas como para escribir todo un libro sobre ellas. Por esa razón titulo este capítulo «Misceláneas».

LA FAMILIA

Antes de que existiera la iglesia, el gobierno civil o la autoridad social, la familia ya existía. Su función es la más crucial debido a que la salud de los otros tres depende de ella. Pueden haber defectos en las otras áreas de la autoridad delegada y, sin embargo, la familia puede permanecer fuerte independientemente. Pero no se puede tener un orden familiar roto sin que afecte a los otros. La autoridad en la familia es un fundamento esencial para los otros.

Dentro de la familia hayamos el orden divino bosquejado en las Escrituras:

«Hijos, obedeced a vuestros padres en todo, porque esto agrada al Señor» (Colosenses 3:20).

«Porque el marido es cabeza de la mujer, así como Cristo es cabeza de la iglesia... Así que, como la iglesia está sujeta a Cristo, así también las casadas lo estén a sus maridos en todo» (Efesios 5:23-24).

Estos mandamientos, hallados en otras partes del Nuevo Testamento, establecen la estructura de la autoridad de Dios en el hogar. Los hijos deben obedecer a sus padres en todo, lo cual incluye *todas* las áreas de la vida. Este mandamiento no se aplica sólo si un padre le ordena a un hijo que haga algo contrario a la Palabra de Dios, como promover una conducta sexual promiscua con el padre, mentir, robar o escoger entre un padre y otro, y otros comportamientos similares.

Un buen ejemplo de esta excepción ocurrió en mi familia. Mientras estaba en la universidad de Purdue estudiando ingeniería mecánica, creí en el Señor Jesucristo. Poco después supe que había sido llamado a predicar el evangelio. Fui a casa de vacaciones y les dije a mis padres, que eran católicos, que terminaría la ingeniería y luego iría a la universidad bíblica. Mis noticias los enfadaron, sentían que mi decisión era una reacción o era impulsiva. De hecho, mi madre dijo: «Irás a la universidad bíblica por sobre mi cuerpo».

Respondí a mi madre con humildad y respeto: «Mamá, te amo y estoy muy agradecido por todo lo que has hecho por mí, pero debo obedecer a Dios». Estas palabras no la consolaron ni le agradaron en lo más mínimo. La enojaron aun más.

Cristo nos dice: «El que ama a padre, más que mí, no es digno de mí; el que ama a hijo o hija más que a mí, no es digno de mí» (Mateo 10:37). Fortalecido por estas palabras y otras similares en los evangelios, sabía que debía escoger entre mi padre y mi madre, a quienes amaba mucho, y el llamado de Cristo a servirle. No vacilé en mi decisión.

Nuestra relación fue un poco incómoda por unos años. Continué amando y respetando a mis padres, de hecho, más que antes, pues ahora tenía la gracia de Dios. Después de un tiempo, ellos comenzaron a ver el fruto de lo que Cristo hizo en mi vida, y dieciocho años después, cuando mi padre tenía setenta y nueve, tuve el privilegio de orar con ambos para que recibieran a Cristo como Señor. Ahora leen nuestros libros, ven nuestros vídeos y se los regalan a sus amigos. Nuestra relación es la mejor que hemos tenido.

Jesús enfrentó una situación similar. En cuanto a la sumisión a sus padres, leemos: «Y descendió con ellos, y volvió a Nazaret, y estaba sujeto a ellos» (Lucas 2:51). Sin embargo, una vez que su ministerio comenzó, la espada empezó a penetrar y a exponer sus corazones y pensamientos como Simeón había profetizado cuando Jesús eran sólo un bebé (Lucas 2:35). El fuerte mensaje de Jesús estaba incomodando y enojando a muchos, incluida su familia. Sus sentimientos empeoraron al punto de que su madre se le oponía:

«Cuando lo oyeron los suyos, vinieron para prenderle; porque decían: Está fuera de sí… Vienen después sus hermanos y su madre, y quedándose afuera, enviaron a llamarle. Y la gente que estaba sentada alrededor de él le dijo: Tu madre y tus hermanos están afuera, y te buscan. Él les respondió diciendo: ¿Quién es mi madre y mis hermanos? Y mirando a los que estaban sentados alrededor de él, dijo: He aquí mi madre y mis hermanos. Porque todo aquel que hace la voluntad de Dios, ese es mi hermano, y mi hermana, y mi madre» (Marcos 3:21, 31-35).

Él fue obediente a sus padres en todo, hasta que ellos desearon que fuera contra el mandamiento de su Padre. Lo bueno es que, su propia familia estuvo en el aposento alto recibiendo el derramamiento del Espíritu Santo unos años después. En algún punto ellos se hicieron seguidores del Maestro.

NO ME FUE BIEN

Regresando a la norma y no a la excepción, el mandamiento a los hijos de honrar y obedecer a sus padres es el primero con promesa: para que les vaya bien y tengan una larga vida (ver Efesios 6:2-3; Colosenses 3:20).

Aprendí las consecuencias de desobedecer este mandamiento de la peor forma. Después de graduarme de Purdue acepté un trabajo con *Rockwell International*. Comencé a asistir a la iglesia de la cual ya hablé. Después de mi segundo servicio, fui a comer con otras personas de mi edad. Conocí a un líder en el grupo de adultos solteros. Él necesitaba un lugar dónde vivir y yo me estaba mudando a la ciudad. Después de hablar por un rato, pensamos que sería una buena idea compartir un apartamento. Estaba emocionado porque ahorraría dinero, y en ese entonces estaba sin mucho pues acababa de terminar la universidad.

Al siguiente día llamé a mi papá y le conté las noticias. Pensé que compartiría mi emoción en cuanto a ahorrar unos doscientos dólares al mes. Pero no lo hizo. Al contrario, me dijo: «Hijo, no me gusta eso. No lo hagas. No conoces a ese hombre». Traté de persuadirlo contándole lo involucrado que estaba como líder en el ministerio de solteros, pero no lo pude hacer cambiar de opinión.

Al colgar el teléfono, concluí que mi padre no entendía estas cosas porque no era creyente. Después de todo, el hombre tenía una posición importante. Ignoré las palabras de mi padre y al siguiente día hallamos un apartamento y firmamos el contrato de alquiler. Cuando fuimos a alquilar un camión para mudarnos, mi nuevo compañero de cuarto me pidió si podía pagar yo porque había olvidado su chequera. Cuando fuimos a pagar el depósito por el apartamento, hizo lo mismo. Continuó con igual comportamiento y terminé pagando solo por los dos primeros meses de alquiler para ambos, así como todas las cuentas y sus numerosas llamadas de larga distancia.

Le presté mi carro varias veces porque no tenía uno. Cada vez que me lo regresaba al siguiente día estaba lleno de humo. Me explicaba que estaba alcanzando a gente en necesidad. Una mañana hallé una abolladura en un lado del auto. Me enojé mucho, pero no lo demostré. Otro día salí de mi cuarto a las cuatro de la mañana y hallé a un extraño en la sala con una lata de cerveza y cigarrillos en su mano. Me vio como si yo fuera el intruso.

Me sentía torturado en mi propia casa, pero como nuevo creyente, pensaba: *Debo andar en amor. No me debo enojar o juzgar*. Así que no traté con el asunto. Estos son algunos de mis problemas diarios con este hombre.

Desde de varias semanas de tormento me enteré que mi compañero era homosexual. Le dije que se fuera de inmediato, pero estaba renuente. Pagué por todo mientras él vivía en pecado. Durante ese mismo tiempo el pastor de solteros descubrió su estilo de vida y le quitó el liderazgo. Fui uno de los últimos en descubrir su estilo de vida pervertido. Mi desobediencia cegó mis ojos al discernimiento.

Por ignorar el consejo de mi padre perdí cientos de dólares, sin mencionar mi paz. Quedé devastado, ese fue uno de los momentos más difíciles que he vivido. Clamé a Dios cuando todo terminó: «Señor, ¿por qué ocurrió esto? Confié en ti para que me guiaras».

El Señor me mostró que me había guiado, pero lo rechacé. Me desconcertó y pregunté: «¿Cómo me guiaste?»

Él respondió: *Mediante tu papá, pero no escuchaste.*

«Pero mi papá no es nacido de nuevo», respondí.

El Señor entonces me recordó que su Palabra no dice: «Hijos, obedeced a vuestros padres *sólo si son nacidos de nuevo*». Me explicó, tú eres mi hijo; por tanto, yo coloco mi sabiduría e instrucción en el corazón de tus padres para tu guía y protección.

Respondí rápidamente: «Pero ahora soy independiente. Mi papá vive a más de mil kilómetros lejos de mí y no es quien paga mis cuentas».

Él me dijo: *El hecho de que pagues tus propias cuentas y que tus padres estén a mil kilómetros lejos de ti, no significa que mi mandamiento a obedecerles ya no sea aplicable.* Su mandamiento promete que nos irá bien si lo seguimos, ¡y puedo testificar que *no* me fue bien!

Él me mostró en qué punto un hombre queda libre de la autoridad de su padre y su madre. Desde el principio Dios mandó: «Por tanto, dejará el hombre a su padre y a su madre, y se unirá a su mujer, y serán una sola carne» (Génesis 2:24).

La última instrucción que un padre le da a su hijo es la bendición sobre su compañera de matrimonio. Como nota aparte, después que el padre de Lisa me dio su bendición para casarme con su hija, ella me dijo que estaba sorprendida. Le pregunté por qué y me dijo: «Porque él me dijo que tú no le gustabas porque eras cristiano». Esta experiencia sirvió como confirmación de que el corazón del rey (las personas en autoridad sobre nosotros) está en las manos de Dios.

Regresando al mandamiento de Dios, sus palabras enfatizan que cuando un hombre y una mujer se unen en matrimonio, un nuevo orden de autoridad se establece. La razón por la cual Dios no mencionó a la mujer dejando a sus padres es que ella no establece el nuevo orden familiar; el hombre es quien lidera la autoridad.

Una vez que los hijos se casan, ya no se les manda a obedecer a sus padres, pero aún deben honrarlos. Recuerdo en una ocasión que les pregunté a mis padres por qué no nos aconsejaban a mí y a mi esposa cuando veían que nos íbamos a meter en problemas. Sólo dijeron: «Tú nunca nos pediste consejos». ¡Cuán bien se comportaron! He visto padres interferir tratando de dar instrucciones de la misma forma que lo hacían antes de que sus hijos se casaran. El resultado es sentimientos heridos y malos entendidos porque nunca liberan a sus hijos como se nos instruye.

ADVERTENCIAS ESPECÍFICAS PARA LOS HIJOS

Luego de servir como pastor de jóvenes por varios años, vi los caminos peligrosos por los cuales caminan muchos jóvenes. Deseo presentar consejos específicos de la Palabra de Dios sobre la importancia de honrar a los padres. Esto lo hago con la esperanza de que cualquier joven que lo lea evite que la levadura de este pecado se difunda entre los demás, porque es contagioso y mortal. La Escritura declara: «Maldito el que deshonrare a su padre o a su madre. Y dirá todo el pueblo: Amén» (Deuteronomio 27:16).

Al otro lado de mi escritorio se hallaban una madre soltera y su hijo adolescente. En el curso de la conversación este joven le habló repetidas veces con falta de respeto, como si fuera estúpida o inferior. Yo ya lo había corregido dos veces. Al final de la sesión de consejería, para mi sorpresa, le dije: «Joven, si no te arrepientes de tu actitud y comportamiento hacia tu madre, vas a terminar en la cárcel». Me quedé tan sorprendido como ellos de mis palabras. El joven era un creyente y miembro de nuestro grupo de jóvenes. ¿Cómo podría pasar eso?

Casi seis años después (ya no era pastor de jóvenes, sino que estaba viajando), la madre del joven me vio un domingo por la mañana luego del servicio. Y me dijo: «Pastor John, ¿recuerda que le dijo a mi hijo que si no cambiaba, terminaría en la cárcel? Bueno, ya ha estado allí por dos años».

Yo casi lo había olvidado, pero regresó a mi mente cuando me lo mencionó. Y pensé: *¿Cómo puede esta madre estar emocionada al decirme esto?* Luego entendí por qué. Ella continuó: «Ahora está muy animado con el Señor. Les testifica a los otros reclusos y está involucrado en el ministerio de la cárcel. Está leyendo sus libros y recibiendo mucho de ellos».

Me asombró cómo el juicio de Dios sobre la vida de ese joven cambió las cosas. Habría sido mejor si no hubiera tenido que aprender de la aflicción, si hubiera escuchado las palabras que le dije años antes. Pero lo que era importante —la pasión por Dios— ahora estaba en su corazón.

Podemos ver lo serio de que los hijos ataquen a sus padres física o verbalmente examinando cómo debían ser castigados en el Antiguo Testamento: «El que hiriere a su padre o a su madre, morirá» (Éxodo 21:15); e «igualmente el que maldijere a su padre o a su madre, morirá» (Éxodo 21:17). Cristo se refirió al mandamiento del Antiguo Testamento cuando dijo: «Porque Dios mandó diciendo: Honra a tu padre y a tu madre; y: El que maldiga al padre o a la madre, muera irremisiblemente» (Mateo 15:4).

Moisés dio instrucciones de cómo tratar a un hijo rebelde:

> «Si alguno tuviere un hijo contumaz y rebelde, que no obedeciere a la voz de su padre ni a la voz de su madre, y habiéndole castigado, no les obedeciere; entonces lo tomarán su padre y su madre, y lo sacarán ante los ancianos de su ciudad, y a la puerta del lugar donde viva; y dirán a los ancianos de la ciudad: Este nuestro hijo es contumaz y rebelde, no obedece a nuestra voz; es glotón y borracho. Entonces todos los hombres de su ciudad lo apedrearán, y morirá; así quitarás el mal de en medio de ti, y todo Israel oirá, y temerá» (Deuteronomio 21:18-21).

Si estas palabras se aplicaran hoy, habría jóvenes en nuestras iglesias condenados a muerte bajo esas premisas. Aunque esta orden de castigo ya no existe, vemos que la actitud de Dios hacia el comportamiento rebelde es cierta y severa. No ha cambiado simplemente porque la forma de castigo haya cambiado. No debemos permitir la rebelión en nuestros corazones, porque esta es un asesino.

Yo les he advertido a mis hijos que se guarden de cualquier forma de rebelión. La manera más engañosa o sutil es la queja. Esta desprecia la autoridad diciendo sin querer: «No me gusta la forma en que me estás guiando, y si yo fuera tú, lo haría diferente». Esto insulta al liderazgo. ¿Puede ver ahora por qué la queja contribuyó a que los hijos de Israel no entraran a la tierra prometida? Su queja comunicó su desprecio hacia Dios, aunque estaba dirigida a Moisés. En esencia, le dijeron a Dios que Él no lo estaba haciendo bien, y que ellos lo harían diferentemente.

Honrar a nuestros padres trae la promesa maravillosa de una vida larga y buena. Yo escogería mejor la vida que el juicio. Esto debe ser establecido en nuestros corazones.

EL MATRIMONIO

Volvamos nuestra atención al orden divino en el matrimonio. La Escritura nos dice que las esposas deben someterse a sus esposos «en todo» (Efesios 5:24). Este mandamiento se aplica no sólo a las cosas espirituales, sino a las áreas naturales de la vida también. Pablo dijo: «A sus maridos». Otros hombres no tienen autoridad sobre la esposa, sólo su esposo. El pastor tiene autoridad sobre la esposa de otro en lo que tenga que ver con la iglesia y las cosas espirituales; el jefe tiene autoridad en relación con su trabajo fuera del hogar; la autoridad civil tiene autoridad en asuntos civiles; pero cuando se trata del hogar, el esposo es la autoridad.

A mediados de los ochenta mi esposa y yo caímos en una enseñanza errónea. Se nos dijo que el Nuevo Testamento fue escrito por hombres machistas, y no debíamos seguir sus palabras cuando se tratara de la autoridad entre el esposo y su esposa. Se nos dijo que Cristo había provisto redención igual para todos. Esto definitivamente es verdad, pero la redención no niega la autoridad. Por años no tuvimos paz en nuestro hogar. Estábamos en una lucha constante por el liderazgo.

Luego de años de confusión, un día le dije a mi esposa: «Dios me ha hecho la cabeza de este hogar, y voy a ser el líder, me sigas o no». Las cosas comenzaron a cambiar para mí, pero no para mi esposa. El Señor me había mostrado que como líder, nunca debía forzar a los que me siguen. Cristo no lo hace con nosotros. Si aquellos bajo nuestra autoridad no nos siguen, sufren.

Entré en una paz y un descanso divinos. Sin embargo, Lisa continuó cargando con las presiones del hogar. Estaba convencida de que yo era un líder irresponsable. Yo estaba joven y tenía muchas fallas, de manera que muchas de sus preocupaciones parecían ser justificadas debido a mis errores del pasado. A veces sus temores eran tan extremos, que me despertaba en medio de la noche para recordarme que no estaba llevando mi parte de la carga, y que ella estaba haciendo mucho más de lo que le correspondía. Yo simplemente sugería darle todas las preocupaciones a Dios y me iba a dormir de nuevo mientras ella permanecía despierta junto a mí, temiendo lo peor.

La carga aumentó para ella. La preocupación constantemente la plagaba. Su mente nunca estaba en descanso, siempre luchaba imaginándose mentalmente todas las crisis posibles que nuestra familia pudiera enfrentar.

Poco después la tensión que llevaba se tornó casi insoportable. Tenía que tomar largas duchas o baños para tratar de aliviarla. Una noche, en uno de esos baños mientras estaba quejándose de mí, Dios le habló: *Lisa, ¿crees que John es un buen líder?*

Ella respondió rápidamente: «¡No, no lo creo! ¡No confío en él!» *Lisa, no tienes que confiar en John*, respondió Él. *Sólo tienes que confiar en mí. Tú no piensas que John está haciendo un buen trabajo como cabeza de este hogar. Sientes que puedes hacerlo mejor. La tensión que estás experimentando es debido al peso y la presión de ser la cabeza de un hogar. Este es un yugo para ti, pero es un manto para tu esposo. Déjalo.*

Lisa lo vio de inmediato. Dios, no un hombre sediento de poder, fue quien dijo que ella debía someterse a su esposo. El liderazgo de nuestro hogar era algo opresivo para ella porque no era la posición que debía ocupar. Dios había permitido que experimentara la carga de la responsabilidad sin la unción o la gracia para llevarla, la cual Él le da al esposo. Ella salió del baño llorando y pidiendo perdón. Entró en la paz y el descanso al cual yo había entrado hacía unos meses, y nuestro hogar por primera vez en años experimentó la verdadera armonía.

El trato del Espíritu Santo con ella esa noche la ayudó a darse cuenta que Dios no había dicho que se sometiera sólo si estaba de acuerdo o le gustaba lo que su esposo decidiera. Se percató de que si se sometía al mandamiento, la protección de Dios estaría sobre ella. ¿He cometido errores después de eso? Absolutamente. Muchos. Sin embargo, Dios ha protegido a Lisa a través de mis errores y le ha dado paz.

Cuando ella es sumisa, su protección está sobre ella, sin importar lo falto de sabiduría que sean las decisiones que su esposo tome.

ESPOSOS IRRAZONABLES O INCONVERSOS

Este mandamiento para las esposas de someterse a sus esposos, no es dado simplemente a aquellas cuyos cónyuges son creyentes. Pedro dice: «Asimismo vosotras, mujeres, estad sujetas a vuestros maridos; para que también los que no creen a la palabra, sean ganados sin palabra por la conducta de sus esposas» (1 Pedro 3:1).

Investiguemos primero la frase «Asimismo vosotras mujeres…» Pedro acababa de concluir su discusión sobre cómo manejar el trato injusto de las autoridades. (Tratamos esto en detalle en el capítulo 13.) Pero al instante ofreció instrucciones similares a las esposas en cuanto a sus esposos. Si unimos esas palabras, leemos:

> «Criados, estad sujetos con todo respeto a vuestros amos; no solamente a los buenos y afables, sino también a los difíciles de soportar. Porque esto merece aprobación, si alguno a causa de la conciencia delante de Dios, sufre molestias padeciendo injustamente … Asimismo vosotras, mujeres, estad sujetas a vuestros maridos; para que también los que no creen a la palabra, sean ganados sin palabra por la conducta de sus esposas» (1 Pedro 2:18-19; 3-1).

Es triste pero es cierto. He conocido esposos «creyentes» que eran líderes más duros que los no creyentes. Sin embargo, como regla general, los esposos más difíciles a los cuales someterse son los que no han sido salvos. De nuevo, quiero enfatizar, si un esposo instruye a su esposa a que vaya en una dirección contraria a la Palabra de Dios, ella no tiene que obedecer su instrucción, pero debe mantenerse con una actitud sumisa.

Pedro continúa mostrando cómo esta actitud sumisa es el testigo más poderoso para el esposo, aun más que la palabra predicada. Conozco a una mujer cuyo esposo no era creyente. Por años ella le predicaba. Dejaba tratados en su mesa de trabajo, Biblias junto a su cama y donde él se sentaba así como revistas cristianas en la mesa de la sala. Cuando invitaba a parejas para reuniones sociales, los hombres siempre eran creyentes fuertes, por lo que esperaba que le testificaran a su esposo.

Un día Dios le habló: *¿Por cuánto tiempo vas a dificultar la salvación de tu esposo?*

Ella respondió sorprendida: «¿Estoy impidiendo la salvación de mi esposo? ¿Cómo?»

El Señor le mostró que mientras que le predicara y manipulara las cosas, ella no estaría haciendo lo que Dios había instruido. Él le mostró el versículo de 1 Pedro y la instruyó: *Deshazte de los tratados, las revistas y las Biblias, y deja de invitar a parejas cristianas a tu casa.*

Ella me dijo: «John, simplemente lo amaba y me sometía él, y en dos meses mi esposo creyó en Cristo». Yo me he quedado en su hogar y sé que este hombre ama mucho al Señor.

Si simplemente creyéramos, confiáramos y obedeciéramos lo que la Palabra de Dios dice, veríamos milagros en nuestros hogares y disfrutaríamos la paz que sobrepasa todo entendimiento. No puedo dejar de enfatizar el hecho de que Dios, no los líderes controladores, manipuladores y sedientos de poder, dijeron estas palabras. Y las dijo para nuestra provisión y protección, parte de lo cual veremos en el próximo capítulo. En medio de las dificultades podemos confiar en su promesa: «Porque yo sé los pensamiento que tengo acerca de vosotros, dice Jehová, pensamientos de paz, y no de mal, para daros el fin que esperáis» (Jeremías 29:11).

LA AUTORIDAD SOCIAL

En el área del trabajo y la escuela también se nos dan instrucciones específicas en el Nuevo Testamento. Pablo nos instruyó:

> «Exhorta a los siervos a que se sujeten a sus amos, que agraden en todo, que no sean respondones; no defraudando, sino mostrándose fieles en todo, para que en todo adornen la doctrina de Dios nuestro Salvador» (Tito 2:9-10).

Me regocijo cuando escucho de no creyentes que eran jefes o dueños de compañías que me reportan cómo ven a Cristo en sus empleados, no porque prediquen, sino porque despliegan su carácter en situaciones difíciles y en la ética laboral. Ellos me dicen: «Nunca argumentan, ni se quejan ni son respondones», o «Trabajan más duro que los otros empleados», o «Son más honestos y confiables que los demás empleados». Estos hombres son receptivos a escuchar lo que les tengo que decir acerca de Cristo, y eso se debe al testimonio de sus empleados.

Sin embargo, he experimento lo opuesto. Me senté junto a un hombre en un avión que era dueño de la segunda compañía de taxis más grande de una ciudad populosa. Estábamos conversando afablemente hasta que se enteró que yo era ministro. Después se cerró y no habló tan libremente. Como ya habíamos establecido una buena relación, fue fácil para mí preguntarle por qué cambió su actitud.

Él me dijo: «Muy bien, te diré. Yo tenía una mujer que trabajaba para nuestra compañía. Era uno de esos 'cristianos nacidos de nuevo'. Le predicaba a todo el mundo en la oficina, reduciendo la productividad de ella y de los otros. Cuando dejó mi compañía, se llevó cosas que no eran suyas y me dejó con una cuenta telefónica de larga distancia de ocho mil dólares, porque llamaba a su hijo que vivía en Alemania».

Eso me entristeció. Todos en esa oficina tendrán dificultades al escuchar la Palabra de Dios luego de su insubordinación y robo. Por esa razón Pablo dijo: «[Adviérteles] a no argumentar o contradecir, a no robar tomando cosas de poco valor, sino demostrar que son verdaderamente leales y completamente confiables y fieles en todo». Cuando nos sometemos, trabajamos duro y obedecemos las reglas y las leyes de nuestros empleadores y escuelas, estamos testificando de la gracia de nuestro Señor Jesucristo.

Pablo dijo en otro lugar:

> «Siervos, obedeced en todo a vuestros amos terrenales, no sirviendo al ojo, como los que quieren agradar a los hombres, sino con corazón sincero, temiendo a Dios. Y todo lo que hagáis, hacedlo de corazón, como para el Señor y no para los hombres» (Colosenses 3:22-23).

Note la frase «obedeced en todo». No importa cuán falto de razonamiento parezca su jefe o profesor. Su obediencia a él es en realidad obediencia al Señor.

Pablo continuó diciendo: «Sabiendo que del Señor recibiréis la recompensa de la herencia, porque a Cristo el Señor servís» (Colosenses 3:24). Si esa mujer hubiera sabido que realmente estaba robando al Señor, nunca lo habría hecho. A ella le faltaba el entendimiento y el temor del Señor también.

Pablo continuó en el siguiente versículo: «Mas el que hace injusticia, recibirá la injusticia que hiciere, porque no hay acepción de personas».

Me gusta la forma en que la Biblia en Lenguaje Sencillo lo expresa: «En cambio, todo el que haga lo malo será castigado según lo que haya hecho, porque Dios no tiene favoritos».

La mujer muy probablemente no sea responsabilizada por el dueño del servicio de taxis o por el gobierno civil; más bien, será tenida como responsable por el Señor y será llamada a dar cuenta en el juicio del trono de Cristo: «Por tanto procuramos también, o ausentes o presentes, serle agradables. Porque es necesario que todos nosotros comparezcamos ante el tribunal de Cristo, para que cada uno reciba según lo que haya hecho mientras estaba en el cuerpo, sea bueno o sea malo» (2 Corintios 5:9-10).

ASUNTOS GENERALES

Mucha gente dice que no escuchan a líderes que no viven lo que predican. ¿Pero proviene este pensamiento de la obediencia o razonamiento natural? Leemos: «Entonces habló Jesús a la gente y a sus discípulos, diciendo: En la cátedra de Moisés se sientan los escribas y los fariseos. Así que, todo lo que os digan que guardéis, guardadlo y hacedlo; mas no hagáis conforme a sus obras, porque dicen, y no hacen» (Mateo 23:1-3).

Jesús mandó a someterse aun a los líderes corruptos que no vivían lo que predicaban. Les señaló a las multitudes la autoridad sobre ellos, no sus vidas personales. Watchman Nee escribió:

> ¡Qué riesgo se tomó Dios al instituir autoridades! ¡Qué pérdida tendrá si las autoridades delegadas que instituyó no lo representan bien! Sin embargo, inmutable, Dios ha establecido esas autoridades. Es mucho más fácil para nosotros obedecer a las autoridades sin miedo que para Dios

instituirlas. ¿No podemos entonces obedecerlas sin reservas siendo que Dios mismo no ha tenido miedo de confiarle autoridad a los hombres? Aun como Dios ha establecido autoridades sin temor, obedezcámoslas valientemente. Si algo malo paso, la culpa no es nuestra sino de la autoridad, porque el Señor declara: «Sométase toda persona a las autoridades superiores» (Romanos 13:1).

La persona obediente sólo necesita obedecer; el Señor no nos responsabiliza por cualquier obediencia errada, más bien tendrá por responsables a la autoridad delegada por sus hechos erróneos. La insubordinación, sin embargo, es rebelión, y por esto la persona bajo autoridad tendrá que responder a Dios (*Autoridad espiritual*, pp. 69-71).

Esto lo escribió un hombre que fue tratado injustamente por las autoridades. En los años de 1930 a 1940 ayudó a establecerse iglesias en China completamente independientes de organizaciones misioneras foráneas y fue instrumento para traer al reino de Dios a muchos. Sus actividades enfurecieron a las autoridades, por lo que fue arrestado en 1952 y hallado culpable de un gran número de cargos falsos. Fue encarcelado hasta su muerte en 1972. Pero su temor reverente al Señor fue un testimonio para muchos en la prisión, y muchos fueron salvos a través de su ejemplo. Sus escritos aún hablan a multitudes muchos años después.

CÓMO RECONOCER A LA AUTORIDAD

He señalado a través de este mensaje cómo reconocer a las autoridades designadas, pero al concluir este capítulo, es oportuno repetir lo que se ha dicho. En las áreas civiles y sociales, reconocer a la autoridad legítima no es difícil. Leemos: «Por causa del Señor someteos a toda institución humana» (1 Pedro 2:13).

Reconocemos a los oficiales públicos, como aquellos que han sido juramentados o empleados como trabajadores del gobierno. Luego están los líderes de compañías o profesores empleados o directores de instituciones educacionales, y sabemos que su autoridad es auténtica.

La autoridad en el hogar es fácilmente reconocible. Cuando una mujer se casa con un hombre, pasa bajo su autoridad, protección y provisión. Cuando un niño nace en una familia, los padres son su autoridad. Si el niño es adoptado, debe honrarlos como si fuesen sus padres biológicos. Un hijo en un orfanato o en cuidado de acogida debe respetar a los líderes como su autoridad.

El discernir a la autoridad legítima es un poco más complejo en la iglesia. La Escritura advierte de falsos apóstoles, profetas y líderes dentro de la iglesia; no debemos someternos a ellos. Como Pablo dice: «A los cuales ni por un momento accedimos a someternos» (Gálatas 2:5). Los líderes falsos pueden manifestarse de dos formas. Primero, enseñan doctrina falsa que no se alinea con la Escritura. En el contexto de lo que Pablo acaba de decir, escribió: «Mas si aun nosotros, o un ángel del cielo, os anunciare otro evangelio diferente del que os hemos anunciado, sea anatema» (Gálatas 1:8). Por esa razón Pablo no honraba a esos líderes sometiéndose a ellos.

Segundo, los líderes falsos se levantan dentro de la iglesia designándose a sí mismos. La designación de Dios es iniciada por el Espíritu Santo y confirmada por los ancianos gobernantes existentes que han observado la vida del candidato. En el Antiguo Testamento este proceso se ilustra en la ordenación de Josué. Dios le dijo a Moisés:

> «Toma a Josué hijo de Nun, varón en el cual hay espíritu, y pondrás tu mano sobre él; y lo pondrás delante del sacerdote Eleazar, y delante de toda la congregación; y le darás el cargo en presencia de ellos. Y pondrás de tu dignidad sobre él, para que toda la congregación de los hijos de Israel le obedezca» (Números 27:18-20).

Dios escogió a Josué, pero confirmó su elección a través de las autoridades designadas existentes, Moisés y Eleazar. Estos hombres habían observado la vida de Josué por años. Este patrón aparece en el Nuevo Testamento también (Hechos 13:1-4).

Pablo acertó: «Porque no es aprobado el que se alaba a sí mismo, sino aquel a quien Dios alaba» (2 Corintios 2:18). Someterse a las autoridades que se han designado a sí mismas es peligroso. Dios siempre confirma su designación ante la iglesia donde los candidatos han servido fielmente. Jesús reprendió a los creyentes de Tiatira por someterse a las enseñanzas y a la autoridad falsa de la profetisa autoproclamada llamada Jezabel (Apocalipsis 2:20-25). Yo escribí todo un libro sobre cómo reconocer a los ministros que se han designado a sí mismos, titulado: *¿Así dice el Señor?* Esta es una buena referencia para este mensaje; trata de los abusos de la autoridad espiritual así como de la falsa.

Cuando verdaderamente somos salvos y buscamos la voluntad de Dios, reconocemos la autoridad legítima en la iglesia. Jesús dijo: «El que quiera hacer la voluntad de Dios, conocerá si la doctrina es de Dios, o si yo hablo por mi propia cuenta» (Juan 7:17). La clave se halla en las palabras: «El que quiera hacer la voluntad de Dios». Cuando tenemos un corazón en pos de Dios, Él nos da discernimiento por el Espíritu Santo. Como lo confirmó Juan: «Pero vosotros tenéis la unción del Santo, y conocéis todas las cosas» (1 Juan 2:20). Watchman Nee escribió: «Si de veras aprendiéramos cómo obedecer a Dios, no tendríamos problemas reconociendo sobre quién descansa la autoridad de Él» (*Autoridad Espiritual*, p. 62). Conocer a Dios es conocer la autoridad, porque Él y su autoridad son inseparables.

Dios recompensa a aquellos que diligentemente le buscan y le obedecen. En el próximo capítulo seguiremos adelante para ver algunos de los muchos y buenos beneficios de someterse a la autoridad.

CAPÍTULO 16

GRAN FE

Cuanto mayor sea nuestro nivel de sumisión, mayor será nuestra fe.

En este capítulo final nos enfocaremos en los beneficios de recibir las «vacunas», en otras palabras, las grandes recompensas y bendiciones de todos los que se ponen bajo la cobertura. Podrían escribirse varios volúmenes explicando estos beneficios. Aunque sólo cubriremos algunos, usted está destinado a descubrir más a través de su estudio personal y experiencia con Cristo.

SEÑOR, AUMENTA NUESTRA FE

Hace algunos años fui a mi oficina a las 5:30 a.m. para orar como lo hice tantas veces antes. Pero antes de que comenzara, escuché la orden del Espíritu Santo: *Ve a Lucas capítulo 17 y comienza a leer en el versículo 5.*

Emocionado fui al pasaje y noté que era una porción de la Escritura con la cual estaba familiarizado. Hasta había predicado mensajes de ese texto, pero eso no disminuyó mi entusiasmo. Yo sabía por experiencias pasadas, que si Él me decía que leyera un pasaje específico, aprendería algo que no había visto antes. Veámoslo.

Los apóstoles le pidieron al Señor: «Auméntanos la fe» (Lucas 17:5). Antes de que discutamos lo que me mostró esa mañana permítame señalar la razón por la cual estos hombres pidieron que se les aumentara la fe. ¿Acababa Jesús de levantar a un muerto? ¿Acababa de alimentar a cinco mil con unos pocos panes y pescados? ¿O acababa de calmar el mar hablándole? ¡Las respuestas son: No, no, no! Jesús les acababa de decir: «Mirad por vosotros mismos, si tu hermano pecare contra ti, repréndele; y si se arrepintiere, perdónale.

Y si siete veces al día pecare contra ti, y siete veces al día volviere a ti, diciendo: Me arrepiento; perdónale» (vv. 3-4).

Los milagros grandes y poderosos no inspiraron su solicitud de mayor fe. Fue el simple mandamiento a perdonar a aquellos que habían pecado contra ellos. Esos hombres vivían bajo la ley y estaban acostumbrados a responder a las ofensas con la mentalidad de ojo por ojo y diente por diente. Jesús les estaba dirigiendo a andar de una forma que parecía totalmente irrazonable. El mandamiento a andar en el carácter de Dios los sacudió. ¿Cómo podrían obedecer algo tan difícil? La respuesta: «Auméntanos la fe». Esos hombres sabían que la obediencia y la fe estaban directamente conectadas, algo que yo estaba a punto de ver a una luz completamente nueva.

Al escuchar su petición por mayor fe, Jesús contó esta parábola: «Si tuvierais fe como un grano de mostaza, podríais decir a este sicómoro: desarráigate, y plántate en el mar; y os obedecería» (v. 6). Yo sentí que lo entendí. Había enseñado algo similar y estaba familiarizado con la enseñanza de Jesús de que debemos tener la fe de Dios, y que si decimos a una montaña que se mueva y se arroje al mar sin duda en nuestros corazones, tendremos lo que decimos (Marcos 11:22-24). Eso no era nada diferente. Simplemente usó un árbol de sicómoro en vez de una montaña.

También ilustrada con estas palabras está la fe dada a cada creyente, como un grano de mostaza. Es el principio del reino que hay un tiempo de sembrar y de cosechar: «Así es el reino de Dios, como cuando un hombre echa semilla en la tierra» (Marcos 4:26). Cuando fuimos salvos, se nos dio una medida de fe (Romanos 12:3). Esta yace en forma de semilla, y es nuestra responsabilidad cultivarla y hacerla crecer. ¿Cómo crece? La respuesta viene a continuación.

EL TIEMPO APROPIADO
DEL SIERVO PARA COMER

Leí cuidadosamente los cuatro versículos siguientes porque siempre me dejan perplejo. Estaba a punto de descubrir que Jesús no les daba a sus discípulos simples fórmulas sobre cómo aumentar su fe. Él estaba a punto de dirigirles a una forma de vida que trataba directamente con el área de la obediencia a la autoridad. Escuche su parábola:

«¿Quién de vosotros, teniendo un siervo que ara o apacienta ganado, al volver él del campo, luego le dice: Pasa, siéntate a la mesa? ¿No le dice más bien: Prepárame la cena, cíñete, y sírveme hasta que haya comido y bebido; y después de esto, come y bebe tú? ¿Acaso da gracias al siervo porque hizo lo que se le había mandado? Pienso que no» (Lucas 17:7-9).

Siempre me pregunté por qué el Señor aparentemente cambió de tema. Pasó de hablar sobre la fe que desarraiga árboles al protocolo de un siervo. Esto para mí no tenía sentido, pero esa mañana lo entendería. Leyendo estos versículos de nuevo y despacio, escuché a mi corazón para recibir su inspiración. De repente oí: *¿Cuál es el propósito máximo de un siervo que trabaja en tu campo? ¿Cuál es el propósito máximo de un siervo que apacienta rebaños? ¿Cuál es el resultado final?*

Pensé por un momento. Luego vino a mí: Poner comida sobre la mesa. Capté lo que Jesús estaba comunicando. Si el máximo propósito de la labor de un siervo es poner la comida sobre la mesa de su empleador, ¿por qué comerían los siervos antes que su amo fuese servido? ¿No completaría él su trabajo primero? ¡Por supuesto! Un trabajo no terminado puede ser tan malo como uno no iniciado:

¿por qué arar sus campos y no comer? ¿Por qué cuidar de rebaños y no participar de la lana, la carne o la leche?

Una vez que vi esto, leí la próxima declaración de Jesús: «Así también vosotros, cuando hayáis *hecho todo* lo que os ha sido *ordenado*, decid: siervos inútiles somos, pues lo que debíamos hacer, hicimos» (Lucas 17:10, énfasis del autor).

Él nos devolvió el ejemplo. A medida que leí, las palabras *hecho todo* y *ordenado* saltaron de la página. Cristo conectó la obediencia de este siervo a su amo con nuestra obediencia a Dios. Al hacer esto dio tres puntos significativos relacionados al aumento de la fe:

1. Hay una conexión directa entre la fe y la obediencia con la autoridad.
2. La fe aumenta sólo cuando terminamos lo que se nos ha mandado a hacer.
3. Una actitud de verdadera humildad es de gran importancia.
4. Discutamos cada uno de estos puntos en la Escritura.
5. La conexión entre la fe y la obediencia con la autoridad.

El primer punto, la conexión directa entre la fe y la obediencia, se ve en el encuentro de un oficial con Jesús en los Evangelios. Jesús entró a Capernaum, y un soldado romano con el rango de centurión lo buscó. Este le rogó a Jesús que sanara a su siervo que estaba paralizado y atormentado. Jesús respondió: «Yo iré y le sanaré» (Mateo 8:7).

El centurión interrumpió: «Señor, no soy digno de que entres bajo mi techo; solamente di la palabra, y mi criado sanará» (Mateo 8:8).

Jesús estaba dispuesto y listo para ir a la casa de este hombre, pero el soldado se sintió indigno y le rogó que no lo hiciera. Sólo le pidió que diera el mandamiento desde donde estaba y su siervo sanaría. El centurión explicó sus razones: «Porque también yo soy hombre bajo autoridad, y tengo bajo mis órdenes soldados; y digo a este ve, y va; y al otro, ven, y viene; y a mi siervo: haz esto, y lo hace» (Mateo 8:9).

Discutamos su posición. Había seis mil soldados en una legión romana. Esta se componía de sesenta centuriones que reportaban al comandante de la legión. Cada centurión tenía cien soldados bajo su mando.

El oficial romano le comunicó a Jesús que tenía el respeto y la sumisión de sus soldados porque estaba sometido a su comandante. Por tanto, tenía el respaldo de la autoridad de su comandante, que a su vez contaba con el de la autoridad de Roma. En términos simples le dijo: «Yo estoy bajo autoridad; por tanto tengo autoridad. Así que todo lo que tengo que hacer es decir la palabra, y aquellos bajo mi autoridad responden de inmediato a mis órdenes».

Él dijo: «Porque *también* yo…» Reconoció que Jesús era un siervo de Dios bajo la autoridad de su rey; por tanto, el soldado sabía que Jesús tenía la autoridad en el plano celestial del mundo espiritual, tal como él tenía autoridad en el ambiente militar. Entendía que todo lo que se necesitaba era dar la orden, y la enfermedad tendría que obedecer, tal como aquellos bajo su autoridad se apresuraban cuando él les ordenaba algo.

¿Cómo respondió el Maestro? «Al oírlo Jesús, se maravilló, y dijo a los que le seguían: De cierto os digo, que ni aun en Israel he hallado tanta fe» (Mateo 8:10).

La mayor fe que Jesús encontró en más de treinta y tres años en esta tierra no fue la de Juan el Bautista o la de su madre María. No fue la de ninguno de los hijos de Israel que habían recibido sanidades o milagros. No fue de ninguno de los doce. Le pertenecía a un ciudadano romano, a un soldado, uno de los conquistadores de Israel. ¿Qué hizo que su fe fuera tan grande? *Entendió y anduvo en sumisión a la autoridad.*

Eso era lo que Jesús estaba comunicando en su parábola de cómo tener una gran fe. La autoridad en la cual andamos es directamente proporcional a nuestra sumisión a ella. Cuanto mayor sea nuestro nivel de sumisión, mayor será nuestra fe. Una esto ahora a lo que Jesús les dijo a sus discípulos que deseaban que su fe aumentase: «Si tuvierais fe como un grano de mostaza, podríais decir a este sicómoro: desarráigate, y plántate en el mar; y os obedecería» (Lucas 17:6). Jesús dijo que todo lo que debían hacer era decir la palabra, ¡y el árbol le obedecería! ¿A quién le obedece este sicómoro? Al que «hizo lo que se le había mandado» (Lucas 17:9).

OBEDIENCIA PARA COMPLETAR

El segundo punto principal que Jesús comunicó es que la fe aumenta a medida que completamos lo que se nos ha mandado a hacer. Sus palabras exactas fueron: «Así también vosotros, cuando hayáis *hecho todo* lo que os ha sido *ordenado*». El siervo es responsable de llevar a cabo y completar la voluntad de su amo, no simplemente una porción o parte de ella. Con demasiada frecuencia comenzamos las asignaciones y nunca las terminamos porque perdemos interés, o el trabajo y el sufrimiento son muy intensos. El siervo verdadero y fiel termina el proyecto, sin importar la dificultad o los obstáculos. Él trabaja los campos, trae el fruto de su labor a su amo, y prepara la comida. Sus acciones representan la verdadera obediencia.

Abraham es llamado el padre de nuestra fe (Romanos 4:11-12). Él no tenía hijos. Dios se le apareció a la edad de setenta y cinco años y le prometió que tendría un hijo a través del cual sería el padre de muchas naciones. Luego de años de espera y obediencia, Abraham tuvo el hijo prometido, a los cien años.

Dios permitió que Abraham se encariñara con Isaac. Una vez que su amor estuvo fuerte, Dios lo probó mandándolo a que tomara a su hijo Isaac, lo llevara a la tierra de Moriah y que lo matara allí como una ofrenda. La Escritura dice: «Y Abraham se levantó muy de mañana» (Génesis 22:3). Note su obediencia inmediata. Algunas personas lo piensan por días, semanas, meses y a veces hasta años contemplando si deben o no obedecer a Dios. Les falta un temor santo, lo cual es la razón por la cual no tienen gran fe. Una vez que sabemos que Dios ha hablado, debemos responder de inmediato. Si se trata de un cambio grande en nuestra vida, sin embargo, es sabio buscar confirmación con las autoridades que están sobre nosotros.

Le tomó a Abraham tres días para llegar a Moriah. Este viaje de tres días le dio tiempo para pensar las cosas. Si se iba a devolver, lo hubiera hecho entonces. Pero no lo hizo. Abraham continuó hasta la cima de la montaña y amarró a su hijo único sobre el altar que construyeron juntos. Él levantó el cuchillo para matar a Isaac cuando el ángel del Señor lo detuvo: «No extiendas tu mano sobre el muchacho, ni le hagas nada; porque ya conozco que temes a Dios» (Génesis 22:12).

¡Abraham obedeció por completo! No se detuvo antes de terminar, aunque se trataba de entregar lo más importante en su vida, su hijo Isaac, su heredero, su esperanza, su promesa de Dios. La muerte de Isaac representaba dar su propia vida. Abraham probó que su pasión por la obediencia era más fuerte que su deseo por las promesas. Debemos tener esta resolución en nuestros corazones también. *¡Oh Señor, levanta una generación de estos hombres y mujeres hoy!*

Como resultado Dios habló:

> «Por mí mismo he jurado, dice Jehová, que por cuanto has hecho esto, y no me has rehusado tu hijo, tu único hijo; de cierto te bendeciré, y multiplicaré tu descendencia como las estrellas del cielo y como la arena que está a la orilla del mar; y tu descendencia poseerá las puertas de sus enemigos. En tu simiente serán benditas todas las naciones de la tierra, por cuanto obedeciste a mi voz» (Génesis 22:16-18).

Vea lo que se le prometió a Abraham, así como a sus descendientes, ¡debido a su obediencia total! «Y tu descendencia poseerá las puertas de sus enemigos». ¿Por qué cree usted que Jesús dijo: «Las puertas del infierno no prevalecerán contra la iglesia»? La obediencia de nuestro padre Abraham abrió la puerta a Jesús para proveer esto a la Iglesia. Su fe y obediencia aún hablan.

Lea ahora cuidadosamente lo que el escritor del libro a los hebreos declaró sobre la obediencia de Abraham:

> «Pero deseamos que cada uno de vosotros muestre la misma solicitud *hasta el fin* [completar], para plena certeza de la

esperanza, a fin de que no os hagáis perezosos, sino *imitadores de aquellos que por la fe y la paciencia heredan las promesas.* Porque cuando Dios hizo la promesa a Abraham, no pudiendo jurar por otro mayor, juró por sí mismo, diciendo: De cierto te bendeciré con abundancia y te multiplicaré grandemente. Y habiendo esperado con paciencia, alcanzó la promesa» (Hebreos 6:11-15, énfasis del autor).

Abraham fue diligente hasta el fin. Obedeció todo hasta completarlo; perseveró con paciencia. Compare sus actos de obediencia con el comportamiento del rey Saúl, discutido en un capítulo anterior. Él fue diligente para ir a la guerra y completar más de noventa y nueve por ciento de lo que se le ordenó. Perdonó sólo a una fracción de lo mejor y razonó que era para el Señor. Lo fundamental es lo siguiente: no terminó lo que Dios le había mandado. Exteriormente estuvo cerca de completarlo, pero su desobediencia le costó mucho. Llegó hasta el punto de poner la comida sobre la «mesa de su amo», pero los motivos de su corazón fueron revelados en lo que retuvo. Convirtió la orden en algo beneficioso para él mismo en vez de honrar a quien servía.

¿Cuántas personas, como Saúl, comienzan con mucho entusiasmo, luego cuando las cosas se ponen incómodas, difíciles o los resultados no son tan rápidos como lo esperaban, desobedecen? Otros ven una oportunidad de beneficiarse a sí mismos desviándose sólo un poco de las órdenes de la autoridad. Todo el tiempo lo justifican con propósitos o razonamientos religiosos, como hizo Saúl cuando perdonó lo mejor del rebaño para sacrificarlo a Dios, rebaño que debió haber sido destruido según la palabra del Señor. Si la obediencia no es completa, la fe no aumentará, ¡sino que disminuirá!

Abraham recibió las promesas mediante la fe verdadera y la perseverancia, lo cual se traduce en obediencia hasta el final. Su fe y obediencia fueron inseparables, como lo señala claramente Santiago (en este pasaje voy a sustituir las palabras *obras* por la frase *acciones obedientes*):

«Mas ¿quieres saber, hombre vano, que la fe sin *acciones obedientes* es muerta? ¿No fue justificado por las *acciones obedientes* Abraham nuestro padre, cuando ofreció a su hijo Isaac sobre el altar? ¿No ves que la fe actuó juntamente con sus *acciones obedientes*, y que la fe se perfeccionó por las *acciones obedientes*? Y se cumplió la Escritura que dice: Abraham creyó a Dios, y le fue contado por justicia, y fue llamado amigo de Dios. Vosotros veis, pues, que el hombre es justificado por las *acciones obedientes*, y no solamente por la fe... Porque como el cuerpo sin espíritu está muerto, así también la fe sin *acciones obedientes* está muerta» (2:20-24, 26, énfasis del autor).

En el versículo final, la fe y las acciones obedientes son comparadas con el cuerpo y el espíritu del hombre. En su ejemplo, descubrirá que la fe es comparada con el cuerpo físico, y las acciones obedientes con el espíritu del hombre. Ambos deben tenerse el uno al otro para expresarse en este mundo. Si el espíritu se va del cuerpo, este muere. Una vez que el espíritu se va, el cuerpo no puede ser levantado a menos que el espíritu regrese, como en el caso de Lázaro. Así, Santiago mostró con su ejemplo cómo la fe depende completamente de las acciones obedientes. Es por eso que Santiago dijo: «Muéstrame tu fe sin tus *acciones obedientes*, y yo te mostraré mi fe por mis *acciones obedientes*» (Santiago 2:18 énfasis añadido).

La fe no es verdadera fe aparte de la obediencia. No tenga duda de eso. La Escritura deja claro que «mediante *acciones obedientes* la fe es hecha completa».

Los apóstoles clamaron: «Señor, auméntanos la fe». Jesús luego habló sobre las *acciones obedientes* hasta el final. Mi apreciado creyente, ¿puede ver ahora por qué al principio de este libro escribí sobre la urgencia e importancia de este mensaje? Todos necesitamos escuchar estas palabras en esta hora de iniquidad en aumento.

Puede que diga: «Yo pensaba que la fe venía por escuchar y creer». Si, es verdad, pero la evidencia de la fe son las acciones que acompañan la confesión. Por esa razón se nos dice que si escuchamos la palabra y no la obedecemos, nos engañamos a nosotros mismos. Entonces nuestra fe no es real, sino falsa.

GRAN CONFIANZA EN LA FE

Esta verdad se observa de nuevo cuando el apóstol Pablo describe a las personas que sirven en la iglesia: «Y éstos también sean sometidos a prueba primero, y entonces ejerzan el diaconado, si son irreprensibles» (1 Timoteo 3:10). Un diácono no es un líder, sino alguien que ejecuta las órdenes de otro. W.E. Vine dice que la palabra griega para diácono «denota principalmente un 'siervo'». Y continúa diciendo que identifica a alguien bajo la autoridad de otro. Pablo nos dijo que una vez que los diáconos sirvan fielmente, su obediencia los coloca en posición para lo siguiente: «Porque los que ejerzan bien el diaconado, ganan para sí un grado honroso, y mucha confianza en la fe que es en Cristo Jesús» (1 Timoteo 3:13).

Dos cosas son prometidas a los siervos que Jesús describió en nuestra parábola inicial: (1) buena reputación, lo cual incluye promociones espirituales (Salmo 75:7); (2) gran fe para aquellos que obedecen completamente. La fe y las acciones obedientes son vistas como inseparables y dependen una de la otra en las Escrituras. Los ejemplos abundan en toda la Biblia:

> La fe de Abel fue revelada por su obediencia y su testimonio aún habla miles de años después (Hebreos 11:4).
>
> La fe de Enoc manifestada por la obediencia, hizo que anduviera con Dios y luego que fuera tomado y escapara de la muerte.
>
> La fe de Noé fue evidenciada por su obediencia y la salvación provista por su familia mientras condenó a un mundo completamente saturado por el pecado.
>
> La fe de Abraham, la cual fue evidenciada por su obediencia, le hizo padre de muchas naciones.
>
> La fe de José, manifestada por su obediencia, trajo salvación a su familia.
>
> La fe de Josué y Caleb, mediante su obediencia, les garantizó una herencia en la tierra prometida. Josué fue el siervo fiel de Moisés y llegó a ser su sucesor. Lideró a la nueva generación a la tierra prometida con leche y miel.
>
> Rahab la prostituta «¿no fue justificada por obras, cuando recibió a los mensajeros y los envió por otro camino?» (Santiago 2:25). Su obediencia salvó a toda su familia. Era la evidencia de que tenía fe verdadera.
>
> La obediencia de Ana y su actitud sumisa al sacerdote que la insultó abrió el vientre que proveería el avivamiento para la nación.

La obediencia de David de no atacar a su líder le hizo un gran rey con un corazón en pos de Dios, no en pos de las órdenes de Saúl.

Daniel, Sadrac, Mesac y Abeg-nego obtuvieron por su obediencia gran favor con Dios y con el rey.

«¿Y qué más digo? Porque el tiempo me faltaría contando de Gedeón, de Barac, de Sansón, de Jefté, de David, así como de Samuel y de los profetas; que por fe conquistaron reinos, hicieron justicia, alcanzaron promesas, taparon bocas de leones, apagaron fuegos impetuosos, evitaron filo de espada, sacaron fuerzas de debilidad, se hicieron fuertes en batallas, pusieron en fuga ejércitos extranjeros. Las mujeres recibieron sus muertos mediante resurrección; mas otros fueron atormentados, no aceptando el rescate, a fin de obtener mejor resurrección. Otros experimentaron vituperios y azotes, y a más de esto prisiones y cárceles. Fueron apedreados, aserrados, puestos a prueba, muertos a filo de espada; anduvieron de acá para allá cubiertos de pieles de ovejas y de cabras, pobres, angustiados, maltratados; de los cuales el mundo no era digno; errando por los desiertos, por los montes, por las cuevas y por las cavernas de la tierra. Y todos éstos, aunque alcanzaron buen testimonio mediante la fe, no recibieron lo prometido» (Hebreos 11:32-39).

El escritor a los hebreos combinó la fe con las acciones obedientes. Estas son inseparables. Si la fe fue dada sólo para recibir milagros, ¿entonces por qué incluiría a aquellos que vagaron en el desierto y las montañas, afligidos y atormentados? Esos hombres y mujeres terminaron bien. Obedecieron hasta lo último. Esto es fe verdadera.

Si usted desea gran fe, obedezca la autoridad de Dios, sea directa o delegada, hasta el final. ¡Su fe es directamente proporcional a su obediencia!

LA PROTECCIÓN DE LA HUMILDAD

El último punto que Jesús imprimió en sus discípulos fue mantener una actitud de humildad. Él dijo: «Así también vosotros, cuando hayáis hecho todo lo que os ha sido ordenado, decid: *Siervos inútiles somos, pues lo que debíamos hacer, hicimos»* (Lucas 17:10 énfasis añadido). Cuando mantenemos esta actitud, nos colocamos en posición para la recompensa que viene del Maestro. Los que se exaltan a sí mismos serán humillados. Sin embargo, los que son humildes en sus propios ojos, el Maestro los exaltará. Santiago nos exhorta: «Humillaos delante del Señor y él os exaltará» (4:10).

Permanecer humilde de corazón es mantenerse colocado para las recompensas de la obediencia. Tener orgullo por su propia obediencia es colocarse a usted mismo en posición para una caída, aunque haya obedecido. Esto puede destruir todo a lo cual usted se haya adherido. Puede seguir el consejo o la Palabra de Dios en este libro, y aun por el orgullo perder todo lo que ha ganado a través de la obediencia.

Lucifer fue ungido. Él era el sello de la perfección, lleno de sabiduría y perfecto en belleza. Fue establecido por Dios y residía en el Santo Monte. Era perfecto en sus caminos hasta que se halló orgullo en él. Así que fue lanzado del cielo tan rápido como los rayos que descienden. Pablo instruyó que aquellos designados a una posición de autoridad nunca debían ser «un neófito, no sea que envaneciéndose caiga en la condenación del diablo» (1 Timoteo 3:6).

Pablo llevó a cabo muchas cosas por su obediencia al llamado de Dios. Pero cuanto más vivía, más crecía en humildad. En el año 56 d.C. escribió a la iglesia que había comenzado en el territorio virgen de Corinto durante su tercer viaje misionero de los cuatro que hizo. Le quedaban unos diez u once años de vida y era un veterano en el servicio a Cristo. Sin embargo escuche sus palabras: «Porque yo soy el más pequeño de los apóstoles, que no soy digno de ser llamado apóstol» (1 Corintios 15:9).

¿Capta la humildad de sus palabras? Ni siquiera se consideraba digno del título «apóstol». Quiero señalar algo: esta no es falsa humildad. La humildad falsa sabe cómo usar palabras políticamente correctas para *parecer* humilde, aunque no haya humildad de corazón o de mente. Es engañosa y falsa, pero al escribir bajo la inspiración del Espíritu Santo ¡el hombre no puede mentir! Así que cuando Pablo dijo que era el último de los apóstoles, no estaba usando palabras políticamente correctas. Expresó una verdadera humildad.

Vea ahora la siguiente declaración de Pablo: «He trabajado más que todos ellos pero no yo, sino la gracia de Dios conmigo» (1 Corintios 15:10). «¡He trabajado más que todos los otros apóstoles!» Un momento, ¿se estaba enorgulleciendo Pablo? Ese comentario suena arrogante, pero no lo es. Esto precede a otra declaración de la dependencia de Pablo. Él siguió esta autoevaluación como el último de los apóstoles cual reconocimiento de que todo lo que había hecho lo hizo sólo por la gracia de Dios. Él estaba completamente consciente de que todo lo que había alcanzado espiritualmente venía de la habilidad que Dios le concedió.

La autodescripción de Pablo como «el más pequeño de los apóstoles» es difícil de aceptar. En su día y a través de la historia de la Iglesia él ha sido estimado como uno de los apóstoles más grandes. Considere ahora lo que les dijo a los efesios en el año 62 d.C. unos cuatro o cinco años antes de su muerte. En esos años, desde que escribió 1 Corintios, hizo más que en cualquier otro período de su vida. Y se describió así: «A mí, que soy menos que el más pequeño de todos los santos, me fue dada esta gracia de anunciar entre los gentiles el evangelio de las inescrutables riquezas de Cristo» (Efesios 3:8).

¡Años antes se había llamado a sí mismo el más pequeño de los apóstoles! ¡Y aquí se describió como el más pequeño de todos los santos! ¿Cómo? Si alguien se puede enorgullecer de su cristianismo y liderazgo, ese es Pablo. Pero cuanto más servía al Señor, más pequeño se veía a sí mismo. Su humildad creció progresivamente. ¿Sería por eso que la gracia de Dios sobre su vida aumentó proporcionalmente a medida que envejecía? ¿Sería por eso que Dios le reveló sus caminos tan íntimamente a Pablo que aun dejaba perplejo al apóstol Pedro? (2 Pedro 3:15-16). El salmista declaró: «Enseñará a los mansos su carrera» (Salmo 25:9). A la luz de esto, ¿será esa la razón por la cual Moisés conocía los caminos de Dios tan bien, el hombre a quien Dios describió como «muy manso, más que todos los hombres que había sobre la tierra» (Números 12:3)? Tal vez ambos conocían el secreto para obtener gran fe en Dios que muy pocos han aprendido.

Al final de la vida de Pablo, alrededor del año 64 al 66 d.C., envió dos cartas a Timoteo en las que se describe a sí mismo: «Palabra fiel y digna de ser recibida por todos; que Cristo Jesús vino al mundo para salvar a los pecadores, de los cuales yo soy el primero» (1 Timoteo 1:15). Se llamó a sí mismo «el primero» de los pecadores. Note que no dijo: «Fui el primero».

No, luego de años de grandes logros, su confesión no fue: «Lo he hecho todo, y mi gran ministerio debe ser estimado». Ni tampoco se enorgulleció diciendo: «He hecho una gran obra y merezco el respeto de un verdadero apóstol». Tampoco escribió: «Soy el más pequeño de los apóstoles», como lo hizo años atrás. Tampoco escribió: «Soy el más pequeño de todos los santos». Él declaró: «De todos los pecadores, yo soy el primero». Aunque entendió que en Cristo él era la justicia de Dios (2 Corintios 5:21), nunca perdió de vista la gracia y la misericordia divinas. De hecho, cuanto más vivía, más dependía de la gracia de Dios. Su actitud continuamente comunicaba: «Soy un siervo inútil; sólo he hecho lo que se me ha mandado».

Esto explica la otra declaración de Pablo hacia el fin de su vida: «Hermanos, yo mismo no pretendo haberlo ya alcanzado; pero una cosa hago: olvidando ciertamente lo que queda atrás, y extendiéndome a lo que está delante, prosigo a la meta, al premio del supremo llamamiento de Dios en Cristo Jesús» (Filipenses 3:13-14).

¿Puede captar la humildad en sus palabras? «Todavía no lo he alcanzado, y lo que he logrado, lo dejó atrás en mis pensamientos». Declaró que sus logros eran «nada» comparado con su meta de conocer completamente a Cristo Jesús. ¡Recuerde que Dios se revela a sí mismo a los humildes! Pablo dijo: «Prosigo a la meta». Proseguir significa que experimentó resistencia y oposición. Uno de los grandes oponentes al llamado celestial es el *orgullo*.

A medida que estudiamos la vida de Cristo, hallamos que no aceptó alabanzas sino que las dirigió hacia su Padre. Incluso les dijo a aquellos a quienes había sanado que no dijeran lo que había ocurrido al público, sino que le dieran la gloria a Dios.

El joven rico le dijo a Jesús: «Maestro bueno». Pero Jesús le respondió rápidamente que no había nadie bueno sino Dios. ¿No era Él el Hijo de Dios? ¿No era bueno? ¡Absolutamente! Pero no aceptaba la alabanza del hombre; sólo deseaba la gloria de su Padre. Sin embargo, la virtud en la cual se glorió fue la humildad. Él dijo: «Llevad mi yugo sobre vosotros, y aprended de mí, que soy manso y *humilde de corazón*; y hallaréis descanso para vuestras almas» (Mateo 11:29, énfasis del autor).

El amor de Dios produce humildad verdadera. Leemos que «el amor no tiene envidia, el amor no es jactancioso, no se envanece» (1 Corintios 13:4). El orgullo busca lo suyo; el amor no. El orgullo desprecia cualquier obediencia que no beneficie su propia agenda; el amor busca la gloria de Aquel a quien sirve. Nosotros obedecemos porque amamos; deseamos el éxito porque queremos que Él sea honrado. Deseamos verlo glorificado. Tal vez fue por eso que Pablo dijo:

«Y si tuviese toda la fe, de tal manera que trasladase los montes, y no tengo amor, nada soy» (1 Corintios 13:2).

CUMPLA SU DESTINO

Somos llamados a producir fruto y a ser victoriosos para nuestro Dios. Sólo cuando andamos en sus caminos podemos verdaderamente traer honra a su glorioso nombre. Mi oración es que usted vea este mensaje como para su beneficio y para la gloria de Dios. Apegarse a su Palabra puede parecer necedad para el proceso de razonamiento, ¿pero no dijo Él: «Agradó a Dios salvar a los creyentes por la locura de la predicación» (1 Corintios 12:1)? Por otro lado, se nos dice: «Porque lo insensato de Dios es más sabio que los hombres» (1 Corintios 1:25). Recuerde, debemos derribar «argumentos y toda altivez que se levanta contra el conocimiento de Dios, y llevando cautivo todo pensamiento a la *obediencia* a Cristo» (2 Corintios 10:5, énfasis del autor).

El razonamiento que contradice a la obediencia es orgullo. Este resiste el consejo de Dios. No reconoce la Palabra de Dios como la autoridad final. Como hemos visto a través de este libro, esto es peligroso. Dios desea un pueblo en estos días que ande en gran fe, autoridad y confianza. Ellos serán aquellos de quienes Pablo dijo: «Estando prontos para castigar toda desobediencia, cuando vuestra obediencia sea perfecta» (2 Corintios 10:6).

El tiempo es corto, así que debemos ser efectivos. La obediencia nos mantiene eficientes. Cuando nací de nuevo, era muy activo, pero corto en obediencia. Yo era ineficiente, sin decir que a veces era contraproducente. Cuanto más crecí, más me di cuenta que aunque mi diligencia en obedecer no siempre parecía productiva, al final resultó ser efectiva.

Su destino en Dios está ante usted. Si elige la obediencia, elige cumplir su destino. Nada ni nadie puede detenerle. Por años las cosas parecían grises para David, lo mismo para José y también Moisés, así como para Josué, igual con Ana, para Noé, Ester y el resto de los patriarcas. Pero recuerde, hay un salón de la fama para aquellos que cumplen su destino, y estos que acabo de mencionar están allí. Dios está buscando hombres y mujeres en estos últimos días para añadir a la lista de patriarcas a ser honrados en el tribunal de Cristo. Mi oración es que podamos estar entre esos que cumplen la comisión de dar gloria a nuestro maravilloso Señor.

CAPÍTULO 17

CONCLUSIÓN

El fruto que comemos al habitar bajo la cobertura y protección de Dios nos introduce a su banquete. Es allí que participamos de su abundancia.

Comenzamos este libro con la decisión trágica de la primera pareja. Este esposo y su esposa se salieron de la cobertura y protección del Todopoderoso y hallaron una fuente del bien y el mal fuera de ella. Rechazaron su autoridad, pero nosotros tenemos y podemos continuar aprendiendo de su error, así como el de aquellos que los siguieron.

Concluyamos con la otra cara de la moneda: la recompensa para aquellos que permanecen bajo las alas del Todopoderoso.

«Bajo la *sombra* del deseado me senté, y su *fruto fue dulce* a mi paladar. Me llevó a la casa del banquete, y su bandera sobre mi fue amor» (Cantares 2:3-4).

Bajo su sombra es el árbol de vida. Este fruto tiene una dulzura que perdura. El fruto que Adán y Eva comieron se veía bueno a través de los ojos del razonamiento, pero al final, traía muerte. Esto es cierto de todo fruto comido del árbol del razonamiento. El fruto que comemos al habitar bajo su abrigo nos introduce a su banquete. Es allí que participamos de su abundancia.

Al leer este libro es muy posible que haya sentido el dolor de la convicción. El dolor no siempre es malo, en este caso indica dos cosas, primero, que su conciencia es sensible al Espíritu Santo. Segundo, que hay una vía de escape llamada arrepentimiento. Hay una diferencia fundamental entre la convicción y la condenación. Ambas son acompañadas por el dolor, pero una tiene una vía de escape, mientras que la otra no. El arrepentimiento es tan simple como un cambio de corazón que produce un cambio de mente y acciones. En esencia usted dice: «Señor, lo hice a mi manera y he visto lo inútil de ello, ahora escojo someterme a tus caminos». Es la decisión de abandonar el camino del razonamiento nacido del árbol del conocimiento del bien y el mal, para regresar al camino de la obediencia.

A través de la oración y la meditación abra su corazón y permita que el Espíritu Santo señale las áreas de desobediencia en su vida. Si es necesario revise varios capítulos que se apliquen específicamente a su situación. Permita que la Palabra de Dios evalúe su vida. La luz de su Palabra expone las áreas de desobediencia. Estas áreas pueden tratar con la autoridad inherente de Dios o la delegada. Escríbalas en una hoja, en un pedazo de papel. Una vez que lo haya hecho oremos juntos para recibir el perdón y la restauración.

Padre celestial, en el nombre de Jesús, perdóname por mi desobediencia e insubordinación. He vivido por mi propio razonamiento y consecuentemente me he revelado en las siguientes áreas:

Yo tengo: (Dé su lista, confiese cada área de pecado a la autoridad. Incluya la autoridad directa como la delegada.) *Me arrepiento de cada una de estas áreas de pensamiento y comportamiento. Te pido que me perdones y me limpies con la sangre de mi Señor Jesús. Me propongo someterme a tu autoridad, y para eso me someteré a las autoridades de la familia, las civiles, de la iglesia y sociales que has colocado sobre mi vida. Dame tu gracia para no sólo desear, sino hacer tu buena voluntad. Te pido un corazón que se deleite en la sumisión y la obediencia. Dedico mi vida a mi Señor Jesucristo y rechazo toda forma de rebelión. En cualquier modo en que me llames a glorificar tu nombre, gustoso me someto. Amén.*

Si es oportuno vaya en persona o escriba una carta a aquellos en las posiciones de autoridad que ha escrito, y pídales perdón. Esta no es la ocasión para culpar o argumentar su causa, sino para tomar responsabilidad por su parte en cualquier manera difícil. Esto le colocará en posición para ver la mano de Dios moverse por usted.

Gracias por escoger un camino tan opuesto al de este mundo. Mediante nuestra obediencia aceleramos los propósitos de nuestro rey maravilloso. La recompensa de su obediencia será grande.

Y a aquel que es poderoso para guardaros sin caída, y presentaros sin mancha delante de su gloria con gran alegría, al único y sabio Dios, nuestro Salvador, sea gloria y majestad, imperio y potencia, ahora y por todos los siglos. Amén.

JUDAS 24-25

Recuerde:

¡Permanezca **BAJO EL ABRIGO**!

PREGUNTAS DE DISCUSIÓN

LECCIÓN 1

Temas destacados de los capítulos 1 y 2

1. Cuando usted escucha la palabra autoridad, ¿cuál es su respuesta inicial? ¿La asocia con algo bueno, como estar protegido bajo un techo durante una tormenta? ¿O piensa en algo negativo, como un jefe que le está arruinando la vida?
2. Al reflexionar en el pasado, ¿ha tenido que enfrentar algunas consecuencias por no estar "bajo el abrigo"?
3. Es difícil comprender los principios del reino con una mentalidad democrática. ¿De qué manera ha abordado el divino diseño de la autoridad con un enfoque democrático? ¿Cómo ha afectado eso la forma en que usted interactúa con sus líderes?
4. Con respecto a las fiestas de los grupos pequeños o de células, Dios me mostró que mi falta de disposición a sujetarme a la dirección de mi pastor era rebelión. ¿Le sorprendió ese diagnóstico? Antes de esta lección, ¿habría usted justificado mi posición?

LECCIÓN 2

Temas destacados de los capítulos 3, 4, 5, 6 y 7

1. Al comienzo de la lección, le pedí a la audiencia que identificara las primeras palabras que evocaron cuando escucharon el término pecado. ¿Cuáles fueron sus pensamientos iniciales cuando le hicieron esa pregunta? ¿Cómo han modificado sus pensamientos?
2. ¿Alguna vez ha colocado alguna de estas áreas (posesiones, trabajo, relaciones) por encima de la obediencia a lo que Dios le dijo que hiciera? ¿Qué sucedió cuando le dio prioridad a una de esas cosas antes que a la obediencia a Dios?
3. La obediencia parcial no es obediencia. Es rebelión. Cuente algo sobre un momento en el que obedeció hasta el final. Luego, hable acerca de una ocasión en la que solo obedeció parcialmente.

¿Cuáles fueron las principales diferencias, en ambos casos, y cómo le afectaron?

4. La Biblia dice que la rebelión es brujería (1 Samuel 15:23). ¿Cuál es el objetivo final de la brujería? ¿Cómo influye esta verdad o cambia la forma en que usted ve la rebelión?

5. El primer mandamiento de la biblia satánica es: Haz lo que quieras. Esto es opuesto a lo que Jesús modeló cuando dijo: "No busco mi voluntad, sino la voluntad del que me envió, la del Padre" (Juan 5:30). ¿Cuáles son algunas de las cosas que ha hecho al anteponer su voluntad a la de Dios? ¿Cómo le fue? ¿Qué puede hacer para buscar y obedecer activamente la voluntad de su Padre antes que la de usted?

LECCIÓN 3

Temas destacados de los capítulos 8, 9 y 10

1. En Romanos 13:1-2, vemos que resistir la autoridad delegada es oponerse a la ordenanza de Dios. ¿Cómo respondería si Jesús le pidiera que hiciera algo en el trabajo, en el hogar o en cierto entorno social? Ahora bien, ¿qué pasa si un jefe, entrenador, oficial de policía u otra figura de autoridad le pide que haga lo mismo? ¿Les respondería de la misma manera que le contestó a Jesús?

2. La Biblia dice: "Sométase toda persona a las autoridades superiores" (Romanos 13:1-2). La palabra "sométase" es un vocablo griego que se usa tanto en contextos militares como civiles. En ambientes no militares, implica la disposición a ponerse bajo autoridad de manera voluntaria y discrecional. ¿Cómo modifica este mandamiento de las Escrituras su actitud hacia las autoridades delegadas?

3. Pasé un momento difícil después de las elecciones presidenciales de 1992. Luché contra la depresión, pero el Señor tuvo que recordarme que a Él no le sorprende quién ocupa ese cargo. ¿Hubo alguna vez algún resultado político que le causó decepción? ¿Cómo afecta mi propia historia su actitud hacia nuestros funcionarios electos?

4. Isaías 1:19 nos dice que si estamos dispuestos y somos obedientes, comeremos lo bueno de la tierra. Usted puede ser obediente y no estar dispuesto o estar dispuesto y no ser obediente. Hable sobre una ocasión en la que obedeció de mala gana. Compare eso con otra oportunidad en la que usted se mostró dispuesto y obediente.

5. La Biblia enseña la sujeción incondicional, pero no la obediencia absoluta. Se supone que no debemos obedecer a nuestros líderes si nos dicen que hagamos algo contrario a la Palabra de Dios. ¿Alguna vez le ha pedido un líder que haga algo que contradiga la Palabra de Dios? ¿Cómo trató con la situación? ¿En qué resultó eso?

LECCIÓN 4

Temas destacados de los capítulos 11 y 12

1. La Biblia se refiere a las autoridades civiles como servidoras de Dios. ¿Cuál es la forma correcta de tratar a los servidores o siervos de Dios? ¿Cómo trata usted a sus líderes civiles?

2. El diablo se distingue por encontrar faltas, pero Jesús intercede fielmente por nosotros. Con respecto a los líderes civiles, ¿actúa usted como acusador o intercesor? ¿Se ríe de los chistes que se hacen sobre los líderes civiles? ¿Se aflige su corazón cuando alguien difama a un líder en las redes sociales?

3. Debemos respetar y someternos a nuestros líderes sociales, jefes, maestros, entrenadores y otras figuras de autoridad, como si representaran a Dios. Imagínese cómo sería trabajar para Jesús. ¿Llegaría a trabajar puntualmente? ¿Haría trampas en los proyectos de trabajo? ¿Cómo cambia este paradigma la forma en que usted trata a sus líderes sociales?

4. Hay una estructura familiar que está clara en las Escrituras. ¿Qué cree usted que nos impide aceptar el diseño de Dios en cuanto a la autoridad en el hogar? ¿En qué manera juega, la confianza en Dios, un papel vital en la creación de una dinámica familiar saludable?

LECCIÓN 5

Temas destacados de los capítulos 13 y 14

1. La Biblia dice que Jesús, personalmente, designó los cargos de liderazgo en la iglesia (Efesios 4:11-12). ¿Se involucra usted, personalmente, en asuntos que no tienen relación con su responsabilidad? ¿Cómo cree que se siente Jesús en cuanto al liderazgo que ha establecido en su iglesia?
2. Ana oró muchos años para tener un hijo. ¿Por qué cree usted que Dios respondió su oración cuando ella honró a un líder que la había deshonrado?
3. Cuando hablamos mal de un líder, nos alejamos de la sabiduría de Dios y, en consecuencia, de su protección. En la historia de María, Aarón y Moisés, vemos esta verdad cuando ella criticó injustamente a Moisés por casarse con una mujer cusita. ¿Ha experimentado alguna vez una dificultad por haberse apartado de la sabiduría y protección de Dios? ¿Cuál fue el resultado?
4. ¿Ha estado usted alguna vez en una situación en la que su líder tomó una decisión que parecía imprudente? Quizás su líder carecía de información importante. ¿Cuál fue el resultado? ¿Cree usted ahora que podría haber tratado la situación de otra forma? ¿Qué ha aprendido?
5. La actitud de David hacia el rey Saúl fue honrada y sumisa, a pesar de que Saúl enloqueció y trataba constantemente de matarlo. David recibió provisión, paz y protección de Dios en medio de esa temporada difícil. ¿Cómo puede usted cultivar esa misma actitud de honra y sumisión en la manera en que responde a sus líderes?

LECCIÓN 6

Temas destacados de los capítulos 15, 16, 17

1. Hay una gloria que ha sido reservada para la iglesia cuando llegamos a ser uno. Jesús reveló la gloria de Dios cuando anduvo en esta tierra. ¿En qué piensa usted cuando escucha la palabra

gloria? ¿Cree que hay una mayor medida de la presencia de Dios a nuestra disposición?

2. Cuando llegó el día de Pentecostés, los ciento veinte presentes en el aposento alto estaban unánimes. Eran de una sola mente, un solo corazón y un solo espíritu. ¿Cómo sería tener esa clase de unidad en nuestras iglesias contemporáneas?

3. Hay cinco ramas del ejército de los Estados Unidos: es un ejército, pero hay operaciones muy diferentes. También hay diversas operaciones en la iglesia. Debemos trabajar en la operación en la que Dios nos ha colocado. ¿Cómo modifica esto su visión acerca de la iglesia a la que asiste actualmente? ¿Qué puede hacer, de manera distinta, para colocarse bajo la visión de la comunidad de la que forma parte?

4. Imagínese el tipo de impacto que tendremos en las comunidades, regiones y naciones cuando el pueblo de Dios adopte el divino diseño de la unidad. ¿Cómo puede crear más unidad en su círculo de amistades? ¿O en su iglesia? ¿O en su comunidad?

CASA CREACIÓN

Te invitamos a que visites nuestra página web donde podrás apreciar la pasión por la publicación de libros y Biblias:

www.casacreacion.com

Para vivir la Palabra